한미동맹의 탄생비화

정신이 살아 있는 출판

청미디어
CHEONG MEDIA

The Hidden Stories of the Birth of the Korea-U.S. Alliance

by Si-Uk Nam

CHEONG MEDIA

머리말

이 책은 한미상호방위조약의 체결 과정을 집중 조명한 결과를 일반 독자들께서 부담 없이 읽을 수 있도록 평이하게 서술한 것이다.

현재까지 한미상호방위조약과 한미동맹을 다룬 탁월한 저술들이 많지만 거의 전부가 이 조약이 체결된 배경, 이 조약과 미국이 다른 나라와 맺은 안보조약, 즉 북대서양기구조약 등과의 차이점 및 그 의미, 그리고 이 조약이 기초가 된 한미동맹의 특징과 그 동안 한미동맹의 운영 상황을 동맹 이론에 입각해서 분석하는 데 치중하고 있다.

이 때문에 막상 실제 교섭 과정에 관해서는 극소수의 예외를 제외하고는 아주 개괄적으로 서술하거나 심지어는 협상 결론만을 설명한 저술들이 많다. 그 결과 얻어진 결론들은 약소국이 강대국을 상대로 한 교섭에서 많은 외교적 성과를 거둔 데 대해 이승만 대통령의 '벼랑 끝 전술'이라는 평가를 내리기도 하고, 심지어는 국가의 장래를 미리 내다보고 확고한 신념에 입각해서 혼신의 힘을 기울인 그를 '술수의 달인'(master of manipulation)이라고까지 규정한 경우도 있다.

따라서 이 책은 이 조약의 가조인, 정식 조인 및 비준, 그리고 비준서 교환과 조약 발효에 이르는 전 과정을 자세하게 살피면서 양국의 교섭 당사자들 간에 오고간 대화 내용과 회담 분위기, 그리고 이들의 협상 전략과 그 전략이 나오게 된 정치적·국제적 배경을 되도록 자세하게 서술해 보고자 했다. 협상 당사자들이라고 하지만 한국 측에서는 이승만 대통령이 전적으로 협상을 맡아서 친히 전략을 세우고 직접 회담을 주도했고 국무총리와 외무장관은 보좌 역할을 수행했다. 반면 미국 측 협상을 이끈 책임자는 아이젠하워 대통령과 덜레스 국무장관, 그리고 실무 책임자인 로버트슨 극동담당 국무 차관보 3인이었다. 이들 미국 측 협상 주역에 대해서는 개별적으로 인물 분석도 시도했다. 외교 정책 결정에서도 중요한 것은 결국 인간이기 때문이다. 연구 방법론은 이 책의 제8장에서 설명한다.

올해는 마침 6·25전쟁 70주년이자 한미동맹 67주년이다. 그동안 1974년에 월남이 적화 통일되어 우리 국민들을 놀라게 했고, 공산권이 무너진 1990년대 이후에는 북한이 핵무기 개발을 본격화해 현재는 명실공이 핵보유국이 되었다. 현재 대한민국은 북핵의 인질이 된 채 미국의 핵우산 아래서 소나기를 피하듯 보호를 받는 가련한 신세가 되었다. 만약 1953년 휴전 직후에 이승만 대통령이 미국과 방위조약을 체결하지 않았더라면 지금 한국은 어떤 모습일까? 외부 세력의 공작과 국내 친북·친중 세력의 발호로 인해 내부적으로 붕괴 위기에 처하는 사태가 일어나지 않았을 것이라고 단언할 수 있을까. 저자가 한미상호방위조약의 연구를 새삼스럽게 조약의 체결 과정에 집중하는 동기 가운데 하나도 여기에 있다. 저자는 조약의 체결과 발효 과정을 살펴보면서 그것이 한미동맹을 낳게 한 단순한 절차적 사실 이상의, 우리에게 교훈이 되는 많은 점들을 발견했음을 밝혀 두고자 한다.

현재 한미 양국을 둘러싼 국내외 정세는 전반적으로 한미동맹의 장래에 적잖은 도전을 예고하고 있다. 이 책이 이 같은 난관을 슬기롭게 극복하고 또한 이를 위해 우선 한미동맹 출범 과정에 대한 국민들의 이해를 깊게 하는 데 조금이라도 도움이 된다면 저자로서는 그 이상의 보람이 없겠다. 코로나 사태로 인해 어려워진 여건 아래서도 이 책의 발행을 흔쾌하게 맡아주신 도서출판 청미디어의 신동설 사장과 좋은 책을 만들기 위해 애쓰실 편집실 여러분의 노고에 사의를 표하고자 한다.

이 책을 생전에 국가장래를 우려해 저자에게 끊임없이 좋은 외교 관계 책을 쓰라고 독려했던 저자의 외우 고(故) 최우석(崔禹錫) 전 중앙일보 주필의 영전에 삼가 바친다.

2020년 8월
저자 남시욱

한미상호방위조약 체결의 주역들

〈사진설명〉

왼쪽 위로부터 이승만 대통령, 백두진 국무총리, 변영태 외무장관.
오른쪽 위로부터 아이젠하워 대통령, 덜레스 국무장관, 로버트슨 국무부 극동담당 차관보.

〈사진설명〉

(위) 1951년 7월 10일 유엔군 측 대표단이 백기를 단 지프를 타고 휴전 회담 예비 회담장인 개성 북쪽의 광문동 민가로 향하고 있다.

(아래) 1953년 3월 소련의 독재자 스탈린이 죽자 포로 송환 문제로 교착 상태에 빠졌던 휴전회담이 급진전을 보이는 가운데 '내몰자 오랑캐 압록강 넘어로'라고 쓴 플래카드를 들고 광장에 모인 시위자들이 한 연사의 연설을 듣고 있다.

The New York Times

MONDAY, JUNE 8, 1953

Text of Eisenhower Letter to Rhee on Korea Truce

UGE POWER PLANT LASTED BY SABRES

ther Allied Jets Down at Least 1 Enemy MIG's Seeking to Intercept Fighter-Bombers

RHEE IS WEIGHI EISENHOWER OF

PRESIDENT WITH A PROBLEM: South Korean President Syngman Rhee, shown at his desk in Seoul some months ago, who received letter from President Eisenhower yesterday stat-

〈사진설명〉

(위) 이승만 대통령이 한미상호방위조약의 체결을 제안하는 아이젠하워 미국 대통령의 1953년 6월 6일자 친서의 전문을 실은 《뉴욕타임스》1953년 6월 8일 자 신문 지면을 읽고 있다. 이 대통령의 사진은 몇 달 전에 찍은 것이라는 설명이 붙어 있다.

(아래) 한국 정부와 한미상호방위조약 체결 협상을 하기 위해 1953년 6월 25일 서울에 온 로버트슨 미 국무부 극동담당 차관보가 이승만 대통령과 환담하는 모습.

〈사진설명〉

(위) 1953년 6월 26일부터 7월 12일까지 12차에 걸친 이승만·로버트슨 회담을 끝마치고 발표한 공동성명서 내용을 보도한 《동아일보》 7월 12일자 지면.

(아래) 내용이 같은 기사를 실은 《뉴욕타임스》 7월 12일자 지면.

〈사진설명〉

로버트슨 특사(사진 가운데)가 서울에서의 임무를 마치고 1953년 7월 12일 워싱턴을 향해 출국해 미국
으로 돌아간 다음 8월 10일 덜레스 장관(오른쪽)과 함께 덴버에서 휴가 중인 아이젠하워 대통령(왼쪽)
을 찾아가 이승만 대통령의 친서를 전달하고 협상 결과를 보고하는 모습 (사진 Hank Walker, The LIFE
Picture Collection via getty Images).

〈사진설명〉

(위) 1953년 8월 4일 서울에 도착한 덜레스 미 국무장관이 이승만 대통령과 환담하는 모습.

(아래) 1953년 8월 6일 오전 이승만·덜레스 제2차 회의를 마치고 오후에는 이 대통령의 안내로 덜레스 장관과 로버트슨 차관보가 서울 시내 경복궁 근정전을 둘러보고 밖으로 나오고 있다.

〈사진설명〉

(위) 1953년 8월 8일 경무대에서 변영태 외무장관과 덜레스 미 국무장관이 이승만 대통령과 백두진 국무총리 등 각료들과 로버트슨 차관보 등 미국 대표들이 지켜보는 가운데 한미상호방위조약 문서 에 가조인하고 있다.

(아래) 조약 가조인이 끝난 다음 이승만 대통령과 덜레스 장관이 인사를 나누고 있다.

〈사진설명〉

(위) 1953년 8월 8일 한미상호방위조약이 가조인된 기사를 실은 《동아일보》 8월 9일자 신문.

(아래) 같은 내용을 보도한 《뉴욕타임스》 8월 8일자 신문.

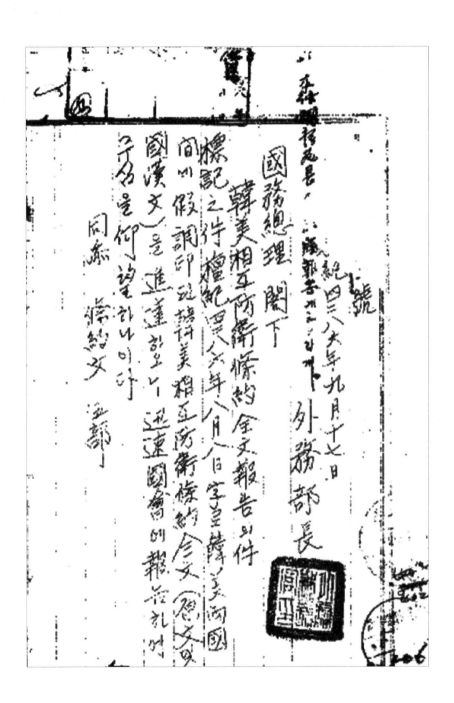

〈사진설명〉

1953년 8월 8일 가조인된 한미상호방위조약 내용을 국무총리에게 보고하는 외무부 문서.

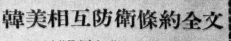

韓美相互防衛條約全文

—李大統領과덜레스美國務長官共同聲明—

公報處發行

PART I

MUTUAL DEFENSE TREATY BETWEEN THE UNITED STATES AND THE REPUBLIC OF KOREA, OCTOBER 1, 1953[1]

The Parties to this Treaty,

Reaffirming their desire to live in peace with all peoples and all governments, and desiring to strengthen the fabric of peace in the Pacific area,

Desiring to declare publicly and formally their common determination to defend themselves against external armed attack so that no potential aggressor could be under the illusion that either of them stands alone in the Pacific area,

Desiring further to strengthen their efforts for collective defense for the preservation of peace and security pending the development of a more comprehensive and effective system of regional security in the Pacific area,

Have agreed as follows:

ARTICLE I

The Parties undertake to settle any international disputes in which they may be involved by peaceful means in such a manner that international peace and security and justice are not endangered and to refrain in their international relations from the threat or use of force in any manner inconsistent with the Purposes of the United Nations, or obligations assumed by any Party toward the United Nations.

ARTICLE II

The Parties will consult together whenever, in the opinion of either of them, the political independence or security of either of the Parties is threatened by external armed attack. Separately and jointly, by self help and mutual aid, the Parties will maintain and develop appropriate means to deter armed attack and will take suitable measures in consultation and agreement to implement this Treaty and to further its purposes.

ARTICLE III

Each Party recognizes that an armed attack in the Pacific area on either of the Parties in territories now under their respective administrative control, or hereafter recognized by one of the Parties as lawfully brought under the administrative control of the other, would be dangerous to its own peace and safety and declares that it would act to meet the common danger in accordance with its constitutional processes.

[1] The treaty was signed at Washington Oct. 1, 1953, and entered into force upon the exchange of ratifications November 17, 1954.

〈사진설명〉

(위) 1953년 8월 8일 가조인된 한미상호방위조약 내용을 홍보하는 공보처 책자.

(아래) 1953년 8월 8일 가조인된 한미상호방위조약의 영문본.

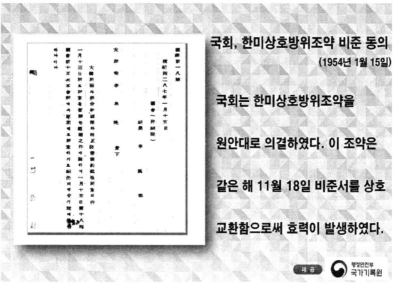

국회, 한미상호방위조약 비준 동의
(1954년 1월 15일)

국회는 한미상호방위조약을 원안대로 의결하였다. 이 조약은 같은 해 11월 18일 비준서를 상호 교환함으로써 효력이 발생하였다.

제 공 행정안전부 국가기록원

〈사진설명〉

(위) 1953년 10월 1일 워싱턴의 미 국무부에서 변영태 외무장관과 덜레스 국무장관이 한미상호방위조약에 정식 서명을 하는 모습.

(하) 국회가 이승만 대통령 앞으로 발송하는 신익희 의장 명의의 한미상호방위조약 비준 완료 통지서.

〈사진설명〉

(위) 1954년 7월 26일 워싱턴에 도착한 이승만 대통령이 27일 아이젠하워 대통령과 닉슨 부통령의 영접을 받으며 백악관에 도착하는 모습.

(아래) 이승만 대통령이 7월 28일 미국 국회 상하원 합동회의에서 연설하는 모습.

〈사진설명〉

(위) 1954년 8월 2일 무개차를 타고 15만 명의 환영 군중이 길 양편에서 환호하는 가운데 뉴욕시 브로드 웨이를 카퍼레이드 하는 이승만 대통령.

(아래) 한미상호방위조약의 부속 문서인 합의의정서.

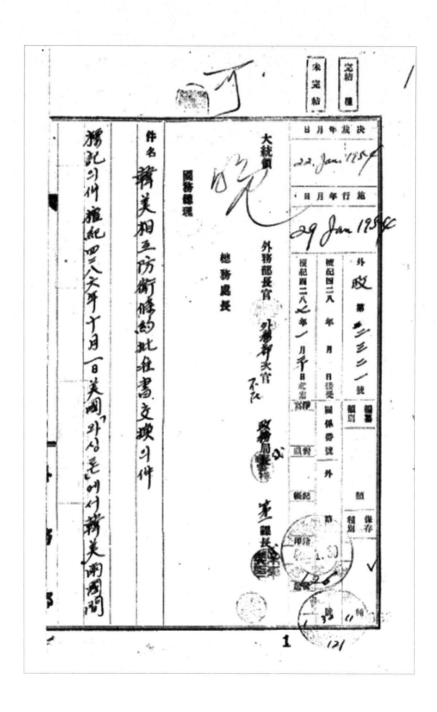

〈사진설명〉

1954년 11월 한미상호방위조약 비준서 교환을 위해 외무부가 대통령에게 올린 결재 서류.

〈사진설명〉

1954년 11월 워싱턴의 미 국무부에서 한미상호방위조약 비준서 교환 문서에 서명하는 덜레스 장관과
양유찬 주미 대사. 이날자로 조약은 정식 발효되었다.

c·o·n·t·e·n·t·s

Ⅳ. 이승만-로버트슨 담판(상)

V. 이승만-로버트슨 담판(하)

VI. 이승만-덜레스 협상과 조약 가조인

Ⅶ. 조약 발효까지의 험난한 여정

Ⅷ. 아이젠하워-덜레스-로버트슨 라인

부록

자료 1
1. 이승만 대통령이 트루먼 미국 대통령에게 보낸 친서(1952.3.21.)
2. 아이젠하워 미국 대통령이 이승만 대통령에게 보낸 친서(1953.6.6)

자료 2
1. 한미상호방위조약 전문(1953.10.1)
2. Mutual Defense Treaty Between the United States and the Republic of Korea (1953.10.1)
3. 한미합의의사록(한국에 대한 군사 및 경제원조에 관한 대한민국과 미합중국간의 합의의사록 1954.11.17)
4. Agreed Minutes and Amendment Thereto between the Government of the Republic of Korea and the Government of the United States of America(1954.11.17)
5. 이승만 대통령정부 전복 계획(1952.7.5.)
6. 에버레디계획 요강(1953.5.4.)
7. 에버레디 수정계획(1953.6.8.)
8. 에버레디 2차 수정계획(1953.10.28.)

chapter 1

미국이 거부했던
한미방위조약

Ⅰ. 미국이 거부했던 한미방위조약

1. 한국 요구로 체결된 한미상호방위조약

2020년 현재 미국의 동맹국은 북대서양조약기구의 다른 회원국 29개국과 오스트레일리아, 뉴질랜드와의 앤저스조약(ANZUS) 2개국, 그리고 일본, 한국, 필리핀, 타일랜드 등과 양국조약으로 맺은 33개국 등 모두 60여 개국에 달한다. 또한 이스라엘과는 정식동맹조약에 준하는 비밀 양해각서를 조인한 특수 관계이다. 과거 적대 국가였던 월남과도 멀지 않은 장래에 동맹조약의 체결 가능성이 보인다. 군사동맹은 아니지만 회원국 중 일부 국가들과는 동맹관계와 다름이 없는 미주기구 회원국들을 여기에 포함시키면 미국의 동맹국 수는 훨씬 불어난다. 반면 미국이 동맹을 맺었다가 몇 년 후 종료한 과거의 동맹국은 동남아시아 국가들과 맺은 동남아조약기구 회원국 및 이란, 이라크, 파키스탄, 터키, 영국과의 중앙조약기구(혹은 METO) 회원국들이다.

이들 여러 미국의 동맹국들은 2차 대전 후인 1940년대 말부터 1950년대

중반에 이르는 동서냉전의 절정기에 미국의 소련 포위라는 세계전략의 일환으로 미국 주도아래 미국과 동맹관계를 맺었다. 그러나 한미동맹은 이와는 다르다. 당초 한국은 미국이 전략적 가치가 없다고 판단해 태평양지역 방위선에서 제외된 국가이기 때문에 동맹의 대상이 아니었다. 그 경위는 다음과 같다.

미국은 1945년 8월의 2차 세계대전 종결을 앞두고 전후의 새로운 세계질서 형성을 위한 세계전략을 구상했다. 과거의 만장일치제 의결방식인 국제연맹 대신 5대 강국의 거부권제도를 도입한 국제연합을 세계평화기구로 세우고, 세계의 정치 판도를 양분한 미소 두 초강대국의 협력을 바탕으로 국제질서를 유지하기로 했다. 미국은 자유진영의 방어를 위해서 유럽지역에서는 북대서양조약기구라는 친 서방 동맹을 만들고, 아시아 지역에서는 장제스 총통의 중국을 파트너로 삼기로 했다. 1943년 11월 이집트 수도 카이로에서 미국의 루스벨트, 영국의 처칠, 그리고 중화민국의 상제스가 만난 세칭 3거두회담은 루스벨트가 장제스를 띄우기 위해 마련한 정치행사였다.

그러나 1947년으로 접어들면서 동유럽이 소련의 지배 아래 들어가고 1949년 10월에는 중국대륙이 공산화됨으로써 미소 대립은 아시아지역에서도 한층 더 첨예화했다. 중국대륙의 공산화로 인해 북한의 공산정권과 대치한 대한민국의 안보환경은 근본적으로 변하고 말았다. 미국은 아시아 지역에서의 공산세력 봉쇄를 위해 알류샨 열도에서 시작해서 일본-오키나와 열도-필리핀으로 연결되는 태평양지역 방어선을 선포했다. 대한민국은 전략적 가치가 없다 해서 여기서 제외되었다. 한반도는 압록강-두만강의 국경선으로부터 부산까지 종심(縱深)이 짧아 대륙국가인 소련과 중공의 대규모 지상군 병력의 침입에 대항하기 어려운 지역이어서 공군력과 해군력을 주력으로 하는 해양대국 미국으로서는 아시아 대륙의 연안 섬 지역을 방어 거점으로 하는 방어선을 고안한 것이다.

2. 3년 반 만에 탄생한 한미동맹

결국 이 같은 미국의 태평양 방어전략은 북한 및 소련, 중공의 공모에 의한 남한 침략의 원인 중 하나가 되었다. 미국은 멸망위기에 처한 대한민국을 구출하고 공산세력의 팽창을 봉쇄하기 위해 역사상 최초로 유엔군을 조직해 한반도에 급파했다. 유엔군은 1950년 9월 맥아더 장군의 인천상륙작전이 성공하자 13일 만에 서울을 수복하고, 그 여세를 몰아 북진작전을 단행해 2년 전 유엔 결의로 실시하려다 스탈린과 김일성의 반대로 실패한 총선거를 치러 통일정부를 세우려 했다.

그러나 그해 11월 24일 개시한 맥아더 장군의 크리스마스 대공세, 즉 12월 24일 이전에 북한군을 완전히 패퇴시키려던 계획이 중공군의 개입으로 인해 대실패로 끝났다. 중공군은 인해전술로 유엔군을 격파하고 남쪽으로 밀고 내려와 이듬해 1월 4일에는 서울을 점령하고 중공군 병사가 중앙청에 다시 인공기를 게양하는 사태로까지 발전했다. 다행히 유엔군은 리지웨이 장군의 용감한 반격작전이 성공해서 평택-오산 선에서 다시 북진을 개시했다. 하지만 완강한 중공군의 저항에 부딪쳐 전투는 38선 부근에서 교착되고 말았다. 미국은 결국 통일계획을 포기하기에 이른다. 미국은 대한민국의 원래 영역을 회복하는 것으로 만족하고 유엔의 이름으로 휴전을 성립시켜 놓고 한반도에서 손을 떼려 했다.

이에 안보 불안을 느낀 이승만 대통령은 미국과 동맹관계를 수립해 미군을 한반도에 붙들어 두기 위해 방위조약 체결을 요구한 것이다. 이 때문에 한미동맹은 미국의 주도가 아니라, 대한민국의 요구로 미국이 마지못해 우여곡절 끝에 체결된 것이다. 이승만 대통령은 1951년 봄 미국이 휴전을 추진할 때부터 한미방위조약 체결을 요구했지만 당시의 트루먼 행정부로부터 거부당하고 2년여 후 미국 정권이 바뀐 다음인 1953년 8월 아이젠하워 행정부와 이를 가조인하는 데 성공했다. 그러나 막상 조약의 발효까지는 여러 가지 사정으로 인해 1954년 11월까지 다시 1년 3개월을 더 기다려야 했다. 결국 3년 반 만에 한미동맹은 탄생한 것이다.

일부 국내외 전문가들은 이승만의 당시 대미협상 방식을 '벼랑 끝 전술'이니 '술수의 달인'이니 하고 게임을 관전하듯이 평가하지만, 국토가 완전히 파괴된 채 공산세력의 재침 가능성을 우려한 약소·빈곤·후진·분단국의 최고지도자였던 이승만이 미국을 상대로 벌인 외교노력은 눈물겨운 한 편의 드라마였다.

3. 트루먼 행정부의 휴전 추진

트루먼 행정부는 유엔군과 중공군 간의 치열한 전투에도 불구하고 전쟁이 교착상태에 빠지자 6·25전쟁 다음 해인 1951년 1월부터 휴전을 모색하기 시작했다. 트루먼 행정부는 유엔 무대에서 13개 아시아·아프리카 국가그룹 주도의 휴전 중재 노력이 실패하자 국무부의 조지 케넌을 통한 야곱 말리크 소련 외교차관과의 비밀교섭 끝에 스탈린의 압력으로 중공이 휴전협상에 응하게 된다.

그러나 트루먼 행정부는 이승만 대통령의 강력한 휴전 반대 투쟁에 봉착했다. 이승만은 미국이 휴전협상의 낌새를 보이자 즉각 조급한 휴전으로 제2의 공산 침략 가능성을 남겨 놓은 채 모처럼 찾아온 통일의 기회가 헛되게 끝나려는 데 대해 반기를 들었다. 이승만 대통령의 첫 공식 반응은 1951년 1월 1일 그의 신년 메시지에서 나왔다. 그는 "이 새해를 맞아 세계우방들과 협동함으로써 내외의 적군을 토벌하고 통일을 완수하여 우리 민국을 건설하고 생활을 개량해서 전진 부강을 날로 도모하기를 축하하는 바"라고 밝혔다. 그는 이어 "리지웨이 중장이 새로 와서 용기 나는 결심으로 하루 바삐 밀고 올라갈 것이요, 퇴보는 없다는 선언이 나오기에 이르렀으니 이만한 세력과 이만한 결심으로 나가면 중공군 몇 백만 명이 들어온다 할지라도 우리가 다 토벌하여 오직 맹렬히 싸워서 밀고 올라갈 줄로 확신한다"고 말했다.[1]

1월 17일에는 장면 주미대사가 미 국무부로 러스크 극동담당 차관보를 방문하고 미국이 중공 측에 제안한 휴전조건의 일부로 인해 한국 국민들은 크게 분개하고 있다고 항의했다. 그는 한국을 침범한 중공이 모든 도덕원칙을 위반한 산적이요 침략자임에도 불구하고 이른바 '4대강국'(Big Four)의 일원으로 극동문제를 협의하는 원탁회의에 참석하도록 미국 측이 제의한 것을 지적했다. 그는 또한 휴전 성립 후 한국에 일종의 과도행정기관을 설치한다는 미국 측 제안은 대한민국의 주권을 침범하는 것이므로 한국 정부는 이를 받아들일 수 없다고 항의했다. 또한 장면은 휴전 성립과 함께 유엔군이 한국에서 철수하려는 데 대해 한국 국민들이 불안해하므로 자신이 귀국할 때 이에 대한 보장책을 갖고 가고 싶다고 말했다. 이에 대해 러스크는 리지웨이 주한 미8군사령관과 콜린스 육군참모총장의 말을 빌려 미군은 휴전이 되더라도 한국에 남을 것이라고 답했다. 이 자리에서 장면은 한국의 망명정부를 한국 교포 7천명이 거주하는 하와이에 설립할 것을 제안했다. 러스크는 이에 대해 미국은 만약 필요하면 남부한국의 섬들이 검토대상이 되고 있지만 국무부로서는 전번에 장면대사와 망명정부 문제에 관해 토의했던 내용 이상으로 발전된 바가 없다고 답했다.[2]

2월 4일에는 신성모 국방장관의 성명이 발표되었다. 그는 유엔군이 구상하는 '통일 없는 휴전'을 적극 반대한다고 밝히면서 "휴전을 하게 되면 우리는 적들보다 더 많은 상처를 입는다"고 주장했다.[3]

같은 날 임시수도 부산의 충무로광장에서는 민간외교촉진국민대회가 열려 이시영 부통령과 신익희 국회의장이 참석한 가운데 "우리는 공산제국주의 분자의 조국 침략에 대항하여 최후의 승리를 얻기까지 금후 일층 전 국민의 역량을 집결하기에 만전을 기한다"면서 유엔군의 전진을 촉구하는, 유엔총회의장에게 보내는 결의문 등을 채택했다.[4]

2월 8일에는 이승만 대통령이 주미한국대사관에 훈령을 내려 미국의 일부 사람들은 애치슨이 국무부를 차지하고 있는 한 [한국에] 배신할 것이라고 말하고 있으므로 이를 잘 관찰해야 한다고 양유찬 대사에 지시하면서 모든 대사관 사람들은 유화정책의 위험, 즉 한국을 팔아넘기는 따위의 행동의 위험성을 올바로 인식해야 한다고 강조했다. 그는 이어 "전선에서 귀가하는 모든 한국인 병사들은 미국이 국경선 밖의 [중공군] 보급기지를 폭격해야 한다고 느끼고 있다"면서 트루먼 행정부의 휴전회담 추진을 비판했다.[5]

4. 이승만 대통령의 휴전 반대

1951년 5월 10일에는 드디어 임시수도 부산에서 수만 명이 참가한 최초의 휴전 반대 국민대회가 개최되었다. 한국 공보처는 26일 정부의 입장을 밝히는 성명을 발표했다. 국회는 29일 한반도의 재분단으로 가는 휴전 반대 결의안을 다시 통과시켰다.[6]

트루먼 행정부는 당사국인 한국의 맹렬한 반대에도 불구하고 1951년 5월 17일 정식으로 NSC 48/5를 채택하고 휴전 방침을 확정했다. 트루먼 행정부가 맹렬한 한국 측 반대에도 아랑곳하지 않고 휴전협상을 계속 추진하자 1951년 6월 5일 한국 국회는 중공군의 철수를 요구하는 결의안을 통과시키는 등 국내에서 휴전 반대 움직임이 더욱 고조되었다.[7]

그런 가운데 8일 한국을 방문한 조지 마셜 국방장관이 8군사령관과 업무 협의만 하고 이승만은 예방하지 않은 채 귀국해 버린 사건이 일어났다. 이승만은 격노했다. 이승만은 이기붕 국방장관과 정일권 총참모장을 불러 "건국 이래 미국의 수많은 요인들이 다녀갔지만 이와 같이 무례한 적은 한 번도 없었다. 이것이 어찌 그 개인의 처사이겠느냐, 미국 정부의 생각을 반영한 것이 아니겠느냐"고 분노를 폭발시켰다.[8]

미국 정부는 리지웨이 유엔군 사령관으로 하여금 같은 달(6월) 30일 공산 측에 휴전회담을 정식으로 제의토록 지시했다. 이날 존 무초 대사는 이승만 대통령을 방문해 휴전문제를 논의했다. 이승만은 장면 국무총리와 변영태 외무장관이 배석한 가운데 무초에게 거친 어조로 미국의 일방적인 휴전협상 추진을 항의했다. 이에 대해 무초는 휴전회담에 반대하는 한국 측의 성급한 담화 발표는 한미우호관계에 부정적 영향을 미칠 것이라고 맞섰다.

무초의 항변을 들은 이승만은 태도를 누그러뜨려 그날 변영태 외무장관이 기자회견을 열고 공개적으로 미국에 항의하려던 당초 계획을 취소하고 그 대신 외교 경로를 통한 조용한 의사표현 방식을 택해 같은 날 변영태 명의로 애치슨 국무장관에게 공한을 보내도록 했다.

1951년 6월 30일자로 된 이 서한의 골자는, 휴전의 전제조건으로 ① 한국에서의 중공군의 완전한 철수, ② 북한의 무장해제, ③ 북한 공산주의자에 대한 제3국의 지원을 막겠다는 유엔의 공약, ④ 한국 문제와 관련한 어떠한 국제적 토의에 한국의 참여 보장, ⑤ 한국의 주권과 영토 보전 보장의 다섯 가지 사항을 들고 이들 조건이 충족되지 않는 어떤 휴전에도 한국 정부는 반대할 것이라고 경고했다.[9]

무초는 한국 정부와의 접촉 결과 휴전회담에 한국군 장교를 참석시키고 휴전선을 38선이 아닌, 현 전선으로 하게 되면 휴전회담 개최에는 어려움이 없을 것으로 본다고 애치슨에게 보고했다. 이날 워싱턴에서는 양유찬 주미대사가 외무장관의 공식 서한을 지참하고 러스크 국무차관보를 방문, 5개항 요구사항을 설명한 다음 양측이 항목별로 토의했다. 이 자리에서 미국 측은 휴전협상의 불가피성을 한국 측에 설명했다.[10]

미국과 소련간의 막후외교가 성사되어 그 해 7월 8일 개성의 한 민가에서 최초로 쌍방의 영관급 장교들 간의 예비접촉을 거쳐 7월 10일 최초의 휴전회담 본회담이 같은 개성 시내 고려동의 99칸짜리 요정이었던 내봉장(來鳳莊)에서 개최되었다. 유엔군 측 수석대표는 터너 조이 제독이었고 공산 측 대표는 남일(南日)이었다. 한국 측에서는 백선엽 소장이 유엔군 측 대표단의 일원으로 참석했다. 이승만은 미국 측의 성급한 휴전협상에는 반대했으나 일단 트루먼행정부가 휴전협상을 개시한 이상 그 진전 상황을 관찰하기 위해 백선엽을 유엔군 측 대표단에 참가시켰다.

리지웨이 장군은 이날 본 회담이 열린 직후 이승만 대통령을 방문하고 휴전회담 경과를 설명했다. 그는 이어 16일에도 이승만을 찾아가 유엔군 측의 회담 기본 전략을 설명하고 이승만의 동의를 구했다. 그러나 이승만은 거듭 휴전협상 대신 압록강과 두만강까지 유엔군이 밀어붙일 것을 주장했다.[11]

5. 한미 간 본격적 외교 전쟁 개시

리지웨이 장군의 이승만 면담을 계기로 한미 간에 본격적인 외교 전쟁이 벌어졌다. 이승만은 12일 후인 7월 28일 주한 미국대사관을 통해 트루먼에게 서한을 보내고 "한국 국민들에게 사망보증서나 다름없는 38선을 유지하는 휴전에 동의할 수 없다"고 주장하면서 한국 국민의 통일염원을 이해할 것을 촉구했다. 무초 주한 미국대사는 이승만의 서한을 국무부에 보내면서 따로 애치슨에게 보고전문을 보냈다. 그는 애치슨에게 이승만이 한국분단을 받아들이는 것 같은 인상을 주는 어떤 행동도 공식적으로 하지 않을 것 같다고 전망하면서 국무부가 그를 미국에 초청하는 방안을 신중히 검토할 것을 건의했다. 무초는 한국 정부가 백선엽을 휴전회담 유엔군 대표의 일원으로 파견한 것은 잠정적인 조치일 뿐이라고 말했다. 트루먼은 8월 4일 주한 미국대사관을 통해 이승만에게 극히 형식적인 답신을 보냈다. 즉, 트루먼은 미국 정부가 휴전이 성립된 다음 개최되는 정치회담에서 한국의 통일을 위해 최선을 다할 것이라는 말만 했다.[12]

이 해 7월 변영태 외무장관은 양유찬 주미대사에게 미국이 호주·뉴질랜드와 3국간 방위동맹을 체결(1951.7월)하고, 필리핀 및 일본과 상호방위협정 체결 움직임을 보이고 있는 것과 관련해, 한국도 공산진영과 가장 인접해 있다는 안전상의 위협 요인 등을 감안할 때 미국과 상호방위조약 체결이 필요하니 이를 위해 미국 정부와 교섭토록 하라고 지시하는 공문을 발송했다(1951.8월). 뒤이어 한국 정부는 미국이 일본과 상호방위협정을 추진하면서 한국을 제외하고 있는데 대한 실망감을 표명하는 변영태 외무장관의 성명을 발표했다(1951.8.20).[13]

이승만 대통령의 휴전 반대 방침과 한국의 범국민적인 휴전 반대운동은 이듬해인 1952년, 즉 휴전협상 2년째로 접어들면서 더욱 고조되었다. 이승만은 이해 1월 연두사에서 강경한 휴전 반대 입장을 다시 밝혔다. 3일 자국내언론에 '중대담화'라는 제목으로 실린 그의 발표문에서 이승만 대통령은 "유엔군 측 및 공산군 측 대표들은 한국을 무제한으로 분열시키는 협의를 하고 있다"고 주장하고 "충실한 남한인은 이 같은 협정을 찬성하고 있지 않다. 앞으로의 전도는 엄혹하다"고 단정했다. 이 대통령은 이어 "남북한이 통일되기 전에 공산군과 휴전협정이 조인된다면 서방연합국은 남한으로부터 오는 곤란을 각오하여야 할 것"이라고 경고했다.[14] 그는 또한 1월 9일에 6개월 만에 기자회견을 갖고 "한국 휴전협상은 무의미할 것이며, 이 협상이 만약 성립된다면 그것은 유화에 지나지 않을 것"이라고 비난했다.[15]

이승만 대통령이 휴전 반대운동을 앞장서서 벌이자 트루먼 미국 대통령은 이승만 설득을 위한 행동에 직접 나섰다. 그는 그해 3월 4일 무초대사를 통해 이승만에게 친서를 보내고 휴전협상을 위한 이 대통령의 협조를 정식으로 요청했다.[16]

이승만은 이에 대해 같은 달(3월) 21일 장문의 답신(친서 전문 부록 자료 1-1)을 통해 9개월 전인 전년 6월 말 자신이 미국 측에 제기한 휴전전제 조건 제5항인 '한국의 주권과 영토보전 보장'을 위한 구체적인 방안으로 한국과의 상호방위조약 체결과 한국군 증강을 위한 미국의 지원문제를 제기했다. 그는 특히 방위조약이 없는 경우 한국은 포기되는 나라로 보일 우려가 있으므로 이 조약의 체결이 필수적이라고 강조하고 이 조약 하나면 자신은 휴전협상을 받아들이도록 한국 국민들을 설득할 것이라고 확언했다. 이승만은 미국의 일부 고위당국자들이 한국은 자체 힘으로 나라를 방어할 수 없으므로 인접국의 도움을 받아야 하는데 그 이웃나라가 일본이라는 말들을 하고 있다는 소문이 있다고 지적했다. 이승만은 "그러나 이것이야말로 공산주의자들이 내건 명분을 애국적인 것으로 만드는 처사"라고 비난했다.[17]

애치슨은 4월 30일자로 트루먼 대통령에게 올린 비망록에서 이승만의 상호방위조약 체결 요구에 대해 회답을 하지 말도록 건의했다. 그러면서 그는 한국과의 방위조약 체결은 미국의 국가이익에 부합되지 않으므로 그 대신 미국은 기회 있을 때마다 한국 정부와 한국 국민들에게 한국을 버리는 것이 미국과 유엔의 의도가 아니라는 점을 강조해야 한다고 건의했다. 애치슨은 미국과 유엔이 한국에서 적절한 규모의 군사력을 유지하는 한 공식적인 방위조약의 필요성은 없는 것으로 보인다고 주장했다. 그는 그러나 한국으로부터 철군이나 대규모 병력감축을 하려면 사전에 모든 문제를 국가안보회의에서 충분히 검토할 것을 건의했다. 그러면서 애치슨은 이승만이 요구한 한국군의 급속한 증강계획에 대해서는 한국군 증강이 국가안보회의 결정(NSC 118/2)에 부합되고, 한국이 자체방위를 위해 더 많은 역할을 수행해야 함으로 이 문제에 관해 한국 정부를 지원해야 한다고 주장했다.[18]

6. 미국, 6·25전쟁 이전에도 방위조약 거부

여기서 우리는 트루먼 행정부가 6·25전쟁 발발 이전에도 한국 정부의 방위조약 체결 요구를 거부한 사실을 상기할 필요가 있다. 저자가 2015년에 출간한 졸저 《6·25전쟁과 미국》에서 자세히 설명한 바 있으므로[19] 여기서는 그 내용을 간단히 소개할까 한다.

1949년 봄 이승만 대통령은 트루먼 행정부가 한반도 진주 미군의 최종 철수 결정을 보면서 더 이상 미군의 철군 연기가 불가능하다는 결론을 내리고 자구책을 강구했다. 그 결과 그는 1949년 5월 17일 한국의 방어를 위한 세 가지 안을 공개적으로 미국 측에 제시했다. 즉, 이승만은 ① 북대서양조약기구(NATO)와 같은 다자동맹을 바탕으로 하는 태평양 방위기구의 설치 ② 한미 간에 한정된, 또는 여타 국가도 포함한 침략국에 대한 상호방위 조약, ③ 공산군의 침략에 대비하는 트루먼 대통령의 정책에 의거해 재통일된 민주 독립 한국을 방위한다는 서약을 미국이 공개적으로 선언할 것 중 한 가지를 들어줄 것을 미국 측에 제의했다.[20]

트루먼 행정부는 이 방안들에 대해 모두 부정적이었다.[21] 다만 나름대로 한국을 안심시키기 위한 조치를 취하려고 노력했다. 즉, 5월 15일 무초 대사는 한국에서 전쟁이 일어난다는 소문은 신경과민에서 나온 것이며 전쟁이 일어나는 경우에도 한국 군대는 충분히 방어할 수 있다고 발표했다.[22]

그러나 이 같은 미국 측의 말로 하는 위로는 별 효력이 없었다. 5월 19일 임병직 외무장관과 신성모 국방장관은 공동성명을 발표하고 미국이 38선을 만들었으므로 소련이 지원하는 북한과 한국이 군사적 균형을 이루도록 할 도덕적 의무가 있다고 미국을 비판하면서 철군 전에 한국에 충분한 국방을 보장하라고 요구했다. 이 공동성명은 이어 "믿을 만한 정보에 의하면 소련은 북한과 협의해 보병 6개 사단과 기갑부대 3개 사단을 완전히 무장시키고 정찰선 20척, 전투기 100대, 폭격기 20대, 정찰기 100대를 제공하며, 전 내무서원(경찰)을 충분히 무장시킨다고 한다. 미국은 적어도 여기에 대비하는 방책을 세워야 한다"고 강조했다. 두 장관의 공동성명 발표는 곧 한미 간의 눈물겨운 해프닝으로 발전했다.

이승만은 항의하러 경무대를 방문한 무초 대사 면전에서 두 장관을 불러들여 해명하라고 지시했다. 그러나 임 장관은 무초에게 자신의 성명에 무엇이 잘못되었는가를 물은 다음 날카로운 목소리로 미국이 중국대륙에서 자유중국을 (공산당에게) 팔아넘겼다고 소리쳤다. 그는 이어 한국의 지도자들은 한국에서 같은 과오를 범하는 미국의 결정을 공표할 권리가 있다고 목성을 높였다. 이승만과 신성모 국방장관은 임병직의 외침에 크게 당황하고 무초도 화가 나서, "만약 대통령께서도 이 말에 찬성 하신다면 본인은 미국대사관 문을 닫고 한국을 떠날 수밖에 없다"고 차분한 목소리로 응수했다. 임병직의 언동이 지나쳤다는 것을 깨달은 이승만은 그에게 조용히 하라고 타일렀다. 신성모 국방장관은 이튿날 대사관으로 무초를 찾아가 이 대통령의 유감의 뜻을 전했다. 이승만은 신성모 국방장관에게 공동성명 건과 임병직 외무장관의 행동에 관해 두 장관이 무초에게 사과하라고 지시했던 것이다.[23]

미군철수 완료 직전인 6월 27일 장면 주미대사는 백악관으로 트루먼 대통령을 방문하고 한국군이 충분한 무기와 탄약을 보유할 때까지 주한미군의 철수를 반대한다는 정부 방침을 전달하면서 철군 연기를 간청했다.[24]

그러나 주한 미군은 트루먼 행정부의 별도 지시가 없었기 때문에 기왕의 철군 계획을 진행시켰다. 6월 15일과 21일 전투부대 대부분이 철수하고, 마지막 잔류병력 1,600명은 6월 29일 오전 8시 인천항에서 주한미군 참모장 윌리엄 콜리어 준장의 인솔 아래 미 육군 수송선 편으로 일본을 향해 출발했다.[25]

이로써 일본 항복 후 남한에 상륙한 7만 명가량의 미 육군 제24군단은 4년 만에 군사고문단 500명을 남기고 철수를 완료했다. 7월 1일자로 설치된 주한 미군고문단 단장에 내정된 로버츠 군사사절단장은 6월 16일 미군이 철수할 때 95%의 무기를 한국군에게 이양할 것이라는 성명을 발표했다.[26] 1950년 6·25전쟁이 일어난 것은 그로부터 정확히 1년 후였다.

chapter *2*

•

협상의 서막

Ⅱ. 협상의 서막

1. 트루먼 행정부의 NSC 118/2와 NSC 48/5

앞에서 언급한 NSC 118/2는 1951년 12월 국가안보회의가 채택하고 트루먼이 승인한 한국 휴전 협상에 임하는 미국 정부의 지침이다. 주된 내용은 휴전협정 체결 후 공산 측이 이를 위반해 다시 한국을 침공할 경우 미국은 그들을 무제한 응징한다는 내용이다.[1] 이와 아울러 6·25전쟁 이후의 미국의 아시아 정책을 포괄적으로 정한, 이례적으로 긴 같은 해 5월 17일자 NSC 48/5(한국전쟁 발발 이후의 미국의 아시아 정책)는 일본이 조속한 강화조약 체결로 주권을 회복해야 하며, 장차 태평양지역과 동남아지역의 지역 안보기구를 창설할 때 새로운 위상을 갖도록 도와야 한다고 밝히고 있다. 이 지침은 일본이 인적 자원, 산업적 능력, 해운 및 조선 능력, 그리고 군사적 경험 측면에서 상당한 군사적 잠재력을 지니고 있다고 지적했다.[2] 이 같은 일본 평가는 앞에서 설명한 일본에 대한 이승만의 우려와 유사한 내용이다.

트루먼 대통령의 임기 마지막 해인 1952년에는 부산정치파동으로 한미 간에 외교 마찰이 일어났다. 이해 5월 이승만 대통령은 국회에서 대통령을 간접적으로 선거하는 방식을 국민들의 직접선거로 바꾸는 두 번째 개헌안을 제출한 다음 이에 반대하는 야당을 제압하기 위해 그달 26일 영남 및 호남 일원에 비상계엄을 선포했다. 미국은 이 사태에 개입해 즉각 계엄을 해제하라고 이승만에게 압력을 가했다. 이승만이 이에 불응하자 트루먼 행정부는 7월 5일 클라크 유엔군 사령관으로 하여금 이승만 제거 작전을 입안·제출케 했다.[3] 이 계획은 바로 그날 여야 타협에 의해 마련된 발췌 개헌안이 국회에서 통과됨으로써 집행되지 않았다. 덕택에 이승만 정부는 무사했으며, 유엔군의 이름을 빌린 미군에 의한 우방 정부의 전복과 군정 실시라는 최악의 사태는 미수로 끝났다.

이해 11월 5일 미국 대통령 선거에서 공화당의 아이젠하워(별명 아이크) 후보가 당선되자 이승만은 같은 날 축전을 통해 "한국전쟁이 교착상태에 빠진 데 대한 '올바른 해결책'을 발견할 것으로 확신한다"고 말하고 언제든지 가능한 때 방한해 달라고 요망했다. 이 축전 내용은 한국 언론에 대서특필되었다.[4]

아이크는 12월 2월부터 6일까지 한국을 방문해 일선을 시찰하고 귀국하기 위해 공군기지로 가는 길에 이승만의 요청으로 마지못해 경무대를 들러 그를 잠시 예방했다. 그러나 그는 이승만에게 휴전 문제에 관련해 아무런 언질도 주지 않았다.

1953년으로 해가 바뀌고 1월 20일 아이크가 미국의 제34대 대통령에 취임했다. 아이크 역시 휴전에 열성을 보였지만 기대처럼 휴전 협상은 진전을 보지 못했다. 그 주된 이유는 포로 송환 문제였다. 유엔군 측은 휴전과 동시에 즉시 시행될 포로 교환에서 당사자의 인권을 보호하는 의미에서 자유 의사를 존중하자는 입장이었다. 이에 반해 공산 측은 무조건 송환을 고집해 합의에 이르지 못했다. 그러나 이해 3월 5일 스탈린이 갑자기 졸도해 5일 만에 사망하자 새로 들어선 소련의 말렌코프 정부는 포로의 무조건 송환 원칙을 폐기하고 유엔군 측이 주장해온 자유의사 존중 원칙을 수용했다. 나중에 밝혀진 사실이지만 스탈린의 속셈은 포로 문제를 이용해 미국을 한반도에 오랫동안 묶어둠으로써 유럽에서 소련이 외교적 이득을 보기 위해 한국 전쟁을 질질 끌었던 것이다.

소련 정부의 태도 변화로 포로 송환 문제가 급진전을 보이자(4월 26일 휴회 6개월 만에 판문점에서 휴전회담이 재개되어 6월 8일 양측 수석대표들 간에 포로 송환 협정이 체결됨) 휴전협상의 남은 과제는 미국이 한국 정부의 휴전 반대를 설득하는 일뿐이었다. 한국에서는 통일 없는 휴전에 대한 반대 운동이 계속 거세게 일었다. 4월 6일 서울 중앙청 광장에서는 휴전 반대 서울시민대회가 열리고[5] 18일에는 전애국정당사회단체연합회가 통일 없는 휴전 결사반대 대회를 열었다.[6]

2. 아이젠하워 행정부도 방위조약에 부정적 입장

아이젠하워 행정부 들어 방위조약 문제가 최초로 거론된 것은 1953년 4월 8일 국무부에서 휴전 협상에 관한 이승만 대통령의 의사를 탐색하던 때였다. 아이젠하워 대통령의 지시에 따라 덜레스 국무장관이 양유찬 주미 한국 대사를 국무부로 초치해 면담하면서 이 탐색은 시작되었다. 면담이 끝난 다음 존슨 국무부 극동담당 부차관보가 덜레스 장관에게 올린 보고서에 의하면, 당시 국무부의 속셈은 이승만 대통령의 휴전 반대와 한미방위조약 체결 문제에 관련해 이 대통령이 양유찬 대사에게 내린 훈령의 정확한 내용을 알려는 것이었다.

그때까지 국무부가 파악한 바로는 이승만은 조건부 휴전협정 수용과 한미방위조약 체결, 두 가지를 미국 측에 요구했다. 전자의 조건은 ① 한국의 통일, ② 중공군의 한국에서의 철수, ③ 북한군의 무장해제, ④ 전 한반도에 대한 대한민국의 주권 인정, 이 네 가지를 조건부로해서 휴전협정을 받아들이겠다는 것이다. 후자, 즉 방위조약 문제에 관해서는 그 자세한 내용을 언급하지 않았다. 존슨은 "아마도 이승만 대통령은 미국의 휴전 의지를 반대하는 것이 불가능한 일임을 충분히 인식하고 있으면서도 방위조약을 얻어내기 위해 조건부 휴전회담 승복을 거론하고 있는 것 같다"고 분석했다. 존슨은 이어 "그러나 우리가 인식하지 않으면 안될 것은 방위조약에 관한 이승만 대통령의 강한 의지가 휴전협정 수락에 관련된 그의 정치적 고려에서 뿐만이 아니라, 대한민국이 미국으로부터 버림을 받을지 모른다는 진정한─얼마나 과장이 되었건 간에─두려움에서도 비롯되었다는 점"이라고 덧붙였다. 그는 이어 "따라서 우리는 과거부터 현재까지 해온 방식 이상으로 성공적으로 이 문제에 대처하지 않으면 안 된다"고 강조했다.

존슨에 의하면 과거 미국 정부는 앞으로 일단 휴전협정이 체결된 다음에 이를 위반하는 경우에는 무력으로 단호하게 응징하겠다는 대 공산권 경고인 이른바 '제재 강화 성명'을 빈번하게 공공연한 방법 또는 개별적 방법으로 한국 지도자들에게 다짐함으로써 이런 상황에 대처하려고 기도해 왔으며, 특히 1952년 3월에는 이승만 대통령에게 제재 강화 성명의 내용을 비밀리에 통고해 주기도 했었다고 설명했다는 것이다.

존슨은 이어 한미상호방위조약 체결에 관한 자신의 의견을 냈다. 그는 만약 이 조약이 체결되면 현재 한국에서 이루어지고 있는 유엔의 활동에서 나타나고 있는 유엔의 특성을 견지하는 데 문제를 드러낼 것이라고 분석했다. 그는 또한 국방부는 한국전쟁이 국방부의 전면전쟁 계획 가운데 들어가 있지 않다는 이유로 한미방위조약을 강력히 반대하고 있다고 설명했다. 그는 결론적으로 "따라서 우리는 현시점에서 한국 정부에 대해 방위조약체결에 관련되는 어떤 보장도 해서는 안 되는 것으로 믿고 있다"고 강조했다. 그러면서도 그는 "그렇기는 하나, 이 문제는 현재 우리가 연구 중인 과제여서 곧 이에 관련된 건의를 올릴 수도 있는 문제"라고 신중한 입장을 보였다.[7]

이승만 대통령의 훈령에 따라 양유찬 주미 대사가 4월 8일 국무부로 덜레스 장관을 방문해 이루어진 양자회담에서 오고간 대화는 한미방위조약 문제와 관련해 흥미 있는 자료를 제공하고 있다. 이 자리에는 한표욱 주미 대사관 참사관과 케네스 영 미 국무부 북동아국장이 배석했다. 양 대사는 덜레스 장관에게 이승만 대통령이 휴전의 조건으로 제시한 5개항—즉 한국 통일, 중공군 철수, 북한국가의 해체, 제3국의 북한군에 대한 무기 지원 문제, 대한민국의 주권 보장과 국제 토론에서의 발언권 보장에 대한 그의 견해를 물었다. 덜레스는 이에 대해 원칙적으로 제5번 항목에 찬동하며, 앞의 네 가지 항도 미국정부가 모두 지지하는 바람직한 목표들이라고 했다. 그러면서 덜레스는 이날 모임에 앞서 자신은 이미 이들 문제에 대한 이승만 대통령의 대체적인 입장을 대개 알고 있는 아이젠하워 대통령과 대화를 가졌다고 밝혔다. 그에 의하면, 아이젠하워 대통령은 자유세계의 단결과 대한민국의 전반적인 목표를 증진시키는 데 미국은 입장 변화가 없다고 말했다고 전하면서 양 대사에게 5개항에 관해 더 자세하게 설명할 것을 요구했다.

양 대사는 방위조약 문제에 관련해서 만약 휴전이 성사되면 그 같은 조약

이 미국과 유엔이 한국을 버리지 않을까 하고 끊임없이 의심하는 한국 국민들의 두려움과 우려로부터 크게 안도할 수 있게 할 수 있을 것이라고 답변했다. 덜레스는 과거에 한국 정부 관리들, 특히 뉴욕에 왔던 변영태 외무장관과 토의를 해 본 적이 있다고 밝히면서 대한민국이 전체 한반도에 대한 주권을 주장하는 데서 많은 문제가 일어나고 있다고 말했다. 그는 만약 한미상호방위조약이 발효되면 대한민국이 공격을 받을 경우 미국은 이 적들을 한반도 전역으로부터 모조리 몰아내야 하는 책임을 지게 되므로 이런 부담을 질 수 없는 것이라고 답변했다. 반면에 안보조약이 현재의 남북 대치선 이남 지역에만 적용된다면 우리가 인정하지 않는 한국분단을 법적으로 인정하는 것이 된다고 덜레스는 말했다. 이 때문에 그는 미국 국회가 이 같은 조약을 승인하려 하지 않을 것이라고 전망했다. 그는 "따라서 이 같은 안보조약에 대한 이승만 대통령의 관심에 관해서는 이 조약을 오늘 고려하느냐, 내일 고려하느냐는 문제가 아니고 한국의 정세가 언제 안정되느냐의 문제이며, 미국의 관점에서 보면 이 같은 조약은 정치회담을 한국 문제의 평화적 해결을 위한 기능을 발휘한 다음에 검토하는 것이 더 좋다는 것"이라고 대답했다.

이에 대해 양 대사는 자신은 여전히 상호안보조약은 현재의 대한민국 사정에 맞추어 체결되어야 한다고 생각한다면서, 자신은 영토 문제에 대해서는 잘 알지 못하지만 덜레스가 지적한 그 문제가 극복 불가능한 것으로는 느끼지 않는다고 말했다. 그러면서 그는 "만약 평양과 원산에 이르는 '허리선'을 따라서 새로운 경계선을 긋는다면 한미안보조약에서는 그 이남지역을 대한민국의 영토로 인정할 수 있지 않겠느냐?"고 반문했다. 양 대사는 또한 "한국 국민들의 심리적 불안정의 가장 큰 이유는 미국과 유엔이 대한민국을 버리지 않을까 하는 우려가 있기 때문"이라고 지적하면서 "한국 국민들을 절대로 버리지 않겠다는 미국 정부의 성명이 가장 도움이 되는 것"이라고 주장했다.

이에 대해 덜레스 장관은 "물론 우리는 절대로 한국인들을 버릴 의도를 가지고 있지 않으므로 그러한 의도를 사전에 분명하게 하는 것이 대체로 현명하다"고 답변했다. 그는 "만약 1950년 6월 이전에 (그것이) 행해졌더라면 북한의 남침도 없었을 것"이라고 말했다. 그는 이어 이렇게 주장했다. "사전 공약의 문제는 이를 분명히 하는 시기와 장소가 문제이다. 한국의 국토가 분단되고 여전히 전쟁이 계속되는 상황에서 어떤 보장 장치가 명확해지기 이전에 영토 문제의 해결을 위한 공식적인 약속을 하는 것은 가장 어려운 일이 될 것이다. 더구나 미국의 군사적 선언은 우리가 한국의 확실한 평화 정착을 위해 공산 측의 동의를 얻어내야 하는 정치회담 문제에서 그들 공산대표들의 입장에 비호의적으로 작용할 가능성이 있다"고 부언했다.

덜레스는 이어 "만약 아이젠하워 대통령이 미국은 한국을 버리지 않는다는 취지의 성명서를 가까운 장래에 발표하면 한국 정부의 입장에 도움이 되겠느냐?"고 물었다. 양 대사가 "아주 훌륭하다"고 답하자 덜레스는 아이젠하워 대통령과 가능성을 토의하겠다고 말했다. 그러자 양 대사는 자신이 아이젠하워 대통령을 내주에 면담하고 싶다고 말했다. 덜레스는 그가 워싱턴으로 돌아오면 면회를 마련하도록 노력하겠다고 답했다.[8]

이승만은 이튿날(4월 9일) 아이젠하워에게 중공군의 한반도 잔류를 반대하는 강경한 친서를 보냈다. 그는 이 친서에서 인도가 제안한 휴전결의안이나 공산권이 제안한 평화협상안에서 제안한 것처럼 중공의 한반도 잔류를 허용하는 강화조약을 마련한다면 대한민국은 독립국가로 생존하지 못하고 공산화된 '제2의 중국'이 될 것이라고 경고했다. 그는 또한 만약 대한민국이 소련에 주어진다면 소위 자유진영은 하나씩 하나씩 희생물이 되는 중대한 위험에 처해 질 것이라고 강조했다.[9]

이승만 대통령은 4월 15일 엘리스 브릭스 주한 미국 대사를 만난 자리에서 1주일 전에 워싱턴에서 있었던 양 대사와 덜레스 미 국무장관의 회담에서 논의된 휴전 협상을 위한 5개항 전제조건과 한미방위조약 문제에 관해 언급하면서 "나는 이제 늙고 지쳤다. 나의 삶은—승리했든 패배했든—끝나가고 있다. 우리 국민들이 생각하는 나의 가치는 한평생 동안 내가 한국의 독립을 위해 싸웠다는 그들의 믿음이다. 미국 정부가 생각하는 나의 가치는 한국 국민들이 나를 신뢰하고 있다는 점"이라고 말하고 "만약 미국 정부가 한국과 안보조약을 체결해 준다면 그것은 한국 국민들이 미국을 도와서 전쟁을 계속하는 데 가장 필요한 것"이라고 말했다. 그는 이어서 "만약 미국 정부가 우리와 안보조약 체결을 해주지 못하겠다면, [한국을 버리지 않겠다는] 미국 정부의 일방적 선언—비록 공산주의자들이 아마도 아무 구속력이 없는 것이라고 비방할 수 있겠지만—이 그 다음으로 도움이 될 것"이라고 밝혔다.[10]

이에 대해 아이젠하워는 같은 날(15일) 주한 미국 대사 브릭스를 통해 이승만에게 전달한 친서에서 "한미 양국의 공통적인 대의를 위해 한국인들이 받은 고통과 희생 덕택으로 미국은 한국을 잊지 않고, 그들의 안녕과 안전에 관심을 잃지 않을 것"이라고 약속했다. 그러면서 그는 이승만 대통령도 잘 알고 있듯이 자신은 "인위적이고 부자연스러운 국토의 분단에 종지부를 찍으려는 한국 국민들과 이승만 대통령의 열정에 충심으로 동정적"이라고 말했다. 그는 이어서 다른 한편으로는 "명예로운 휴전을 성취하려는 미국의 노력에 배치되는 한국 정부의 조치는 한국에 오직 재앙만을 초래할 것"
이라고 경고했다. 어조는 정중했지만, 미국이 추진하고 있는 휴전협상에 협
력하라는 강력한 협조 요청이었다.[11]

3. 미국 군부, 강경하게 방위조약 반대

그런데 미국 군부의 입장은 강경했다. 한국 정부가 계속해서 한미안보조
약을 체결할 것을 주장하고 있는 데 대해 미국 국방부와 현지 사령관들은
전통적으로 한반도의 군사적 가치를 낮게 평가하고 있는데다가 조약이 맺
어질 경우 군의 부담이 그 만큼 늘어나기 때문에 아주 부정적이었다. 클라
크 유엔군 사령관은 4월 18일 합참에 낸 보고 전문에서, 사흘 전에 아이젠
하워 대통령이 이승만 대통령에게 보낸 친서에서 한미안보조약에 관해서는
언급을 하지 않으면서 한국정부가 휴전 협상에 협력할 것을 촉구한 데 대해
"대통령의 친서가 대한민국 정부가 취한 행동으로 인해 조성된 긴장을 완화
하는 데 극히 도움이 되었다"고 찬양하면서도 "현 시점에서 양국 간의 안보
조약 체결을 고려하지 않을 것을 건의한다"고 상신했다.[12]

아이젠하워 대통령은 4월 23일, 이승만의 4월 8일자 친서에 대한 긴 답
신에서 "(이승만 대통령) 자신과 한국 국민들이 인위적이며 부자연스러운
한국의 분단에 종지부를 찍고 중공의 침략자들을 한반도 전 지역에서 축출
하려는 열망에 깊은 동정을 느낀다"고 밝히면서도 미국 정부의 휴전 협상
노력에 이승만이 협력해 줄 것을 강력하게 요구했다. 아이젠하워는 "귀국
의 방어를 지원하고 있는 미국과 다른 동맹국 정부들이 지지할 수 없는 행
동을 귀국 정부가 취한다면 (한국 휴전을 위한 미국의) 노력이 전면 무효가
된다"고 강조하고 "본인은 이 대통령께서 귀국 정부의 그러한 행동이 오로

지 한국에 재앙을 초래하고 우리 각국 국민들의 희생으로 이룩된 모든 것을 말살하는 결과를 가져올 것"이라고 다시 점잖게 경고했다.[13] 그가 '재앙' 운운하면서 이승만에게 경고한 것은 15일에 이어 8일 만에 행한 두 번째 경고였다.

이승만 대통령은 이튿날인 4월 24일, 양유찬 주미 대사로 하여금 미 국무부로 새 극동담당 차관보에 취임한 월터 로버트슨을 찾아가 '대한민국의 장래 안보'라는 제목의 비망록을 전달토록 했다. 이 비망록에서 이승만은 미국이 중공을 한반도에 남게 하는 것은 한국의 죽음을 의미하므로 이를 단호하게 반대한다고 밝혔다. 4월 22일자로 된 이 비망록에는 만약 유엔이 압록강 이남 지역에 중공군이 잔류하도록 허용하거나(permit) 용납하는(allow) 경우 대한민국의 육해공군은 이기든 지든 자유인들의 명예를 위해 유엔군 사령부의 지휘에서 이탈해 독자적으로 중공군을 몰아내는 전투를 벌일 준비를 하고 있다고 분명히 했다.[14] 이것은 이승만이 아이젠하워에 통고한 최후통첩 비슷한 내용이다.

로버트슨은 24일 국무부로 그를 방문한 양유찬 대사에게 중공군 잔류설은 오해이며, 미국은 한국인들의 우려를 충분히 이해하고 있다고 설명한 다음 미국 정부가 4월 23일 부산에서 한국 정부의 선동으로 시위대원들이 미국 대사관에 난입하려고 기도해 미 해병대원이 공포를 쏜 사건으로 인해 큰 혼란과 충격을 받았다고 항의했다.[15]

이승만 대통령의 4월 22일자 비망록은 미국 측에 최후통첩 같은 인상을 주어 국무부와 군부를 크게 긴장시켰다. 브릭스 주한 미국 대사는 4월 26일 국무부에 보낸 보고에서 자신이 아이젠하워 대통령의 메시지를 이승만에게 전했으나 이승만은 마음이 움직인 것 같지 않았으며, 만약 휴전협정이 중공을 한반도에서 추방하지 못한다면 한국은 단독으로 싸울 것이라고 밝혔다고 전했다. 브릭스는 이 보고에서 이승만이 보다 현실적이고 실용적인 입장을 취할 가능성이 현저하게 줄어든 것을 감지했다고 보고했다.[16]

같은 날(26일) 클라크 유엔군 사령관은 콜린스 육군참모총장에게 올린 보고에서 이승만이 한국군을 유엔군의 지휘로부터 빼어낼 시기가 언제인지 명확치 않다고 전망하면서, 한국 정부가 유엔군에 대해 적대적으로 변할 경우 한국 정부의 붕괴와 임시정부의 수립도 고려할 수 있을 것이라고 보고했다. 그는 이 같은 비상계획은 이미 전부 성안되어 있으며 최근에 업데이트 되었다고 밝혔다. 이 계획은 세 가지의 조건에서 시행되는데, 그 조건이란 ① 대한민국 군대가 공공연하게 적대적이지는 아니지만 유엔군 사령부의 명령에 복종하지 않는 경우 ② 대한민국 정부와 군부대들이 공식적인 발표나 공적인 성명, 기타 수단을 통해서 유엔군 사령부가 내린 지시의 수행 거부와 독립적 행동노선을 따르라는 결정을 표명하는 경우, ③ 대한민국 정부와 군부대들, 그리고–또는– 국민들이 공공연하게 유엔군 사령부에 대해 적대적일 경우라고 밝혔다.[17] 그의 이 보고는 나중에 에버레디작전으로 구체화된다.

4. 이승만의 비망록

이승만 대통령은 4월 30일 클라크 유엔군 사령관에게 보낸 친서에서 이틀 앞서 클라크가 그를 경무대로 방문했을 때 의견을 나눈 바 있는 유엔군과 중공군의 동시 철수 문제에 관해 추가로 그의 생각을 표명했다. 그는 개인적 판단으로는 약간 이기적인 생각일지는 모르지만 앞으로 체결될 휴전협정에 따라 유엔군과 중공군이 동시에 철수한다 하더라도 유엔군의 일부,

특히 미군 일부는 한국 국민들의 사기를 위해 평화가 확보되는 마지막까지 잔류해야 할 것이라고 주장했다. 그는 원래 유엔군은 6·25전쟁 발발 때 '경찰 활동'의 명분 아래 한국에 파견되었기 때문에 불법적으로 한국에 들어온 중공군과는 지위가 다르다고 주장했다. 그는 유엔군과 중공군의 동시 철수에는 안전조치가 준비되지 않으면 안 되는 모험과 위험이 따르므로 대한민국과 전체 자유세계의 안전을 위해 8가지 전제조건이 충족되어야 한다고 말했다. 그 전제조건 중 첫째가 한미안보조약의 사전 체결이다. 나머지 일곱 가지는 유엔이 감시하는 대한민국 국경 바깥 지역의 완충지대 설정, 중공군 또는 다른 외국 군대의 국경선 침범 금지, 유엔군 측과 공산군 측의 군사준비태세를 제한하거나 방해하는 미소협정의 금지, 소련군이 한국을 침범한 경우 미군의 즉각 귀환과 한국 방어, 어떠한 경우에도 일본군의 입국과 전투 행위 금지, 한반도 평화 정착 때까지 한국 주변 해역에 대한 해상봉쇄 지속, 극동지역의 평화와 안전의 보장을 위한 미국에 의한 한국 지상군 해군 공군의 증원과 강화 지속이다.[18]

그런데 미국 군부, 예컨대 클라크 유엔군 사령관의 한미안보조약 체결 반대 주장과는 달리 이 조약의 타당성을 주장하는 국무부 관리도 있었다. 한미안보조약 찬성 주장을 최초로 공개적으로 제시한 국무부 관리는 브릭스 주한 미 대사이다. 그는 5월 3일 국무부에 올린 보고에서 이승만 대통령이 클라크 사령관에게 보낸 친서에 대한 첫 소감이라면서 이승만의 휴전 협상 수락에 필요한 자세한 조건 중에는 수락할 수 없는 점이 있음에도 불구하고 그가 이제까지 폈던 완고한 휴전 반대 입장을 유지한 채 수락 조건과 대안을 토의할 용의가 있음이 명백하다고 분석했다. 그러면서 브릭스는 한미 양국 간의 안보조약 체결 제안이 본질적으로 모순되지는 않는다고 주장했다.

그는 그 근거로 미국은 1950년에 그 같은 조약 없이도 한국 방어를 위해 군대를 한국에 파견했으며, 과거 3년 이상의 기간 동안 훨씬 더 많이 관여하고 있었다는 사실을 들었다.[19] 그의 이날 건의는 27일 후 그의 직속상관인 로버트슨 차관보의 폭탄 발언으로 이어진다.

1953년 5월 22일 월터 스미스 국무차관은 장관 권한대행 자격으로 브릭스 주한 미국 대사에게 내린 훈령에서 클라크 유엔군 사령관과 협력해 이승만 대통령에게 휴전 반대 선동을 중지하라는 미국 정부의 최종 입장을 통고하라고 지시했다. 이 훈령은 미국 정부가 이승만 대통령이 클라크 유엔군 사령관에게 보낸 4월 30일자 친서를 최대한 주의 깊게 검토했으나 현재의 환경에서는 대통령(아이젠하워)이 대한민국과 상호방위조약의 체결을 고려할 수 없다는 결론을 내렸다고 밝혔다. 그러면서 그 이유로 10가지를 들었다.

이 훈령은 이 같은 입장 통고가 대한민국의 안전에 관한 미국 정부의 관심의 결여를 의미하는 것은 결코 아니며, 단순히 이 조약을 체결하는 데는 앞길에 가로놓인 실제적 어려움이 있기 때문이라고 해명하고 그 어려움들을 나열한 것이다. 또한 이 훈령은 주한 대사가 이승만 대통령에게 아이젠하워 대통령의 견해를 대변한다는 점을 분명히 밝히라고 지시하고 10개항을 강력하게 강조하라고 지시했다. 스미스 국무장관 대행은 이 같은 내용을 이 대통령에게 통고하는 데 필요한 〔기법의〕 사용, 순서, 방식은 전적으로 대사의 재량에 달렸다고 통고 방법론까지 이례적으로 덧붙였다.

그 10가지 어려움은 ① 미국은 서태평양지역에서 군사력을 유지하고 있으므로 한국에 가까운 지리적 근접성이 침략에 대한 억지력이 되고 있다. ② 휴전협정과 더불어 발표할 유엔의 제재 강화 성명이 미국이 한국의 장래 방어를 위해 계속적인 지원을 제공하겠다는 약속이다. ③ 미국은 휴전 발효

후 한국의 방어력 강화를 위한 군사 원조와 관련 사항에 대한 종합적인 협정을 체결한다. 이 협정은 주한 미군 및 유엔군의 배치, 대한민국 국군의 강화 훈련 유지 및 행정 문제를 결정한다. ④ 미국 정부는 통일 민주 독립 한국의 달성과 중공군의 신속한 철수를 위한 정치회담의 조속한 개최에 즉각적으로, 그리고 열성적으로 노력한다. ⑤ 미국은 대한민국 육군을 20개 사단 전후로 증강(해병 1개 여단 포함)하는 계획을 세우며, 휴전협정 실시에 필요한 한미 협력과 평화적 방법에 의한 한국 통일을 위한 유엔의 노력을 지원한다. 이승만 대통령은 무거운 미국의 방어 공약과 점증하는 무거운 경제적 부담이 미국 국민들에게 지워진다는 사실을 명심해야 한다. ⑥ 미국이 한국의 방어력 증강을 위해 대한민국과 충분히 협력하기를 의도하는 동안 그 같은 지원의 효용의 극대화는 불가피하게 대한민국이 미국과 협력하겠다는 열의와 능력에 달리게 된다. 이승만 대통령이 미국과 유엔에 충분히 협력하겠다는 결의를 표명하는 공개 선언은 한미 상호의 입장을 크게 상화할 것이다. ⑦ 미국 정부가 정치회담과 상호원조협정, 그리고 대한민국 국군의 강화 방안을 한국 측과 협의하는 것을 미국 대통령이 승인하기 전에 대한민국 측이 주한미군 및 유엔군과 충분히 협력하겠다는 보장을 받고자 한다. ⑧ 만약 만족할만한 보장이 없을 경우에는 이승만 대통령에게 휴전협정 조인 전후에 불행한 일이 일어날 경우 미군과 다른 유엔군의 안전을 위해 부득이 미국 측이 필요한 조치를 취할 수밖에 없다는 통고를 해야 한다. ⑨ 미국은 이승만 대통령이 클라크 사령관에게 보낸 4월 30일자 친서를 가장 주의 깊게 검토했으나 현 상황에서는 대통령(아이젠하워)이 대한민국과 상호방위조약의 체결을 고려할 수 없다. 그러나 이것은 어떤 점에서도 대한민국의 안전에 대한 관심의 결여를 의미하는 것이 결코 아니다. 그것은 다음과 같은 실제적인 난관들이 앞에 가로놓여 있기 때문이다. 그것은 ① 이 조약이 체결되면 이 양국 조약이 유엔군의 활동을 손상시킬 우려가 있고, ② 정식 조약은 미국 국회의 승인을 받아야 하는데 그 적용범위가 대한민국이 지배 아래 있지 않은 북한에도 적용되므로 여러 문제가 발생하게 되어 최소한 한반도 문제가 정치적 해결이 나올 때까지는 이 조약이 부적절하다는 논의가 일 것이며, ③ 최근 한국 측에서 일고 있는 휴전 반대 주장과 대한민국 국군의 유엔사령부로부터의 이탈 위협은 미국 국회와 국민들에게 설명하기가 어렵다. ④ 이승만 대통령이 만약 양국 간 상호방위조약이 불가능한 경우 미국 대통령의 대한민국 방위공약 성명을 발표할 수 있느냐는 질문에 대해서는 주한 대사가 긍정적으로 회답해도 좋다는 것이다.[20]

5. 이승만 반발에 미국 군부, 대책 마련

그러나 아이젠하워의 통고는 이승만 대통령의 큰 불만을 샀다. 브릭스 대사가 5월 25일 경무대로 그를 방문해 국무총리 권한 대행인 변영태 외무장관이 동석한 가운데 아이젠하워의 제안을 설명하자 이 대통령은 아이젠하워의 휴전협정 수락 요청과 한미상호방위조약 체결 거부, 두 가지 통고에 모두 불만을 표시했다. 이승만 대통령은 휴전협정에 관련해서 ① 즉각적인 전투 중지 ② 모든 중공군과 유엔군의 동시 철수 ③ 북한 포로 문제 동의(이 대통령은 반공 포로를 더 석방할 것으로 보임) ④ 중공 포로는 심사를 위해 유엔사령부에 인도할 것을 브릭스 대사에게 역제의했다.[21]

이승만 대통령이 5월 25일 브릭스 대사와의 면담에서 아이젠하워 대통령의 제안을 거부한 데 대해 클라크 유엔군 사령관은 29일 "그것은 기대하지 않았던 바는 아니었다"고 말하고, "그러나 이승만 대통령이 전투가 계속되고 있는 한 공산군에 대한 유엔군의 전쟁 수행 능력에 심각하게 영향을 주는 행동은 하지 않을 것으로 본다"고 이날 합참에 보고했다. 클라크는 이승만 대통령이 "그 대신 유엔군 사령부의 업무에 간섭하거나 최소한 미국을 극도로 괴롭힐 수 있다는 것을 증명할 덜 극단적인 행동을 할 능력을 보유하고 있다"고 경고했다. 그가 분석한 그런 가능성 가운데 예측 가능한 행동과 노조 파업 가능성, 그리고 전반적인 대책의 기조를 다음과 같이 합참에 보고했다.

클라크가 본 이승만 대통령의 예측 가능한 행동은 상당히 다양하다. 우선 (A) 휴전협정 협상기간 중, 그리고 협정 조인 이전의 어느 시점에 취할 수 있는 행동은 ① 현재 유엔군 사령부가 수용하고 있는 북한군 비송환 포로들의 일방적 석방(이것은 언제든 가능함), ② 공산군에 대한 별도의 제안(이것은 회담 석상 또는 다른 방법에 의해 가능한데, 그 내용은 즉각적인 전투 정지, 모든 외국 군대의 철수, 모든 비한국인 포로들의 현행 휴전 제안의 요강에 따른 처리, 모든 잔여 문제들의 남북한 대표들 간의 처리), ③ 휴전회담으로부터 한국 대표 철수 및 휴전협정 조인 시 대한민국은 협정의 어느 조항도 준수하지 않겠다는 발표, ④ 유엔군 사령부로부터 한국군 철수, ⑤ 대한민국이 충동한 폭동 또는 시위를 들 수 있다. (B) 휴전협정 조인 시 또는 그 직후 이승만 대통령이 할 수 있는 행동으로는 ① 대한민국 국군을 유엔군 사령부의 작전지휘권으로부터의 철수(전투의 중지로 인해 유엔군 사령부와 대한미국은 더 이상 통합된 군사작전에 참여하지 않음에 따라 대한민국 군부대들은 의심할 여지없이 그들의 정부에 지도와 지휘를 기대할 것이다), ② 대한민국이 유엔군 사령부의 지휘권으로부터 한국 군부대의 철수와 관련해서 택할 수 있는 여러 가지 행동노선이 있다. 그 중 중요한 것은 대한민국군의 비무장지대로부터의 철수 거부, 대한민국 군부대와 함께 지상군에 의한 공격 개시, ③ 대한민국 공군과 해군 부대를 적의 목표물 공격에 사용, ④ 기습 및 게릴라 전투 수행이다. 또한 휴전협정 실행에 종사하는 많은 외국인들, 특히 공산국 국민들의 한국 입국을 거부 또는 방해하는 행위도 생각할 수 있다. 클라크는 이와 함께 유엔군과 관련이 있는 한국인 노동조합의 파업 가능성도 우려했다. 한국 정부가 휴전기간 전후에 독자적으로, 또는 다른 단체의 행동과 연계한 파업을 유엔군의 활동을 지연시키는 무기로 사용할 가능성이 있다고 판단했다.

클라크는 이상과 같은 사태에 대비하는 전반적인 대책의 기조로서 불필요한 우려를 자아내는 방식이나 패배주의에 사로잡혀 대처하기보다는 유엔군의 능력껏 어떤 부대든 동원해서 사태를 수습하기로 했다는 것이다. 그가 이 같은 보고를 본국에 올리는 것은 미국 정부가 이런 상황을 충분히 알아야 함을 다짐하기 위해서라고 클라크는 강조했다. 그는 또한 대한민국 정부의 요직에 있는 인물들과 접촉해서 대한민국이 미국의 잠재능력을 충분히 인식하도록 긴밀하게 살피고 있다고 보고했다. 이승만 대통령의 연령, 그리고 시간이 자꾸 흘러가고 있다는 그의 강박감과 그가 할 수 있는 공헌과 그가 가까운 미래에 선도할 행동들이 한국의 운명을 결정할 것이라는 그의 깊은 신념은 미국 측이 대한민국의 잠재력을 분석할 때 충분하게 감안해야 하는 강력한 동기라고 클라크는 이 보고서에서 강조했다.[22]

chapter 3
·
에버레디 계획

Ⅲ. 에버레디 계획

1. 이승만 정부 전복을 목표

앞에서 설명한 대로 한국 정부가 유엔군에 대해 적대적으로 변할 경우 한국 정부의 붕괴와 임시정부의 수립도 고려할 수 있을 것이라는 4월 26일자 클라크 유엔군 사령관의 보고서는 그 내용이 곧 구체화되었다. 8일 후인 5월 4일 주한 미8군 사령관 맥스웰 테일러 중장이 입안해서 마이크 클라크 유엔군 사령관이 워싱턴의 합동참모본부로 보낸 '에버레디계획'(Plan EverReady, 상시대비계획)이 그것이다.[1]

이 계획(계획 전문 부록 자료2-6)은 1년 전인 1952년 7월 트루먼 행정부 당시 일어난 부산정치파동의 마지막 단계에서 클라크 유엔군 사령관이 입안했다가 여야 타협으로 발췌개헌안이 통과되는 바람에 실행에 옮기지 못했던 이승만 정부 전복계획(계획 전문 부록 자료2-5)을 보완한 것이다.

먼저 1952년 7월의 이승만 정부 전복 계획부터 살펴보기로 하자. 이 계획은 당시 부산정치파동의 와중에서 미국 군부가 이승만 정부의 계엄 선포와 개헌안 통과 강행을 저지하기 위해 마련한 것이다. 그 골자는 ① 이승만 대통령을 서울 또는 다른 곳으로 초청해 부산을 떠나게 하고, ② 유엔군이 부산지역에 진입해 이승만의 독재를 도운 지도자 5~10명을 체포하며, ③ 계엄 지휘권을 한국 육군 참모총장을 통해 넘겨받은 다음 이를 이승만에게 기정사실로 통고하며, 이승만에게 계엄을 해제하고 국회의원들의 행동의 자유와 신문사와 방송국의 언론 자유를 보장하는 포고문에 서명하도록 요구하며, ④ 만약 그가 동의하지 않는다면 그를 보호 감금하여 의사소통이 불가능하게 하고, ⑤ 국무총리 장택상이 이 계획에 동의하겠지만 만약 동의하지 않는다면 유엔 사령부가 임시정부를 세우는 방안을 강구하고, ⑥ 만약 이승만 또는 장택상이 이에 동의하는 경우에는 이번 조치가 군사적 이유와 [만약 적절하다면] 유엔의 임무 수행을 방해한 불법적 행동을 한 일부 개인들을 유엔군 사령부가 나서서 제거하라는 참전국들의 요구에 따라 필요했다는 취지의 발표를 하며, ⑦ 이 성명에는 대한민국 정부가 이들 조치를 취하고 있으며 유엔군 사령부의 지원을 받고 있다는 사실을 강조한다는 것이다.[2]

이에 비해 에버레디계획은 정전협정이 타결되거나 조인되었을 때 한국 정부나 한국 국민이 수락하기를 꺼림으로써 ① 한국군이 유엔군의 지시를 듣지 않거나, ② 독자적인 행동을 하거나, ③ 한국정부 또는 한국군부가 유엔군에 대해 공공연하게 적대적이 되는 세 가지 경우 중 하나가 일어날 때 유엔군의 활동을 보호하기 위해 취할 행동을 규정했다. 그 주된 내용은 ① 유엔의 이름으로 계엄을 선포하고 이에 불복종하는 한국의 군부 지도자와 민간지도자들을 감금한 다음, ② 유엔군 사령부 명의의 군정을 실시해 한국 정부로 하여금 미국이 추진하는 정전 협정에 동의하도록 한다는 것이다. 구체적으로는 제1단계로 ① 육군 예비대는 서울과 서울–대전 간 철도를, ②

미군 제1군단은 의정부를, ③ 미군 제9군단은 춘천을, ④ 미군 제10군단은 원주를 각각 장악하고, 제2단계로 ① 한국군 육군참모총장을 파견하여 명령을 집행하도록 하고, ② 불만을 품은 사령관들과 회합하며, ③ 충성심이 없거나 반항적인 지휘관들을 해임하고 개인적으로 미8군 사령관에게 충성스러운 사령관들로 대체하며, ④ 충성스러운 한국군 장교 팀을 파견해 유엔군이 취하는 행동의 이유를 구두로 대한민국 군부대들에 설명하도록 하며, 마지막 단계로 ① 유엔의 이름으로 계엄령을 선포하고 질서를 확립하며, ② 반체제적인 군부 및 민간 지도자들을 구금하고, ③ 유엔의 이름으로 군사정부를 선포한다는 것이다.[3]

2. 5월 26일의 이승만-클라크 면담

에버레디계획이 워싱턴의 육군참모총장 콜린스 장군에게 보고된 5월 4일부터 뒤에서 설명하는 바와 같이 국무부-합참 연석회의에서 이 계획이 논의되어 채택되지 못한 29일 사이인 26일을 맞아 이 계획의 최종 입안자인 클라크가 이승만 대통령을 방문해서 면담을 가졌다.

면담은 아이젠하워 대통령의 지시에 따라 이루어졌지만, 에버레디 계획이라는 국제적 음모의 최종 책임자인 클라크는 시치미를 뚝 뗀 채, 그리고 머지않아 외국 세력에 의해 추방될지도 모를 운명에 처해진 이승만은 이런 사정을 새카맣게 모른 채 서로 만난 것이다. 기록에 의하면 이 자리에는 브릭스 주한 대사도 동석했다.

클라크는 면담이 시작되자 자신이 받은 아이젠하워의 긴 훈령문을 이승만 앞에서 낭독한 다음, "대통령 각하, 이번 사안은 정치적인 동시에 군사적인 성격을 띠고 있어 브릭스 대사와 함께 들어왔습니다" 하고 서두를 꺼내 다음 판문점 휴전회담의 유엔군 측 5개국 협의위원회에서 중립국 감시단으로 인도군 장교를 받아들이기로 한 것을 미국 정부가 수락했다고 통고했다. 이에 이승만은 "지난번 우리가 그 점에 관해 이야기를 나누었을 때 공산국 또는 친 공산국의 군인이나 경찰은 받아들일 수 없다고 내가 말했지요? 우리는 인도 헌병이 거기에 해당된다고 생각합니다"라고 클라크에게 되물으면서 거부 의사를 분명히 했다. 그러나 클라크는 "예, 분명히 말씀하셨습니다. 그러나 그 후 포로 송환 문제에 관한 유엔군 측 입장이 바뀌었습니다. 5개국 협의회에서는 앞으로 다수결로 의사결정을 할 것입니다"라고 응수했다. 그러자 이승만은 "1,000명의 인도군 헌병이 들어오는 것은 불가능합니다. 우리는 전선에서 공산국과 싸우고 있는데 후방으로 그들을 받아들이는 것은 난센스입니다"라고 단호하게 밝혔다. 그러나 이 문제는 결국 미국이 당초 결정을 강행해 인도군은 한국 도착 즉시 국내로 입국하지 않고 곧바로 판문점으로 향하게 함으로써 절충식으로 해결을 보았다.

클라크와의 대화가 끝나자 브릭스 대사가 이승만 대통령에게 아이젠하워 대통령의 메시지가 포함된 본국 정부의 훈령문을 낭독했다. 그는 대한민국이 유엔의 휴전에 협조하면 한국군의 20개 사단 증설에 협력하겠다고 밝혔다. 그 순간 클라크는 다시 "대한민국이 유엔군 측의 이번 휴전 관련 제안에 협력할 때까지 한국군 증강과 모든 경제적 군사적 원조가 연기될 것"이라고 말했다. 그러자 이승만은 "그것은 솔직히 말해 대 실망이지만, 원조를 늘리든 깎든 모든 것은 미국의 결정에 달려 있다. 그러나 중공군 철수 문제만은 우리의 생존에 필요한 최소한의 조건임을 알아야 한다"고 단호하게 말했다. 그는 이어 두 사람에게 "이런 식의 휴전은 공산 측의 승리이며 반공 진영의 모든 국민들을 실망시킬 것"이라고 거듭 미국의 휴전 협상 추진 방식을 비판했다.

이승만 대통령은 이 자리에서 자신의 역제안이라면서 이를 아이젠하워 대통령에게 보고해 달라고 말한 다음, 첫째 유엔군과 중공군의 동시 철수, 둘째 유엔군 철수 전에 한미방위조약을 체결할 것, 셋째 "만약 두 가지가 모두 불가능하다면 우리에게 혼자 싸울 기회를 주고, 미국은 가능하면 공군력과 해군력 지원을 해 달라"고 요구했다. 이에 대해 브릭스 대사는 조약에 대해서는 미국 정부 당국자들이 검토한 결과 ① 한미방위조약은 유엔(의 활동)을 희석시키고 ② 유엔이 한국에서 벌이고 있는 작전에 혼선을 가져오며 ③ 조약의 효력이 대한민국의 관할권이 실제로 미치는 남한에서만 발생함으로써 한국의 분단을 공식적으로 인정하는 것이 되기 때문에 조약 체결에 반대한다고 설명했다. 따라서 아이젠하워 대통령은 방위조약 대신 만약 침략이 일어나면 참전 16개국이 다시 되돌아올 것이라는 취지의 성명을 발표할 것이라고 클라크는 전했다. 이승만은 이에 대해 "그 모든 것은 우리에게는 무의미하며 가장 의미가 있는 것은 방위조약뿐이며 민주주의 국가에서는 정치가 변하면 모든 것이 달라지기 때문"이라고 반박하면서 "그렇다고 우리가 아이젠하워 대통령의 성명을 평가하지 않는다는 것이 아니라 그것만으로는 불충분하다는 것"이라고 부언했다. 이에 대해 클라크가 나서서 조약 문제는 다른 문제와 별도로 다루되 유엔군과 중공군의 동시 철수 이후에 체결될 수 있다고 말하자, 이승만은 "동시 철수 이후가 아니라, 그 이전에 체결해야 한다"고 거듭 강조했다.[4]

클라크는 나중에 그의 회고록에서 이렇게 썼다.

역사는 한국의 이승만 대통령이 끝까지 싸우기를 원한 점에서 우리(미국)보다 더 정당했다고 증명할지 모른다. 그러나 〔우리는〕 그의 고의적인 휴전 방해 행위와 일방적으로 전투를 하겠다는 그의 협박을 막지 않을 수 없었다.[5]

3. 국무부–합참 연석회의

그런데 에버레디 계획은 사전에 국무부와 충분한 협의 없이 마련된 것이어서 5월 29일 열린 국무부와 합동참모본부 연석회의에서 논란이 빚어졌다. 이때는 개성에서 휴전회담이 시작된 지 약 2년이 지난 시점이어서 휴전협상이 막바지에 이른 시점이다. 그러나 휴전회담의 두 가지 난제, 즉 한국 정부의 휴전 반대와 포로 송환 문제가 여전히 해결될 기미가 보이지 않던 무렵이다. 이날 회의는 국무부와 합참 뿐 아니라 백악관 및 국방부, 그리고 CIA 등 5개 부서에서 모두 19명의 관계자들이 참석한 대규모 범부처 고위급 합동회의였다. 오전 11시 회의가 시작되자 먼저 J. 로튼 콜린스 육군참모총장이 입을 열었다.

클라크 유엔군 사령관이 마련한 계획을 토의하기 전에 내가 제기하고자 하는 특별한 점이 있다. 그것은 한국 육군참모총장 백선엽 장군과 관련이 있는데, 백 장군은 현재 미국에 와있다. 클라크 장군은 이승만을 감금하기 위한 극단적인 비상조치계획을 마련했다. 내가 알기로는 클라크 장군은 이승만과 대립이 일어날 경우 백선엽 장군이 우리를 도우겠다고 넌지시 말한 것으로 느끼고 있다. 나는 합참 참모들(육해공군 및 해병대 참모총장)들에게 백 장군이 우리를 도울 수 있게 한국으로 즉각 귀국하는 것이 바람직한지 어떤지를 비공식적으로 질문하고 그 결과에 대해 클라크가 어떻게 생각하는지를 질문하는 전문을 발송했다. 클라크 장군은 백선엽이 그 전에 이승만과 어려움이 있었으나 잘 해명되었기 때문에 예정보다 미리 귀국하면 이승만의 의심을 살 것이라고 말했다. 클라크는 비록 백선엽을 조기 귀국시켜 사건이 진짜로 일어날 경우 현장에 있게 하는 것이 유리하다고 느끼지만 그를 조기 귀국시킬 경우의 불이익이 예정대로 귀국할 경우의 불이익보다 더 클 것으로 판단하고 있다고 회답했다. 그런데 지금 와서 판단해 보니 백선엽의 일정이 변경되어 현재는 6월 23일 전에는 미국을 떠날 수 없게 되었다. 그래서 두 가지 질문이 제기되는데, 하나는 백선엽의 일정 변경을 알려주고 우리가 그의 원래 일정에 맞추어야 한다고 클라크가 생각하는지 여부를 살피는 것이고, 또 하나의 문제는 백선엽 장군이 대통령(아이젠하워)을 면회하는 것이 유용할까 여부이다. 만약 그가 대통령을 면회하는 경우 공개적인 면회가 좋을지 비밀 면회가 좋을지 하는 문제가 있다.[6]

콜린스의 발언에 대해 국무부의 긴급대책 담당인 매튜스 부차관보는 "우리는 대통령의 일정에 맞추어야 하는데 대통령은 6월에 며칠간 해외에 갈 예정이다. 그리고 잠정적인 버뮤다회의 참석 일정도 있다"고 발언했다.

이에 대해 국무부의 동아시아 담당인 존슨 부차관보는 "[백선엽이] 대통령을 비밀 면회를 하는 경우 비밀을 유지하기가 어렵다. 비밀 면담 계획을 세웠다가 드러나는 경우에는 공개적인 면회를 추진하는 경우보다 더 많은 의혹을 불러일으킬 것"이라고 이의를 제기했다.

4. 백선엽 참모총장 초청 의도 수상쩍어

여기서 백선엽 참모총장의 방미에 관해 잠깐 살펴보고 5월 29일의 국무부와 합동참모본부 의 연석회의로 되돌아갈 필요가 있을 것 같다. 백선엽 자신은 세월이 흐른 다음에 쓴 회고록에서 자신이 왜 그 시기에 미국으로 초청되었는지 정확한 의도를 모르겠다고 술회했다. 그는 미국 도착 이후의 일정에 관해 이렇게 회고했다.

> 파티는 이튿날에도 열렸다. 이번에는 나를 미국으로 초대한 콜린스 미 육군 참모총장이 주최한 연회였다.…(중략)…의전적인 차원에서 미국은 당시로서는 별로 내세울 게 없던 대한민국의 육군참모 총장을 극진히 환대하는 분위기였다. 나는 그 점이 참 궁금하기도 했다.[7]

그러나 콜린스가 백선엽을 초청한 목적은 그를 미국이 추진하는 휴전협상에 찬성하도록 하는 데 있으며 경우에 따라서는 에버레디계획에 협력하도록 포섭하려 한 것이 아닌가 하는 의혹을 샀다. 에버레디계획에 따르면 유사시 한국 육군참모총장은 유엔 사령부의 지시를 받아 이 작전을 집행하도록 되어 있다. 이날 국무부–합참 연석회의에서 콜린스가 보고한 바로는 클라크 장군이 만일의 사태가 일어날 경우 백선엽이 미군을 돕겠다고 넌지시 말한 것으로 느끼고 있다는 보고는 일방적인 짐작일 수는 있지만, 어쨌든 비상시에는 그의 협력이 있지 않으면 안 될 상황이었다. 에버레디 계획에는 또한 유엔사의 지시를 듣지 않는 한국군 지휘관들은 해임하도록 되어 있다. 이 때문에 백선엽이 유엔사의 말을 듣지 않을 경우 일은 더욱 커지게 되는 것이다. 백선엽 자신도 콜린스가 주최한 파티가 있었던 그날 밤의 기분을 서술하면서, "이승만 대통령과 아이젠하워 미 대통령 사이의 알력, 그 때문에 점차 더 예측하기 어려운 상황으로 치닫는 휴전 관련 사안들이 내 머리를 떠나지 않고 있었다"고 회고했다.[8]

그가 미국에 도착해서 휴전에 반대하는 한국인들의 정서와 통일 의지를 무시해서는 안 된다고 미국 군부 요인들에게 설명하자 그와 잘 아는, 6·25 전쟁에 제7함대 제5순양함 대장으로 참전했던 알리 버크 제독은 "다른 대안을 찾아보아야 한다"면서 "이제 휴전을 기정사실로 받아들여야 한다"고 강조한 다음 아이젠하워 대통령을 면담하고 방위조약 체결을 가장 먼저 거론하라고 단호하게 말했다는 것이다.[9]

앞에서 소개한 대로 이날 국무부-합참 연석회의에서 백선엽이 아이젠하워를 면담하는 경우 공개적으로 하느냐 비밀로 하느냐로 참석자들 간에 의견이 갈렸지만, 백선엽의 회고록에 의하면 그는 그 무렵 백악관에서 아이젠하워 대통령과 면담하고 휴전 문제를 논의하면서 한미상호방위조약의 체결을 주장하기도 했다. 그는 "휴전에 앞서 우리에게 '개런티(guaranty·보장)'를 해주셔야 합니다"라고 말했다는 것이다. 이어 그는 "전쟁을 겪은 대한민국은 지금 허허벌판의 폐허(廢墟)와 다름없습니다. 모든 것이 무너지고 파괴된 헐벗은 나라입니다. 그런 상황에서 북쪽에 공산군을 그대로 두고 휴전한다면 위험합니다"라고 했다는 것이다. 아이젠하워가 이 말을 듣고 "어떤 방법을 말하는 것입니까?"라고 묻자 백선엽은 "상호방위조약이 필요합니다"라고 말했다는 것이다. 대통령은 얼굴에 어색한 웃음을 지으면서 "미국은 유사시에 영국과 행동을 함께합니다. 상호방위조약은 그런 유럽 국가들과의 선례가 있으나 아시아 국가에서는 매우 매우 드문(very very rare) 케이스"라고 말했다는 것이다.[10]

5. 핵심은 이승만 구금과 군사 정부 수립

여기서 다시 앞에서 설명한 국무부-합참 연석회의로 되돌아가 그 토의 내용을 계속 살펴보자. 존슨 부차관보의 발언이 끝나자 매튜스 국무부 부차관보가 뒤이어 발언했다. 그는 "본인이 제기하고 싶은 정보는 두 가지 점인데, 하나는 한국의 참모총장 대행(유재홍)이 우리 관점에서 신뢰할 수 있느냐는 것이고, 다른 하나는 이승만이 그의 각료들과 나눈 대화의 내용이 어떤 것인지, 그리고 국방장관이 한국군 사령관들과 나눈 대화의 내용은 어떤 것인가 하는 점"이라고 말했다.

그러자 클라이드 에들먼 육군본부 기획국장이 "우리의 정보에 따르면, 참모총장 대행은 유사시 유엔군보다는 이승만을 따를 인물이다. 역시 이승만은 자신과 헌병대가 미8군의 통제 아래 들어가지 않도록 하기 위해 헌병사령관을 별도로 임명하려고 할 것"이라고 말했다.

이에 대해 CIA 부국장인 찰스 캐벌 장군(공군)은 "우리에게는 이승만과 그의 국방장관이 국민들에게 무엇이라고 말하고 있는지에 관한 구체적인 보고는 없다"고 발언했다.[11]

그러자 콜린스 육군참모총장은 클라크 장군이 보내온 전문 보고서를 낭독했다. 그 내용은 다음과 같다. 클라크 장군의 판단으로는 미국 측의 메시지에 대한 이승만의 반응이 의외였다. 클라크는 이승만이 전선에서 전투가 계속되는 동안에는 유엔군의 권한에 간섭하는 어떤 행동도 하지 않을 것이지만 여러 종류의 골칫거리 행동이나 위험한 행위를 계속할 수는 있을 것으로 판단하고 있다는 것이다. 콜린스는 클라크의 이 판단은 합리적이라고 말하고 이승만은 북한 포로를 석방하고 별도의 휴전협정을 제안해 한국군을 유엔군 사령부의 지휘에서 철수시키고 휴전협정에 규정된 외국 인력에 대해 폭동 또는 공격을 행할 수도 있다고 말했다. 클라크의 판단으로는 만약 이승만이 한국군에게 독자적인 행동을 하도록 지시하면 한국군과 유엔군의 전선이 분리될 수 있을 것이며, 한국군이 유엔군을 측면 엄호를 하지 못하게 하는 협정도 마련될 수 있을 것이고 했다. 만약 휴전 후 한국군이 비무장지대로부터 철수하기를 거부해도 유엔군 사령부가 어떤 조치도 취할 수 없게 될 수 있을 것이라고 했다. 그는 계속해서 말하기를 "한국군이 독자적으로 지상공격을 감행하게 되면 아마도 3일 안에 모든 보급품이 바닥이 날 것이다. 한국군은 휴전 이전이나 휴전 이후에나 공산군을 괴롭히기 위해 공군이나 해군을 사용할 수 있지만 이를 중지시키기가 어렵다. 한국은 또한 공산군에 대한 게릴라 공격 능력과 외국 인력의 한국 입국을 방해할 능력도 보유하고 있다. 또한 유엔군사령부가 크게 의존하고 있는 한국인 봉사부대에 혐오감을 갖도록 만들 수도 있으며, 유엔군사령부의 작전에 간섭하는 노동파업도 초래할 수 있다" 이상이 클라크 장군의 보고인데, 클라크 장군의 계획의 세부사항에 대해서는 에들먼 장군이 개략적으로 설명할 것이라고 콜린스는 말했다.

이에 에들먼이 에버레디작전의 세부사항을 설명하면서 긴급사태에 대처하는 유엔군이 취할 일련의 조치를 설명한 다음 "가장 중요한 핵심조치는 이승만 대통령을 구금하고 계엄을 선포해 한국 육군당국으로 하여금 계엄을 시행하고 불복종하는 민간 지도자와 군사령관들을 미8군 사령관에 충성하는 세력이 구금해 유엔 하의 군사 정부를 수립하는 최종 조치를 취하는 것"이라고 설명했다.[12]

6. "우리를 침략자의 입장으로 몰아가고 있지 않은가?"

그의 발언이 끝나자 국무부의 로버트슨 동아시아담당 차관보가 발언에 나섰다. 그는 이렇게 발언했다. 당시의 회의 분위기로 보아서는 일종의 폭탄선언이었다.

무슨 권한으로 우리가 한국 정부를 접수합니까. 우리는 우리 자신을 정말 침략자의 입장으로 몰아가고 있는 것이 아닌가요? 나는 순전히 군사적인 관점에서 한국에서 군대를 철수하는 일련의 행동을 고려하는 것이 가능한지 여부에 대해 질문을 드리고 싶습니다. 만약 그것이 가능하다면 비로소 우리는 이승만에게 한국으로부터 군대를 철수시키는 데 충분한 기간 동안에는 어떤 행동을 유보하는 조건에 관해 이야기할 수 있을지 모릅니다.[13]

그러자 콜린스 육군참모총장은 다음과 같이 말했다.

우리가 한국으로부터 철수하는 동안 공산군이 공격을 가해 온다면 철수를 하는 것이 대단히 어려울 것입니다. 이승만과 한국 정부에 반하는 조치를 취할 권한은 순전히 군사적 필요성을 위한 것이 아니면 안 될 것입니다. 그런 조치를 취함에 있어서 우리는 이승만이 현재 한국 정부와 한국 국민(의 이익)을 위해서 행동하고 있는지를 감안해야 합니다. 그리고 우리가 한국으로부터 군대를 철수하기로 결정할 경우 우리에게 돌아올 반응도 고려하여야 합니다. 내가 보기에 우리가 검토해야 할 클라크 계획의 진정한 핵심은 클라크가 계엄을 선포하고 이승만을 포함한 반대자들을 감금해 군사 정부의 수립을 선포할 권한을 갖고 있느냐는 문제입니다. 내 생각으로는 우리가 검토해야 할 다른 문제는 이승만이 다른 행동을 하는 것을 막기 위해 그에게 방위조약을 약속하는 것이 과연 합당한가라는 문제이지요.[14]

이에 대해 국무부의 존슨 부차관보는 "가장 중요한 것은 우리가 이승만에 대해 어떤 조치를 취하는 경우 그 조치가 남한 국민들의 손으로 행해져야 하며, 어떤 군법이나 군사 정부도 남한 국민들의 이름으로 만들어져야 한다는 점"이라고 강조했다.

그러자 콜린스 참모총장은 "내가 보기에는 최종 분석을 위해 세 가지 선택이 있다. 첫째는 안보조약을 제안하는 문제이고, 둘째는 한국 정부를 접수하는 권한의 〔정당성〕 문제이고, 셋째는 우리 군대를 한국에서 빼내는 문제이다"라고 말했다. 이에 던캔(Charles Duncan) 해군참모차장은 "한국에서 군대를 빼내는 것은 군사적인 문제만이 아니다"라고 말했다.

이에 대해 매튜스 부차관보는 "그 말은 전적으로 옳은 말씀"이라고 동조한 다음 "우리가 3년 동안 지키려고 싸워놓고 남한을 포기한다는 것은 심각한 정치적 문제가 될 것이다. 그리고 만약 이 같은 일련의 조치가 군사적으로도 타당성이 없다면 이 계획은 고려할 가치조차 없는 문제이다"라고 강조했다.[15] 결국 같은 국무부 고위관리이면서 로버트슨과 매튜스의 의견은 닮은 데 반해 존슨은 이승만 감금을 받아들이는 전제를 갖고 있는 점에서 상반된다.

콜린스 총장은 이에 대해 "우리(군대)는 종래의 군사경계선으로 후퇴할 수 있으며, 그곳에서 철수할 수도 있다. 그러나 우리가 입을 피해의 규모가 어느 정도가 될지는 거의 완전히 공산군이 취할 행동에 달려 있다"고 말했다.

로버트슨 차관보는 다시 발언에 나서서 "내가 보기에 우리는 최소한 이승만에게 그의 행동이 그 개인을 말려들게 하고 있다는 점을 명백하게 해야 한다"고 주장했다. 콜린스 참모총장은 "개인적으로 나는 이승만을 안보조약으로 회유하려 할 것이 아니라, 그를 보호 감금하도록 준비해야 한다고 본다"고 주장했다. 그러나 이에 로버트슨은 다시 "한국 정부를 접수하는 동안에 이승만 보호 감금이든, 한국으로부터 군대를 철수하는 동안의 보호 감금이든, 과연 무슨 목적을 위해 그를 보호 감금하느냐가 문제이다"라고 비판했다.

매튜스 부차관보는 "클라크 장군은 [유엔군이 세울 정권이] 군사 정부라고 호칭했습니까, 임시한국 정부라고 호칭했습니까?" 하고 물었다. 콜린스 총장은 "나는 클라크가 가능한 최대한 한국 국민들 [손으로] 그렇게 만들려고 시도하리라 생각한다. 그러나 주된 과제는 클라크에게 그가 취해야 한다고 생각하는 어떤 행동이든 시행할 수 있는 권한을 부여하는 지시문을 마련하는 것입니다"라고 강조했다. 이에 대해 매튜스는 어떤 군사 정부가 되었든 대한민국의 이름 아래 수립되어야 한다는 것이 대단히 중요하다고 동조했다. "우리가 어떤 권한을 클라크 장군에게 부여하든 이 점을 강하게 강조해야 한다"고 그는 말했다.

이에 대해 콜린스 참모총장은 "내 생각으로는 가능한 한 많은 한국인들과 함께 일을 해야 할 필요성을 지적하는 추가 구절을 준비해야 한다"고 말했다. 이에 대해 매튜스는 "총장께서 준비한 지금의 메시지 초안에 안보조약을 제안할 권한도 포함되어 있습니까?" 하고 물었다. 콜린스는 이 질문에 대해 "아니요. 포함되어 있지 않습니다. 그러나 우리는 그 점을 토의해야 한다고 생각합니다"라고 언명했다.[16]

7. 4년 만에 바뀐 미국의 태도

해군참모차장 던캔 제독은 한미상호방위조약 체결에 긍정적이었다. 군부의 태도가 변하기 시작했다. 그는 "내가 보기에는 만약 이승만을 정상적인 [심리] 상태로 되돌아가게 하지 않으면 우리는 재앙적인 군사적 패배를 당할 가능성에 직면해 있다"고 강조했다. 그는 이어 "이승만과 미국 사이에 가로놓인 마지막 문제는 우리가 그에게 안보조약을 체결해 주느냐 않느냐 인데, 이승만을 정상 위치에 남아 있게 하기 위해 안보조약을 체결해 줄 가치가 있을 것 같다. 나는 합참 멤버들인 각군 참모총장들이 보기에 만약 주한 미국 대사관과 유엔군 최고사령관이 이승만과의 관계 파열을 방지하기 위해 그들의 시각에서 긴요하다고 판단한다면 그들에게 양국 간 상호방위조약을 협상할 권한이 부여되어야 한다고 제안하고 싶다"고 밝혔다.

이에 로버트슨은 "지난주(1953년 5월 하순) 우리가 대통령과 이야기했을 때 바로 그 점을 말씀 드렸다. 그때 대통령은 우리는 이승만에게 안보조약을 제공하지 않기로 결정했다고 말했다. 물론 대통령이 마음을 바꿀 수도 있겠지요"라고 덧붙였다. 이에 존슨 부차관보는 "나는 클라크 장군이 그의 보고서에서 언급한 바와 같이 〔휴전 협정을 방해하기 위해〕 말썽을 일으킬 수 있는 한국의 능력을 아이젠하워 대통령께서 충분히 평가할 위치에 있다고는 말할 자신이 없어요"라고 의문을 제기했다.[17]

콜린스 장군은 이에 "나는 세 가지 행동 대안을 적시해 대통령에게 결정을 맡기는 간략한 보고서를 작성해야 한다고 생각한다. 나는 개인적으로는 양국 간 방위조약 체결안을 좋아하지 않는다. 그것은 우리 편에서 보면 이승만이 일을 좌지우지하는 것을 공개적으로 인정하는 것이기 때문이다"라고 주장했다.

이에 대해 매튜스는 "그러나 대통령이 이승만과 관계 절단을 방지하고 휴전에 대한 동의를 확보하는 것이 가치가 있는 것인가에 대해 결심할 수 있도록 되어야 한다"라고 말했다. 존슨 부차관보는 "그것은 조약의 체결이 아니라, 실제로는 오직 조약을 협상하겠다는 약속이 될 것이며, 또한 그렇게 될 것이다. 조약이 체결되려면 시간이 필요하며 이것을 계속해서 이승만에

게는 압력 요소로 이용할 수도 있다"라고 주장했다.[18]

콜린스는 결론적으로 "내 생각으로는 보고서를 만들어 내일까지 대통령에게 올려야 한다"고 매듭지었다. 이에 따라 국무부와 합참이 협력해서 대통령에게 올리는 비망록을 당장 작성하기로 결론을 내렸다.[19]

비록 이 회의의 결론은 대통령에게 복수의 안을 올리겠다는 것이지만 에버레디 계획이 단수 안으로 채택되지 않은 것은 대한민국 뿐 아니라 미국을 위해서도 크게 다행한 일이었다. 만약 에버레디계획이 그대로 집행되었더라면 대한민국에는 대혼란이 일었을 것이다. 경우에 따라서는 전쟁 수행에도 타격을 주어 대한민국이 멸망 직전까지 안 간다고 장담할 수도 없는 상황이었다. 이런 점에서 로버트슨의 올바른 판단은 대한민국의 안전과 장래에 크게 기여했다.

비망록은 이날 오후 국무장관과 국방장관에게도 별도로 제출되었다. 이와 함께 클라크 유엔군 사령관과 브릭스 주한 미국 대사에게 훈령을 보냈다. 그 내용은 상황의 심각성을 감안해 이튿날(30일) 대통령에게 보고하기로 했다는 것이고, 한국 정부와의 사이에 긴급사태가 발생할 경우 필요한 예비조치를 취할 권한을 유엔군사령관에게 부여한다고 밝힌 다음, 그의 재량에 따라 위험하고 도발적인 상황을 피하는 데 도움이 된다고 보일 경우, 국무장관이 한국과의 양국 간 안보조약을 교섭하도록 대통령에게 강력하게 건의할 것이라는 점을 이승만 대통령에게 통고할 수 있는 권한을 부여한다는 것이다. 이 메시지는 이와 함께 클라크 장군에게 현시점에서 안보조약 교섭 제의가 이승만으로 하여금 휴전협정 체결에 응하도록 할 수 있을 것인지 여부를 논평해 달라고 지시했다. 클라크는 이에 대해 긍정적인 회신을 보냈다.[20]

8. 한미방위조약 체결로 선회

이에 따라 한미방위조약 체결 문제 토의를 위한 회의가 30일 오전 11시 국무장관실에서 개최되었다. 이 자리에는 국무 국방 두 장관과 합참을 대표한 육군참모총장, 그리고 국무차관, 국방부 국제안보 담당 차관보, 국무부 극동 담당 차관보, 육군본부 G-3 담당 참모차장, 국무부의 존슨 부차관보, 국방부 해외군사국 북동아시아 과장 찰스 설리번이 참석했다.

분위기는 직전의 국무부-합참 연석회의 때와 확연하게 달라졌다. 이 자리에서 한국 정부가 휴전협정 체결과 시행에 동의하고, 한국군을 유엔군 사령관의 지휘하에 존치한다는 조건 아래 미국과 필리핀 간의 방위조약과 미국 호주 뉴질랜드 간의 ANZUS 조약과 같은 수준의 양국 간 안보조약을 체결할 것을 한국 측에 제안할 것을 대통령에게 건의하기로 결정했다.[21]

그 후 국무차관을 제외한 참석자 전원이 함께 백악관의 대통령실로 이동해 아이젠하워와 회의를 가졌다. 함께 국무장관의 한미방위조약 체결 건의에 이어 아이젠하워가 즉석에서 이를 재가하자 회의 참석자들은 오전 11시 55분경 모두 백악관을 떠났다.[22] 이로써 그 동안 트루먼과 아이젠하워 두 대통령이 그토록 강경하게 반대해온 한미방위조약 체결 문제가 2년 만에 실무진의 반기로 인해 체결 쪽으로 방향을 바꾼 역사적 순간이 펼쳐진 것이다. 결국 이승만이 한미상호방위조약의 산모라면 로버트슨 차관보는 산파역이라고 할 수 있다. 앞에서 설명한 바와 같이, 과거에 트루먼 행정부는 1951년 5월 결정한 NSC 48/5(한국전쟁 발발 이후의 미국의 아시아 정책)[23]와 이에 따른 그해 12월에 결정된 NSC 118/2(정전협상에 임하는 지침)[24] 에 의해 대한민국은 일본, 필리핀, 호주, 뉴질랜드와 달리 미국의 방위동맹 대상국에서 제외하기로 결정했던 것이다. 이런 기본 정책이 2년만인 이날 폐기된 것이다.

백악관 회의 직후 합참은 클라크 장군에게 유엔군 사령부에 의한 한국 군사정부 수립안의 불승인 결정을 통지하기로 결정했다. 합참은 그러나 덜레스 장관의 요청에 따라 한국의 임시정부(유엔군사령부 산하의 군사정부) 수립 문제를 너무 자세하게 언급하지 않는 것이 바람직하다는 추가 메시지를 보내기로 했다. 이것은 이승만 정부에 대한 민간 또는 군부의 내부적 불만으로 빚어질 수 있는 한국의 긴급사태에 대비하기 위한 것이다.[25]

미국의 한미상호방위조약 체결 제의가 이승만 대통령의 휴전 반대 입장을 바꾸게 할 가능성이 있는지를 판단해 보고하라는 국무부의 훈령을 받은 브릭스 주한 미국 대사가 5월 29일 회답을 본부에 보내왔다. 그는 국무부에 보낸 보고서에서 한국 정부가 이를 계기로 휴전에 동의하게 될지 여부는 오로지 이승만의 결정에 달렸다고 답변했다. 브릭스는 이승만이 그동안 중요시해온 방위조약과 휴전으로 인한 불이익을 상호 교량할 것이라고 전망했다. 그는 만약 방위조약 체결 문제가 한국에 대한 경제적 군사적 원조, 그리고 휴전과 정치협상에 관해 만족스러운 협의를 갖겠다는 의사 표명과 함께 보다 빨리 제안되었더라면 이승만은 아마도 미국의 제안을 약간 수정하는 방식으로 휴전에 동의할 용의와 이를 관철시킬 능력을 보유하고 있었다는 점에 자신이 합리적 믿음을 가졌을 것이라고 설명했다. 따라서 브릭스는 현 시점에서의 판단으로는 미국 측 원안을 약간 수정하는 것이 이승만과의 교섭 타결에 긴요하다고 국무부에 건의했다.[26]

이승만은 같은 날(30일) 이 사실을 모른 채 아이젠하워 대통령에게 친서를 보내 그 동안 아이젠하워 대통령이 몇 차례 그에게 보낸 친서에서 언급한 휴전협정 찬성 요구에 관해 입장을 밝혔다. 이승만은 이 친서에서 미국 측 요청대로 한국 정부가 공개적인 성명을 통해 휴전 교섭에 열렬하게 동의하고 싶지만, 중공군이 한반도에 잔류하는 어떤 휴전협정도 한국 국민들에게는 만약의 경우 한마디 항의도 못하고 사형선고를 받아들이는 것을 의미한다고 강조했다. 만약 자신이 개인적으로 그런 휴전협정을 받아들인다 하더라도 그의 조치가 그 후에 전개될 사태 발전으로 야기될 문제들을 해결하는 데 도움이 되지 않을 것이라고 이승만은 주장했다.[27]

이에 따라 이승만은 한미방위조약의 체결이 선행되는 조건 아래서 유엔군과 중공군의 동시 철수를 제의한다고 다시 밝혔다. 이승만은 북한 괴뢰정권은 중공과 군사 조약을 맺고 있고, 중공은 소련과 군사 조약을 맺고 있다고 환기시키면서 대한민국은 공산 측의 이 같은 가공스러운 영향력에 대처할 아무런 수단도 갖고 있지 않다고 강조했다. 따라서 한미 양국 간의 방위조약에는 무엇보다도 우선적으로 다음 사항들이 들어가야 한다고 이승만은 요구했다. 그는 "우선 또 다른(새로운) 적의 침략을 억지하기 위해 미국의 공군과 해군력을 현재의 위치에 잔류시키고 유엔군과 공산군의 동시 철수 계획이 양측 또는 어느 일방에게 받아들일 수 없다는 사실이 판명되는 경우에는 대통령(아이크)께서 한국 국민들이 전투를 계속하는 것을 허용할 것을 본인은 간청합니다. 어찌되었든, 우리가 국토 분단의 고착화가 지속되는 것을 더 이상 용인할 수 없다는 것은 의문의 여지가 없습니다"라고 강조했다. 그는 이어 "한국 국민들을 실망시키는 것은 대부분의 반공국가 국민들을 실망시키는 것이며, 그렇게 되면 미국은 급기야 자국이 '공산주의 사막 속의 민주주의 오아시스'로 변한 사실을 발견하게 될 것"이라고 경고했다. 이승만은 마지막으로 "미국 국민들은 결코 평화의 대가로 그들의 자유와 민주주의 제도를 팔아넘기지 않을 것으로 생각한다"고 강조하면서 "지금은 말이 아니라, 행동이 국제 침략세력을 억제할 것"이라고 주장한 다음 "우리 국민들의 기도(祈禱)는 많은 어려움에도 불구하고 적에게 효과적인 행동을 실천하려는 미국 국민들의 노력을 재촉할 것"이라고 매듭지었다.[28]

이승만의 이날 친서에 관해 6월 2일자 《뉴욕타임스》는 "이 대통령이 아이젠하워 대통령의 3개항 메시지를 받았다고 밝히면서 '우리는 미국의 요구를 무엇이든 수락해야 하지만…' 하고 답변했다"는 AP통신 기사와 함께 그가 진해에서 6월 1일 긴급각의를 소집해 이 문제를 논의한 다음 서울로 돌아왔다는 별도의 자사 기사를 실었다. 이 신문은 또한 같은 날짜 기사로 아이젠하워 행정부가 이승만 대통령으로부터 휴전에 대한 협력의 조건으로 상호방위조약 체결과 경제 원조를 요구받았다고 보도했다.[29]

이승만 대통령의 친서에 대한 클라크 유엔군 사령부의 평가는 상당히 호의적이었다. 그는 합참에 올린 6월 2일자 보고 전문에서 "이승만의 친서는 어조가 부드러워졌으며 기대한 것보다 자제한 내용으로서 반공 포로 문제에 대한 언급을 생략했다"고 평가하고 "그가 무모한 모험에 뛰어드는 것을 피하기로 결정하고 이 점에 명백히 주의를 기울어 친서가 작성된 것으로 보인다"고 결론을 내렸다. 클라크는 이승만의 주요 요구사항을 ① 상호방위조약 체결, ② 군사적 경제적 원조, ③ 미국의 공군력과 해군력의 한반도 계속 잔류, ④ 한반도로부터의 유엔군과 중공군, 기타 공산군의 동시 철수 등 네 가지로 한정했다고 보고했다. 그는 이어 이상 네 가지 요구조건 중 앞의 세 가지에 대해서는 미국 측이 그에게 만족스러운 회답을 할 수 있을 것이라고 관측하면서, 다만 이승만 대통령이 현 단계에서 공개적인 발표를 하는 것은 미국 측이 현재 그렇게 하듯 자제해야 한다고 주장했다.[30]

그러나 브릭스 주한 미국대사는 클라크의 판단과는 달리 이승만의 친서로 판단할 때 상호방위조약 체결만으로 그에게 휴전협정에 동의하게 만들 것이라는 믿음을 자신에게는 주지 않았다고 주장했다. 그는 6월 2일 국무부에 올린 보고 전문에서 이승만의 요구조건 가운데 넷째이자 가장 중요한 중공군의 동시 철수 문제를 미국 측이 수용할 가능성이 있다고 하더라도 공산 측이 이를 거부하는 경우 이승만이 미국 정부와는 완전히 다른 입장으로 돌아설 가능성이 있다고 우려를 표명했다.[31]

이런 가운데 아이젠하워 대통령은 이승만 대통령에게 6월 6일자로 친서를 보내고 그 전문을 8일 언론에 공개했다(친서 전문 부록 자료1-2). 그는 이 친서에서 한미상호방위조약의 체결 의사를 공식적으로 밝히면서 휴전협정 체결에 협조하라고 촉구했다. 그의 친서는 앞에서 살펴본 이승만의 5월 30일자 친서에 대한 답신이었다.[32]

아이젠하워는 이 친서에서 ① 미국은 '통일 한국'(a unified Korea)을 평화적인 방법으로 성취하려는 노력을 수행하고 이 같은 목표를 향한 유엔의 활동을 지원하며, ② 한국 휴전협정이 조인되고 수락되는 대로 미국은 미국과 필리핀, 미국과 오스트레일리아 및 뉴질랜드와의 조약과 같은 상호방위조약을 체결하기 위해 한국과 협상할 준비가 되어있는바 이 같은 조약은 이승만 박사가 휴전을 수락하는 데 필요한 하나의 조건으로 요구하고 있으며, ③ 미국은 의회의 승인 범위 안에서 한국에 대한 경제 원조를 계속할 준비가 되어 있다고 밝혔다.

그러면서 아이젠하워는 "자유를 보존하고 공산 침략에 저항하기 위한 한국의 희생과 투쟁에 찬사를 보낸다"고 밝히면서도 "그러나 한국에서의 유엔의 군사작전의 목적, 즉 한반도에서 침략자들을 격퇴하고 평화를 회복하는 것은 휴전에 의해 달성될 것"이라고 휴전의 불가피성을 강조했다.[33] 이로써 미국 정부는 1951년 3월 이승만 대통령이 트루먼 대통령에게 한미방위조약을 체결할 것을 요구한 지 2년 3개월 만에, 그리고 6·25전쟁 발발 전인 1949년 5월에 역시 이 대통령이 트루먼에게 이를 요구한 지 4년 만에 양국 간 상호방위조약 체결에 응하게 된 것이다.

이승만은 이에 대해 6월 17일자로 아이젠하워에게 회신을 보내고 아이젠하워가 그랬듯이 이를 공보처를 통해 언론에 공개했다. 이승만은 이날 브릭스 대사를 경무대로 초치해 아이젠하워에게 보내는 회신을 수교하고 이 서한을 19일 언론에 공표할 것이라고 통고했다. 이승만은 이 회신에서 아이젠하워가 제안한 한미상호방위조약에 관해 자신이 회답한 내용을 구두 성명 형식으로 낭독했다. 이승만은 이 같은 자신의 견해를 서한에서 설명하는 것이 부적절하므로 그가 설명한 핵심을 아이젠하워에게 그대로 전달해 달라고 브릭스에게 요청했다. 이승만이 요청한 내용의 요점을 브릭스가 6월 17일자 서울발로 발송한 전보에서 요약한 골자는 다음과 같다.

① 20세기 초 일본의 한국 지배에 관련된 미국의 책임—이승만 대통령은 미국이 1882년에 체결한 조미수호통상조약을 1904년에 위반해 필리핀에서의 미국의 자유행동과 일본의 한국에 관한 야심에 대한 불간섭을 맞바꾸었으며, ② 1945년 미국은 소련과 한반도를 38선에서 임의로 분할하고, 의심할 나위 없이 선의에 입각해 행동함으로써 공산주의자들이 한반도에서 떠나기를 거부하는 것을 예견하지 못했다. 그러면서 미국 정부는 현재까지 한국의 통일을 막고 있는 일방적인 선을 긋게 하는 것을 묵인해왔다. ③ 1950년에는 한국이 미국의 방어선 밖에 있다고 선언하는 성명서를 미국 정부가 발표해 공산 세력이 남한을 침략하도록 격려한 책임이 있다. 이승만 대통령은 반복하기를, 이 성명은 직접적으로 1950년 6월 25일의 침략을 유도했

다. ④ 미국은 한국이 유사한 조약을 맺어 동일한 혜택을 받기 이전에 오스트레일리아, 뉴질랜드, 필리핀, 그리고 일본과 방위조약을 체결했다. ⑤ 한국은 공산주의자들로부터 보호를 위해 현재 방위조약이 필요하며, 장차는 일본의 침략으로부터 보호를 받기 위해 방위조약이 필요하다. 이승만 대통령은 일본은 한국에 대한 궁극적 지배의 열망을 전혀 포기하지 않고 있다고 선언했다. 그는 현재 전개되고 있는 한미동맹 협상에 부정적인 일본 언론의 캠페인은 이 사실을 설명하는 것이라고 주장했다. 그는 마지막으로 한미 우의는 지속할 것이라고 그의 회신에서 다짐했다.[34]

9. 1개월 후 다시 에버레디 수정 계획 마련

미국 정부가 이승만 대통령에게 한미상호방위조약 체결을 약속했음에도 불구하고 이승만 대통령이 중공군의 동시 철수 보장 등 다른 요구조건을 내세움으로써 휴전협정 체결에 소극적인 태도를 보이자 미국 정부는 크게 당황했다. 클라크 유엔군 사령관은 5월 말에 폐기했던 에버레디작전 계획을 수정해 이승만 대통령의 휴전 협상 반대에 대비하는 비상대책을 수립했다. 그는 6월 8일 워싱턴의 합동참모부에 보낸 전문에서 에버레디작전 수정안의 내용을 보고했다. 이 수정 계획(계획 전문 부록 자료2-7)은 서문에 해당하는 제1부와 본문에 해당하는 제2부로 구성되었다.

에버레디 수정 계획 제1부는 ① 현재 진행 중인 휴전협상의 진전에 따라 대한민국 정부가 일방적인 행동을 취할지 모를 희박한 가능성에 대비하기 위해 현 정세를 감안해서 기존명령을 검토한 결과 새로운 지시를 작성하게 되었으며, ② 모든 관련 부대 사령관들이 정세에 충분히 대비하기 위한 경계를 취한 가운데 해당 계획을 수정했으며, ③ 모든 사령관들에 대한 유엔군 사령관의 지시는 합참에 전보로 보고될 것이며 이것은 이들 지시를 수행하는 과정에서 필요해지는 조치들을 파악할 수 있도록 하기 위한 것이라고 밝혔다.

본문에 해당하는 제2부는 유엔군 사령관 휘하에 속한 극동지역 미육해공군 사령관에게 내리는 지시 형태로 수정된 에버레디 계획의 요강을 설명하고 있다. 즉, ① 이 새로운 명령의 유효 시기는 지시가 하달되는 즉시 효력을 발생하며, 그 집행은 오로지 유엔군 사령관의 개별적 명령이 하달된 경우에 한하고, ② 참고사항은 (a) 1952년 12월 29일자 극동군 사령부 명령문과 (b) 1953년 5월 4일자 제8군의 '에버레디 계략 요강'이며, ③ (명령 수행에 필요한) 가상조건은 다음과 같이 모두 7종이다.

7종의 내용은 (a) 유엔군 사령부가 현재 제안된 휴전협정을 수락하기로 약속하는 경우, (b) 유엔군 사령부가 이 같은 휴전협정의 규정들을 준수할 책임을 맡는 경우, (c) 현재의 대한민국 정부가 휴전협정의 조항들을 수락하기를 꺼려 그 꺼리는 행위가 (1) 대한민국 국군이 공개적으로 적대적이 아니면서도 유엔군 사령부의 지시에 응하지 않는 경우(조건 A)나 (2) 대한민국 정부와 군부대들이 독립적 행동노선을 따르는 경우(조건 B)나 (3) 대한민국 정부, 군부대, 또는 국민들이 공개적으로 유엔군 부대에 적대적일 경우(조건 C)에 적용한다. 또한 명령 수행에 필요한 다른 조건으로서는 (d) 현재와 같은 유엔군 사령부와 대한민국 국군 간의 호의적인 관계는 점진적으로 또는 급격히 악화될 수 있으며, 앞항의 (1), (2), (3)에 설명한 조건들이 차례로 발전하거나 이들 조건들 중 어느 일부가 촉박한 통보에 의해 촉발될 가능성이 있으며(주. 현 단계에서는 이와 같은 조건들을 시사하는 신빙성 있는 첩보는 없음) (e) 현재의 대한민국 정부로 하여금 휴전협정의 조항들을 수락하도록 강제할 수 없는 경우에는 통제를 가할 합리적 능력을 지닌 새로운 순종적인 대한민국 정부와 대한민국 국군과 국립경찰, 그리고 유엔군 사령부의 보급 지원 활동 종사자들의 주동세력을 확보할 수 있고, (f) 전기한 가상 e에서 제시한 조건들이 사실이 아닌 것으로 판명될 경우 가상 b에 제시된 임무들은 둘째 번 우선순위로 해야 할 것이며, 유엔군 사령부는 유엔군 사령부 소속 주력부대들에 영향을 미치지 않도록 하는 활동을 전개하기 위해 주된 노력을 경주한다. (g) 휴전협정에도 불구하고 공산군이 어느 때든 공격해오는 경우이다.

다음으로 ④ 실행계획은 (a) 대한민국 정부 측 행동에 의해 조성되는 비상사태의 경우 유엔군 사령부의 안전을 확보하는 데 필요한 것으로 간주되는 조치들을 취할 준비를 하고, (b) 유엔군 사령부의 보전을 확보하는 데 필요한 행동을 취한다는 것이다. 그리고 ⑤ 임무는 유엔군 사령관의 명령이 내리면 휘하의 미8군은 에버레디 계획을 실행하고 해군과 공군은 이를 지원한다는 것이다.[35]

이승만 대통령은 6월 9일 테일러 주한8군사령관의 예방을 받고 그가 준비 중인 아이젠하워 대통령에게 보낼 서신에 관한 자신의 입장을 털어놓았다. 테일러 장군이 9일자로 클라크 유엔군 사령관에게 보낸 보고 전문에 의하면, 이승만 자신은 아이젠하워에게 반대하고 싶지 않지만 미국이 추진하고 있는 휴전 협상에 반대하는 이유를 설명해야 하기 때문에 서신을 쓰기가 어렵다고 말했다. 그는 이날도 테일러에게 휴전협정을 받아들일 수가 없으며 현재의 대한민국의 (군사적) 지원만으로써 홀로 통일을 이룩하겠다는 결의를 밝힌 기왕의 자기 성명서 내용을 반복해서 강조했다는 것이다.

이에 대해 테일러는 마침 이승만에게 이야기할 기회가 왔다고 생각하고 한국군의 역량부족을 설명한 다음 대한민국을 자체 방어할 수 있는 균형 잡힌 군사력을 만드는 데는 시간이 걸린다고 강조했다. 테일러의 관측으로는 정치회담으로 시간이 지연되면 이승만이 그처럼 중요성을 두고 있는 20개 사단의 증설과 이를 바탕으로 정치적 영향력을 증대시키려는 생각 같은 것이 이승만에게는 없는 것 같았다는 것이다. 만약 이런 생각이 그에게 미친다면 휴전 방침을 덜 혐오스럽게 생각할 수 있을 텐데도 이승만은 한국 국민들을 설득할 수 있는 미국의 확실한 보장의 필요성을 다시 강조했다는 것이다. 테일러는 이승만에게 만약 유엔군 측이 허용하는 경우 그를 만족시킬 수 있는 요점들을 정리해 달라고 요청했다.

이승만은 다음 사항을 적었으나 테일러에게 수교하려다가 보류했다. 즉 ① 정치회담 기간의 제한, 바람직하기로는 60일 이내로 한정함, ② 미국과의 상호안보조약, ③ 대한민국 육군을 20개 사단 규모로 증강하고 이와 병행해서 해군과 공군력도 발전시킴. 테일러 장군은 이 제안이 아마도 자신이 파악하고 있는 미국의 입장과 다르지 않을 것이라는 견해를 표명했다. 그러나 정작 상호안보조약을 체결하려면 마지막에 상원의 비준이 필요하기 때문에 시간이 걸릴 것이라고 말했다. 이승만은 그의 말을 일축하고 자신이 원하는 바는 한국이 공격을 받으면 미국이 와서 도와주겠다고 쓴 간단한 성명서가 전부라고 말했다는 것이다. 이승만은 3개항으로 그의 조건을 한정해 종이에 쓰려다가 갑자기 제4번째 항을 추가했다는 것이다. 그것은 인도와 공산국 대표의 입국 금지 문제였다. 그는 한국 국민들이 그들의 입국을 결코 허용하지 않을 것이라는 이야기를 반복했다는 것이다.

테일러는 앞의 3개항의 성취로 생길 이승만의 영향력 증대를 바탕으로 제4항에 대한 국민들의 반대를 극복할 수 없겠느냐고 물었으나 이승만은 이 문제를 이미 공개적으로 국민들에게 천명했기 때문에 이로 인한 체면의 손상을 받아들이지 않았다는 것이다. 결론적으로 테일러가 이승만으로부터 받은 전체적인 인상으로는 그가 아직 휴전협정 체결의 불가피성과 포로교환 합의에 관한 중요 규정의 수정 불가능성을 받아들이지 않고 있다는 것이다. 이승만은 휴전협정 체결은 이미 기정사실이며 이를 한국에 가장 유리한 새로운 조건을 만드는 출발점으로 이용해야 한다는 사실을 인식할 필요가 있으므로 그가 이 고비를 넘기는 데 도움이 필요하다는 것이 테일러의 결론이다.[36]

테일러 장군의 이승만 면담 결과를 통고받은 브릭스 주한 미국 대사도 같은 날(9일) 그 내용을 별도로 유엔군 사령관과 그의 휴전 협상 담당 고문인 머피 전 주일 미국 대사에게 전문으로 알렸다. 테일러와의 면담에서 이승만의 심경 변화를 시사하는 첫 징후가 나타났다는 것이 브릭스의 결론이며, 그것은 한미 간의 견해 차이가 해결될 가능성을 말하는 것이라고 브릭스는 보았다. 브릭스는 이 보고에서 "우리는 정치회담의 시한에 관한 몇 가지 원칙을 이승만에게 거듭 보장하고 또한 이미 상호방위조약 체결과 20개 사단 증설에 관련된 그의 요구 조건을 수락했지만 휴전협정에 규정된 인도 대표와 공산국 대표를 한국에 입국시키지 말라는 그의 요구를 거부할 방안이 보이지 않는다"고 보고했다. 그는 이어 "만약 우리가 정치회담의 기간 문제와 동시에 휴전에서 대한민국이 얻을 이익, 즉 한국군의 계속적인 증강과 한국의 전후 복구와 경제 재건을 성취할 수 있는 시간을 벌 수 있다는 점에 대해 이승만을 설득한다면 인도 대표와 공산국 대표의 한국 입국 문제에 관한 그의 입장 변경도 설득될 수 있을 것"이라고 설명했다. 브릭스 대사는 또한 자신은 이승만이 휴전협정의 조속한 체결을 저지하기 위해 취할지 모르는 행동을 규제할 것이며, 그로 하여금 휴전협정 체결의 불가피성을 확신하도록 도움을 줄 것이라는 클라크 유엔군 총사령관의 견해에 동의한다고 밝혔다. 브릭스 대사는 이튿날 자신과 테일러 장군이 태평양지역 해군사령관 래드퍼드(Arthur W. Radford) 제독을 수행해서 이승만을 예방할 예정인바 이때 이 대통령의 생각을 더 잘 알 수 있는 실마리를 얻을 수 있는 기회가 될지 모른다고 덧붙였다.[37]

앞에서 설명한 테일러 8군사령관과 브릭스 주한 미국 대사의 보고를 받은 클라크 유엔군 사령관은 이튿날(6월 10일) 합참의장에게 보고 전문을 보내고 이들이 보고한 이승만 대통령과의 면담 내용을 설명한 다음, "한국 관리들과 압력단체들의 성명들은 계속 휴전 반대와 북한군의 비송환 반공 포로의 석방을 요구하면서 한국에 입국하려는 공산국 대표와 인도군에 대해 무력 사용을 위협하고 있다"고 밝힌 다음 "이승만은 한미상호방위조약의 모든 이점들과 한국 통일의 실패와 대한민국의 주권에 대한 명백한 침해에 관해 그 자신이 개인적으로 그리고 공식적으로 느끼고 있는 정신적 고통 사이에서 균형을 잡으려고 노력하고 있다"고 보고했다. 그는 이어 "우리가 휴전협정 체결을 오랫동안 지연시킬수록 그만큼 장기간 이승만이 그 자신에 대한 의문과 우려에 빠질 것이므로 이런 이유로 인해 미국은 가능한 한 조속히 휴전협정을 체결해 이승만이 그런 상호 모순되는 영향에 노출되는 시간을 줄여야 한다"고 주장했다. 클라크는 이어 "본인은 이승만이 차가운 상황의 사실들과 미국이 대한민국을 위해 취하고 있는 조치들의 합리성을 충분히 인식하고 있을 것으로 느끼고 있다"고 밝히고 "본인의 의견으로는 그가 계속 가깝게 다가오는 휴전의 현실을 이해하고 있을 것이며 우리들이 희망하는 바는 그의 허세가 사라지고 우리가 실제로 휴전협정의 서명에 가까워 갈수록 그의 본심도 더욱 명료하게 드러날 것이므로 우리는 기다려 보지 않으면 안 될 것이고 본인도 사태 발전을 더욱 면밀하게 살필 것"이라고 끝 맺었다. [38)]

10. 이승만 워싱턴 초청 회유도 검토

이승만 대통령의 집요한 휴전협정 반대 움직임에 초조해진 미국 정부는 드디어 그를 회유하기 위해 그의 미국 방문 초청 문제를 검토하기 시작했다. 이승만의 방미 초청은 덜레스 국무장관의 훈령에 따라 브릭스 주한 미국 대사가 그에게 타진했다. 덜레스는 6월 10일 브릭스에게 훈령을 보내고 "귀관의 재량권 내에서, 그리고 유엔군 사령관과의 협의 하에 이승만 대통령에게 아이젠하워 대통령이 그와 자리를 같이 하고 개인적으로 여러 가지 문제에 관해 토의한다면 그가 휴전을 추구하고 있는 목적을 이승만 대통령이 보다 낫게, 그리고 더욱 잘 받아들일 수 있도록 이해를 갖게 될 것이라는 의사 표시를 몇 차례 한 사실을 이승만 대통령에게 알리는 것을 허가한다고 훈령했다. 덜레스는 이어 아이젠하워 대통령은 평화적 방법으로 한국의 통일을 추구한다는 그의 각오를 이승만에게 어김없이 명백히 하고 또한 그가 이 문제를 신기루가 아닌 실제적인 가능성으로 간주하고 있음도 설명할 수 있을 것이라고 덜레스는 강조했다. 그리고 또한 상호안전조약과 경제 원조 문제도 훨씬 더 자세하게 토의할 수 있을 것이라고 덜레스는 강조했다. 덜레스는 이어 "귀관은 만약 이승만 대통령이 초청을 수락할 태세가 되어 있다면 아이젠하워 대통령이 신속하게 그를 초청할 것을 호의적으로 고려할 것이라고 통고해도 좋다"고 강조했다. [39)]

이에 대해 브릭스 주한 미국대사는 이튿날인 6월 11일 국무부에 올린 보고 전문에서 이승만 대통령의 미국 초청에 적극 찬성했다. 그는 "본인은 만약 이승만이 동의한다면 그의 워싱턴 방문이 바람직하다고 믿습니다. 왜냐하면 그것은 그의 휴전협정 반대의 포기(또는 포기의 고려)를 의미하기 때문입니다. 그러나 본인은 그의 휴전 반대가 일차적으로는 비이성적인지는 모르지만 진지한 애국심에 기초하고 있다고 믿기 때문이며, 만약 이 같은 해석이 옳다면 국무부가 그를 초청하기 전에 혹시 있을지도 모르는 그의 거절이 줄 영향을 고려하기를 바랍니다"고 건의했다. 브릭스는 이어 "또한 이승만은 미국 정부의 초청을 받고 그의 휴전 반대 포기의 대가로 미국으로부터 아주 중요한 추가적인 양보(예컨대 경제 원조에 있어서)를 얻어낼 수 있을 것으로 결론 낼지 모릅니다"라고 쓴 다음 "그의 어떤 허세나 위협도 아이젠하워 대통령이 최근의 친서에서 밝힌 미국의 입장을 바꾸게 할 수 없다는 사실을 이승만에게 확신시켜 주는 데 실패한다면 그가 결국에는 휴전을 수락하게 될 기회를 해칠지 모른다"고 주의를 촉구했다. 그는 이어 "따라서 미국의 입장을 명확하고도 효과적으로 설명한 아이젠하워 대통령의 친서에 대한 이승만의 회답을 기다리지 않고 이승만 초청을 서두르는 것은 전술적으로 미숙함을 드러낼 수 있다. 시간이 촉박한 것은 사실이지만 초청은 국무부가 앞에서 설명한 요소들이 지연될지 여부를 판단할 때까지 연기할 것을 건의한다"고 덧붙였다.[40]

그러나 미 국무부는 브릭스 대사의 건의를 받은 바로 그날인 6월 11일 이승만 대통령을 워싱턴으로 초청하게 된다. 덜레스 국무장관은 이날 이승만 대통령에게 정중한 서한을 보내고 "본인은 개인 자격으로는 친애하는 이 대통령 각하에게 인사와 행운을 빌며, 국무장관으로서는 우리가 전쟁으로부터 한국 통일을 위한 새로운 노력의 길로 접어들면서 우리 양국 정부가 밀접하게 협력하기를 기원합니다"라고 정중하게 서두를 시작한 다음 "아이젠하워 대통령은 각하에게 보낸 그의 6월 6일자 친서에서 밝힌 바와 같이 현재의 군사적 전쟁의 계속과는 다른 방법으로 한국의 통일을 추구하는 것이 사실상 필요하다는 것을 확신하고 있습니다. 본인은 개인적으로 각하께 전쟁 이외의 방법으로 한국의 통일을 말씀드릴 때 우리가 결코 공허한 문구를 사용하지 않는다고 말씀드리고 싶습니다. 우리는 이 목표를 달성할 진정한 각오를 갖고 있으며 그것이 달성되리라는 희망을 품고 있습니다. 그 희망은 우리가 하나의 계획으로 발전시키는 과정에 있는 이념들에 기초하고 있습니다. 휴전협정의 관련 조문은 한국의 통일을 위한 정치회담을 구상하고 있으며 이 정치회담에는 유엔총회와 귀국 정부에 의해 임명되는 대표들이 참석합니다. 아마도 미국도 유엔대표단의 일원이 될 것입니다. 그러나 그 같은 성격의 어떤 대표도 지략과 결의를 최고 수준으로 고양하는 데 필요한 희생을 겪은 우리 두 정부의 밀접한 협력을 대체할 적절한 대안이 될 수는 없습니다. 따라서 한국 정부와 특별하고 밀접한 협력 아래 함께 일하는 것이 우리의 열망입니다"라고 강조했다. 덜레스는 이어 아이젠하워 대통령과 그 자신은 가능한 한 빨리 두 정부 간에 고도의 비밀 의견 교환을 가능하게 하는 수준의 접촉을 갖고 싶으며, 그 이상적인 절차는 각하께서 워싱턴으로 왕림해 아이젠하워 대통령 및 덜레스 자신과 비밀 원칙의 회담을 갖는 것이라고 강조했다. 그는 "그러나 만약 한국에서 대통령 각하의 직무상 이것이 비현실적이라면 다른 대안을 찾아볼 것을 제의 드리면서 이들 회담은 고위급으로 엄격한 비밀 회담이 되어야 함을 강조하고 싶다"고 말했다.[41]

덜레스의 서한은 이승만을 기쁘게 했다고 브릭스 대사가 보고했다. 브릭스는 이튿날(12일) 덜레스에게 보고 전문을 보내고 자신이 그의 서한을 이승만에게 수교했더니 덜레스의 이례적으로 우정 어린 메시지에 대한 자신의 진지한 개인적 감사를 전달해 달라고 이승만이 부탁했다고 보고했다. 이승만은 브릭스 앞에서 덜레스의 서한을 큰 소리로 천천히 읽은 다음 한미 양국이 특정 문제에 관해 견해를 달리할지라도 한미 우호 관계를 손상하지 않게 유지할 필요가 있다고 강조했다는 것이다. 이승만은 현 단계에서 워싱턴을 방문할 수 있을지 알 수 없으나 사정이 호전되면 덜레스의 초청을 수락하고 싶어 하는 것으로 보인다고 브릭스는 보고했다. 이승만은 혼잣말을 조심스럽게 계속하더니 현재 한국에서 계속되고 있는 시위를 (반미로) 오해해서는 안 된다는 것을 덜레스 장관에게 분명히 해달라고 요청했다는 것이다.[42]

11. 로버트슨 특사 파견 결정

이승만 대통령은 6월 14일 덜레스 국무장관에게 친서를 보내고 "귀하의 따뜻하고 힘을 북돋아주는 6월 12일자 서한에 대해 최대한 진정으로 사의를 표하는바"라고 말한 다음 자신은 덜레스의 방미 초청을 수락하고 싶으나 사정이 잠시 동안이라도 나라를 떠날 수 없게 하고 있다면서 덜레스가 한국에서 자신과 얼굴을 맞대고 대화할 수 있도록 한국을 방문할 수 없는지 궁금하다고 말했다. 이승만은 "귀하의 동양의 이 지역(한국) 방문은 시의적절한 것으로 보이며 본인과의 직접적인 대화가 대단히 유익할 것이라고 평가한다"면서 덜레스 장관이 시간을 내주기를 희망한다고 간곡하게 말했다.[43]

이승만의 친서를 받은 덜레스는 같은 날(14일) 이 친서 사본과 그 자신이 이승만에게 보낸 서한(11일자) 사본, 그리고 브릭스 대사의 보고 전문(12일자)을 모두 첨부한 각서를 아이젠하워 대통령에게 올리고 그의 방한 문제에 대한 대통령의 의견을 타진했다. 덜레스는 먼저 "이승만으로 하여금 휴전협정을 수락하도록 만드는 것이 지니는 중요성은 아무리 강조해도 모자란다"면서 "그에게 모종의 '체면'을 세워주는 것도 중요하며 한미상호방위조약의 체결과 정치회담에서의 협력적인 행동을 취하겠다는 약속과 함께 본인이 이승만의 방한초청을 수락한다면 그로 하여금 휴전협정을 수락하게 한다는 목적에 이바지할 수도 있을 것 같다"고 운을 뗐다. 덜레스는 그런 다음 "그렇기는 하지만 균형상 휴전협상에 대한 이승만의 입장이 명백하게 되기 전에, 그리고 이승만에게 보낸 아이젠하워 대통령의 친서에 대해 그가 회신하기 이전에 본인이 국무장관 자격으로 한국을 방문하는 것은 잘못이 될 수도 있다는 느낌이 든다"고 밝혔다.

덜레스는 이어 "그러나 만약 국무부의 로버트슨 극동담당 차관보나 더글러스 맥아더 2세 자문관 같은 지위가 높지만 덜 중요한 누군가가 한국을 방문해 ① 방위조약 ② 경제 지원 ③ 한국의 통일을 위한 정치 일정에 관련해 아이젠하워 대통령이 이미 밝힌 휴전협정 이후의 제안들의 실상을 이승만에게 설명하고 그와 토의를 진전시키도록 한다면 이승만의 휴전협정 수락이라는 미국 정부의 목적에 유용하게 이바지할 수 있을 것으로 생각한다"고 건의했다. 그는 이어 "이승만은 버뮤다에서 미국 정부가 중공에 대해 보다 더 느슨한 행동 노선을 택하도록 영국 대표 윈스턴 처칠에 의해 설득 당할지도 모른다고 확실히 의심할 수 있으므로 로버트슨이나 맥아더가 곧 열릴 버뮤다회담 이전에 한국으로 떠나야 한다"고 건의했다. 덜레스는 결론적으로 "우리는 이 같은 방식으로 이승만으로 하여금 휴전협정 이후의 조건들과 이런 것들이 이승만에게 무엇을 의미하는지를 더 많이 생각하도록 만들고, 다른 한편으로는 그가 이런 과정에서 휴전협정이 하나의 기정사실이 되는 것을 받아들이게 될 수도 있다고 믿는다"고 결론지었다.[44] 덜레스는 나흘 후인 16일 이승만 대통령에게 주한 미국대사관을 통해 메시지를 보내 이승만이 자신을 초청한 데 대해 감사의 뜻을 표한 다음 사정상 자신의 방한이 어렵다면서 자신은 한국에서 이승만과 얼굴을 맞대고 이야기할 수 있도록 아이젠하워 대통령에게 한국 방문의 승인을 건의했지만 허가를 받지 못했다고 사정을 설명했다. 덜레스는 이어 아이젠하워 대통령이 그의 한국 방문 문제에 대해 아주 호의적이지만 미국 의회가 현재 회기 종결을 앞두고 미국과 한국의 상호지원계획을 포함한 중요한 의안을 심의하고 있으며, 이들 의안들은 전 세계에 걸쳐 공산주의에 대항하는 미국의 외교목표에 사활적으로 중요한 만큼 유감스럽지만 대통령(아이크)이 이번에는 자신이 워싱턴을 떠나지 않기로 결론 내렸다고 설명했다.

덜레스는 따라서 한국전쟁 휴전 이후 이어질 정치회담에서 미국과 한국 두 나라가 공동으로 이룩할 긍정적인 조치에 즉각 합의하는 것이 아주 중요하다고 밝히고, 미국 정부가 특사를 한국에 파견해 이승만과 대화할 의향을 갖고 있다고 밝혔다. 덜레스는 이를 위해 국무부의 로버트슨 차관보를 서울에 파견할 것을 제안한다고 이승만에게 통고했다. 덜레스는 로버트슨이 아이젠하워 대통령과 자신의 완전한 신뢰를 받고 있으며, 중국 공산당에 확고하게 반대한 오랜 기록을 갖고 있기 때문에 이승만 대통령과 충분히, 그리고 솔직하게 현안들을 토의할 수 있을 것이라고 소개했다. 그리고 덜레스는 로버트슨이 휴전 이후의 미국의 대한정책에 관련된 어떤 오해든지 명확하게 푸는 데 도움이 될 것이며 그의 한국 방문과 그 결과는 전 세계를 향해 한국과 미국이 서로 협력하기를 바란다는 점을 강조할 것으로 생각한다고 말했다. 덜레스는 이어 "바라건대 다른 어떤 영향보다도 우리 두 나라의 공동 정책이 귀국의 장래를 더 크게 결정하게 되었으면 합니다. 그리고 확실히 우리는 이 점에 관해 대통령 각하를 실망시키지 않을 것이며, 본인은 로버트슨이 즉시 출국해 각하를 뵙게 되기를 바라면서 본인의 제의를 수락해 주시기를 희망합니다"라고 매듭지었다. [45]

이튿날 브릭스 주한 미국 대사가 국무부에 보고해 온 바에 의하면 그가 17일 이승만 대통령을 방문해서 덜레스의 메시지를 전했더니 이 대통령은 덜레스 장관의 방한을 막는 장애 요인들을 이해한다면서 그를 대신해서 한국을 방문하는 로버트슨을 기쁜 마음으로 받아들이겠다는 그의 회답을 덜레스 장관에게 전달해 달라고 부탁했다는 것이다. [46] 이로써 로버트슨 특사의 한국 파견 건이 확정되었다.

12. 반공 포로 석방에 놀란 미국 정부

그런데 바로 이틀 후 돌발 사건이 터졌다. 이승만 대통령이 6월 18일 새벽 5시를 기해 충남 논산, 부산, 마산, 광주 4개소의 유엔군 포로수용소에 각각 수용 중이던 반공 포로 도합 2만 7,000명을 석방하라고 이날 새벽 0시에 원용덕 헌병사령관에게 명령한 것이다. 이들은 모두 예정된 시각에 무난히 석방되어 자유의 몸이 되었다. [47] 이튿날(19일) 새벽에는 경기도 부평 제10포로수용소에서 반공 포로 494명이 탈출하는 사건이 일어나 경비병의 소총 사격으로 30명이 사망하고 117명이 부상해 한미 간에 긴장이 일었다. [48]

이승만 대통령은 선수를 쳐서 18일 클라크 유엔군 사령관에게 메시지를 보내고 반공포로 석방의 불가피성과 사전에 그에게 예고하지 않은 점을 해명했다. 그는 만약 자신이 클라크에게 사전에 통고했더라면 오로지 그의 입장만 난처하게 만들고 나아가서 반공포로 석방계획이 완전히 망쳐질 우려가 있기 때문에 클라크에게 사전 통고를 못한 것이라고 설명했다.[49]

반공포로 석방에 대한 워싱턴의 반응은 놀람 그 자체였다. 같은 날(18일) 워싱턴에서는 국가안보회의 제150차 회의가 아이젠하워 대통령 주재로 열렸다. 아이젠하워는 개회 벽두에 이 문제를 거론한 다음 "우리는 친구 대신 다른 적을 얻은 것 같아 보인다"고 말하면서 이승만 대통령이 미국과 협의 없이는 일방적 행동을 하지 않겠다던 유엔군 사령관과의 약속을 어겼다고 비난했다. 아이젠하워는 이로 인해 미국의 입장은 가장 어려운 처지에 빠지게 되었으므로 만약 이승만 대통령이 그런 행동을 계속하면 그것은 바로 '굿바이 코리아'가 될 수밖에 없다고 밝혔다. 이 사건으로 세계는 놀라고 실망해서 이승만을 비난하지 않고 미국을 비난할 것이라고 말했다.[50]

아이젠하워는 이날 덜레스 장관에게 비망록을 보내고 "한국전쟁 기간 동안 전 세계에 걸친 공산주의자들의 1차 목표가 자유진영 국가들 간에 알력을 조성하는 것이므로 어떤 개별 국가의 행동이 대다수 국가들의 희망과 목표를 어기는 것은 바로 공산주의자들의 이익과 목적을 증진하고 한국의 안전과 통일은 결코 보장되지 않는다는 점과 만약 우리의 집단협력 구조가 와해된다면 한국은 비운을 맞을 것이며, 반대로 만약 우리의 집단 협력 구조가 강화되고 영속된다면 한국은 장기적으로 볼 때 완전하고 통일된 국가가 될 수 있다는 사실에 추호의 의문도 없다"고 강조했다. 그는 이어 "만약 이 판단이 국무장관에게 옳다고 생각되거든 우리의 친구 이승만 대통령에게 그 뜻을 구두로든 다른 방식으로든 여러 방법으로 전달하라"고 지시했다.[51]

같은 날(18일) 오후 국무부에서는 덜레스 장관과 로버트슨 차관보, 그리고 마침 방미 중이던 백두진 국무총리가 덜레스의 요청에 따라 양유찬 주미 대사를 대동하고 국무부를 방문해서 동석한 가운데 한미 양국 회담이 열렸다. 이 자리에서 덜레스는 백두진에게 "이승만 대통령의 행동은 가장 곤혹스럽고 어렵고 어쩌면 폭발적인 상황을 조성했을지 모른다"고 비난한 다음, "이 점을 이승만 대통령에게 보고하고, 백두진 총리도 귀국 후 최선을 다해 불행한 일이 다시 일어나지 않게 해 달라"고 요구했다.[52]

이승만 대통령의 반공포로 석방은 미국 뿐 아니라 다른 서방 세계와 유엔에도 충격을 주었다. 영국의 윈스턴 처칠 수상은 "충격을 받았다"고 말하고 한국 정부에 보낸 영국 정부의 공문을 통해서 항의했다. 이승만은 이에 대해 "영국 정부가 부정확한 보도로 오도된 데 대해 우리가 충격을 받았다"고 반박했다.[53] 피어슨 유엔 총회 의장도 한국 정부가 북한 출신 반공 포로를 석방한 것은 극히 중요한 사태라고 우려를 표명했다.[54]

그런데 여기서 이승만 대통령의 반공 포로 석방 당시 미 육군참모총장이면서 앞에서 살펴본바와 같이 에버레디 작전을 옹호했던 J. 로튼 콜린스 장군의 이야기를 살펴볼 필요가 있다. 그는 퇴역 후에 쓴 회고록에서 당시 이승만이 휴전을 반대하면서 한국군을 유엔군사령관의 작전지휘권으로부터 철수시켜 대한민국 단독으로 북진 통일 작전을 하겠다고 미국을 위협한 것이 결코 '허세'가 아님을 증명하기 위해 '위험한 포커게임'을 하면서 반공 포로 석방을 숨겨놓은 '에이스' 카드로 사용했다고 평가했다. 콜린스 장군에 의하면 이승만의 반공포로 석방 조치는 의외의 사태로 발전했다. 유엔군 측과 공산군 측은 스탈린의 사망을 계기로 포로 송환을 본인의 자유의사에 따르기로 장기간의 협상 끝에 합의했지만 막상 이를 시행하는 데는 여러 난점이 있었다. 공산포로들 가운데 누가 진정으로 송환되기를 바라고, 누가 송환을 거부하는지를 심사하는 것은 여간 어려운 문제가 아니었다.

그러나 이승만 대통령의 반공포로 석방으로 인해 이 문제는 사실상 해결된 것이나 다름이 없게 되어 포로 송환 문제가 휴전협상 현안 중 가장 해결이 쉬운 안건이 되었다는 것이다. 공산 측은 석방된 반공 포로들이 한국정부에 의해 납치되었다고 주장했기 때문에 이승만의 조치가 협상에 임하는 그들의 대표들에게는 일종의 알리바이를 제공한 셈이 되었다는 것이다.[55] 콜린스는 이승만을 평해 그는 유엔군사령부 편에는 가끔 가시 같은 존재였지만 국민들을 북한의 공산 침략자들을 반대하도록 이끌었고 휴전협상이 시작된 시기까지 유엔에 귀중한 정치적 군사적 지원을 해준 열렬한 애국자(fiery patriot)였다고 긍정적으로 평가했다.[56]

13. 한국행 도중 일본에서 전략 회의

아이젠하워 행정부의 대미특사로 결정된 로버트슨 차관보는 6월 23일 워싱턴을 출발해 25일 저녁 서울에 도착하기 전에 24~25일 이틀간 일본 도쿄에 체류하면서 유엔군 총사령관실에서 관계자들과 전략 회합을 가졌다. 회의 참석자는 로버트슨을 비롯해 그와 함께 한국으로 향하는 콜린스 육군 참모총장, 맥카들(Carl W. McCardle) 국무부 차관보, 케네스 영, 존 A. 칼훈(Calhoun), 밀번(Milburn) 장군, 트록모슨 대령, 코닌 대령 등 국무부와 국방부 간부들, 그리고 현지의 클라크 유엔군 사령관, 브릭스 주한 대사, 머피 유엔군 사령부 휴전 담당 특별고문 등 모두 11명이었다.

회의가 시작되자 먼저 콜린스 총장이 이승만 대통령에게 보낼 예정인 덜레스 국무장관의 서한을 크게 낭독한 다음 참석자들이 앞에서 설명한 이승만의 대미 최후통첩과도 같은 4월 22일자 비망록을 토의했다. 참석자들은 전략 모임 이틀째 회의 막판에 국무·국방 양 장관과 합참에 보내는 회합 내용을 요약한 전문 보고서를 작성했다. 그 내용은 한국의 군사 상황, 로버트슨과 이승만의 토의 예정 내용, 한국 측의 4월 22일자 비망록, 비송환 포로 문제, 휴전협정의 신속한 서명 문제와 6월 19일자 공산군 측 서한에 대한 답신 문제, 향후 3가지의 유엔군 측 행동계획, 이승만의 비망록에 대한 워싱턴 측의 정책 결정의 필요성 등 8개 항목이다.

그 중에서 특히 이승만의 4월 22일자 비망록에 대해서 자세한 의견 교환이 있었다. 이 비망록에 관해서는 ① 휴전협정 체결 이후 압록강 이남 지역의 중공군 잔류 문제를 유엔군 측이 인정할 것으로 설명하고 있으나 그런 주장은 완전히 비현실적인 이야기이며 미국 정부는 정치회담을 서둘러 미국과 한국의 목표를 달성하도록 신속하고도 열성적으로 노력하고 있다고 한국 측에 통고하기로 했다. ② 한국 측이 요구하는 군사 원조에 대해서는 아무 문제가 없으며 이에 대한 미국의 초안을 〔로버트슨 특사가〕 휴대하고 한국을 방문할 예정이며, ③ 한국에 대한 경제지원 문제에 관해서는 한국 경제 문제 담당 대통령 특별대표인 헨리 타스카 박사가 마련한 건의를 긴급히 검토 중에 있다고 로버트슨 차관보가 설명했다. 이어서 회의 참석자들은 로버트슨과 콜린스 방한 기간 중 이승만과 한국군 지도자들에게 이승만이 현재와 같은 미국에 대한 비타협적인 정책을 계속한다면 미국은 한국에서 철수하는 방법 이외 다른 대안이 없다는 점을 직설적으로 통고해도 좋다는 점을 향후 3~4일 내에 워싱턴에서 승인해 줄 것을 전원 일치로 합의했다.[57]

6월 25일 국무부와 국방부 및 합참에 보낸 로버트슨-클라크 합동 보고 전문은 24일 일본 도쿄에서 클라크 장군, 머피 대사, 브릭스 대사, 그리고 로버트슨과 콜린스 장군이 참석한 전략 회의에서 다음과 같은 결론이 도출되었다고 설명했다.

① 이 자리의 모든 참석자들은 휴전협정이 가능한 한 빨리 체결되는 것이 가장 바람직하다고 확신하고 있다.

② 로버트슨 특사가 이승만과의 회담을 끝낸 다음 가능한대로 조속히 공산군 측의 6월 20일자 서한에 대한 회답을 보내야 한다.

③ 클라크 장군과 머피 대사는 비록 우리가 이승만이 휴전의 모든 규정을 준수할 것이라고 특정해서 보증할 수 없을 지라도, 우리가 휴전협정 준수를 위해 어떤 실행 가능한 일도 할 것이라고 공산군 측에 약속하는 경우에 공산군 측은 휴전협정을 수락할 가능성이 있다고 믿는다.

④ 클라크와 머피의 판단에 의하면 공산군 측은 포로 송환에 관한 현행 잠정협정을 유엔군 총사령부가 제안한 조건과 같은 휴전협정으로 변경하지 않더라도 포로들을 비무장지대로 이동시키는 데 동의할 것으로 본다. 그렇게 되면 인도군과 중립국 송환위원회의 남한 주둔 필요성은 제거될 것이다. 또한 이승만과 합의에 도달한다면 이승만은 아마도 중공군 포로 중 반공 포로들을 제주도에 잔류케 하고, 인도군과 중립국 포로송환위원회가 이들에 대한 통제권을 인수하는 데 최종적으로 동의할 수 있을 것이다

⑤ 클라크는 북한으로 돌아가기를 원하지 않는 잔존 북한 포로(약 8,600명)들은 비무장지대로의 이송을 가능케 하는 협정이 이승만과 성립되지 않는 한 궁극적으로 그들은 포로수용소를 탈출할 것이다. 그러나 이들의 탈출이 공산군 측 휴전협정 수락을 방해하지는 않을 것으로 클라크는 믿고 있다.

⑥ 모든 참석자들은 이승만이 끝내 비타협적으로 나오는 경우 유엔군의 휴전협정에 관한 최종적인 결정이 수일 내에 이루어져야 한다는 데 동의했다.

⑦ 모든 참석자들은 이승만이 비타협적 태도에 머문다면 유엔군은 한국에서 철수할 것이라고 이승만에게 통고할 권한이 로버트슨에게 부여되어야 한다는 데 동의했다. 이 경우 우리는 유엔군 철수에 관해 대한민국과는 관련 없이 별도로 공산군 측과 협정을 맺을 준비를 해야 한다. 동시에 현재 공산군 측에 억류되어 있는 우리 측 포로들의 석방에 관한 조항도 마련되어야 한다.

⑧ 이곳의 우리 참석자들의 느낌으로는 만약 이승만이 우리가 진짜로 철수한다는 것을 확신하게 되면 아마도 그의 태도를 바꿀 수 있을 것이라는 것이다.

클라크 장군의 느낌은 한국 육군이 현 한국 정부를 교체하기 위해 행동할 유일한 조건은 이승만이 휴전협정에 동의하지 않는 한 우리가 결정적으로 철군할 의도를 가지고 있음을 인식하게 되고, 한국 육군도 우리가 진짜로 철군하리라고 확신하게 될 가능성이 있을 경우라는 것이다.[58]

14. 한국의 중립화를 목표로 하는 NSC-157

클라크의 보고가 있던 6월 25일 워싱턴에서는 국가안보회의 기획처가 국가안보회의에 올리는 보고서인 '휴전 이후의 한국에 대한 미국의 목표'(NSC 157)라는 보고서를 작성했다. 그 요지는 다음과 같다.

① 보고서의 과제는 한국에 대한 미국의 기본 목표를 결정하는 데 있고

② 가정(假定)으로서는 휴전협정이 곧 체결될 것이며

③ 토의의 배경으로는 휴전협정 체결 후 90일 안에 열리는 정치회담에 대비해 한반도에 대한 미국의 기본 방침을 7월 2일 예정된 국가안보회의에서 토의하기 위한 것이다. 보고서는 토의의 배경으로서 대한민국 주도 하의 통일 한국과 미국의 안보 체제에 결합되고 미국의 군사동맹으로 발전하는 방안은 현재의 [국제적] 환경에서는 현실성이 없는 가능성이라고 전제했다. 왜냐하면 이 방안은 한국으로부터 공산주의자들을 강제로 축출함으로써만 달성될 수 있으나 미국이 현재의 휴전을 실제로 수락할 때는 이 방안은 포기할 수밖에 없다는 것이다.

④ 따라서 가능성이 있는 대안(목표)들로 (a) 대한민국이 현재의 휴전선으로 무기한 분단된 채 미국의 안보 체계에 연결되고 미국의 군사 동맹국으로 발전하는 방안과 (b) 실제로 변함이 없는 대한민국 체제 아래서 통일된 중립 한국을 만드는 방안이 있다고 제시했다. 이 목표는 미군의 철수와 미군기지의 철폐 및 한국과 상호방위조약을 체결하지 않는 것을 대가로 해서 미국식 정치 제도를 가진 통일 한국을 받아들일 공산주의자들의 동의가 필요하다고 설명하면서, 이 목표는 대한민국 체제 하의 통일한국의 영토적 정치적 독립을 보장받고 유엔에 가입하며 대한민국의 방위군의 수준과 그 성격에 제한을 두지 않으면 안 된다고 예상했다.

⑤ 보고서는 이 문제에 대한 [중국 및 소련의] 공산주의자들의 입장을 설명하면서 공산군 측이 휴전 합의를 받아들이는 것은 한반도의 현상 유지가 지속되는 것을 묵인한다는 사실을 보여준다고 분석했다. 공산주의자들은 제2안보다 제1안을 더 나은 방안으로 간주할 것 같은데, 그 이유는 전쟁으로 분열되고 약화되고 중국 또는 시베리아[의 일부에 대한 영토청구를 희

생시키는 민족통일주의 열정이 없는 작은 국토를 차지하고 있는 한국 민족을 두려워할 것이 없기 때문이라고 밝혔다. 한국에 대한 공산주의자들의 우려는 주로 그것이 미국 또는 궁극적으로는 일본의 기지 또는 도약장으로 이용될 수 있다는 사실에 기인하고 있다. 〔중공이나 소련 측에〕 중립화를 전제로 하는 한반도 통일이 설사 북한 위성정권을 희생시켜 자신들의 상당한 위신의 희생을 의미한다 하더라도 공산주의자들은 아마도 만주지방과 대륙의 공업 교통 항만시설로부터 불과 수백 마일 안의 미군기지 건설을 방지하는 수단으로서 이 같은 희생을 받아들일 용의가 있다고 보고서는 주장했다. 더구나 공산주의자들은 북한이 전쟁의 결과로 장차 자국들에 요구해 올 경제적 부담을 없앨 수 있을 것으로 생각하고 있다고 보고서는 설명했다. 전 세계적 관점에서 공산주의자들은 이 같은 방식의 한국 문제 해결을 자신들에게 순손실만 되지는 않을 것 같은 평화적 성격의 행동들을 행할 수 있는 기회를 제공하는 것으로 인식할지 모른다는 것이다.

⑥ 미국의 동맹국들 입장은 어떤가. 자유세계의 대부분 국가들, 즉 유럽과 아시아 두 대륙의 자유 진영 국가들은 아마도 한국의 중립화 통일을 강하게 선호하고 있을 것이라고 보고서는 분석했다. 이들 자유 진영 국가들에게 이 같은 한국통일 방안은 미국과 공산세계 사이의 위험스러운 마찰지역을 없앰으로써 전면 전쟁의 위험을 줄이고 남한에서 미국의 지위를 강력하게 만들면 다른 지역의 투입에 사용될 미국의 자원을 고갈시키는 결과를 가져올지 모르기 때문이다. 어떤 종류의 것이든 중공과 미국 간의 긴장 완화를 두려워하는 중국의 국민당 정부는 의문의 여지없이 한국의 중립화를 호의적으로 간주하지 않을 것이지만, 일본은 대체적으로 그 같은 중립화를 지지할 것이라고 보고서는 분석했다.

⑦ 대한민국의 반응은 어떨까. 어떤 종류의 것이 되었든 한반도의 분단 지속에 대한 이승만 대통령과 한국 국민들의 강력하고 아주 감정적인 반대가 명백하다는 것이 밝혀졌다. 대한민국 체제하의 통일 독립 한국을 만드는 해결 방식은 한국 국민들의 주된 목표를 충족시키는 데 있어서 그들에게 호소력이 있을 것으로 기대된다는 것이다. 이승만은 비록 미국과 동맹을 맺더라도 국토가 양단되어 작아진 한국의 대통령보다는 한국민족의 해방운동가이자 통일 운동가가 되기를 희망하고 있을 가능성이 크다. 이승만은 공산국가의 보증(보장)에 가치를 두지 않지만 미국과 공산 진영 양측의 한국 독립에 대한 보장이 한국에 적절한 안전을 제공할 것으로 생각할지 모른다는 것이다.

⑧ 미국은 이 문제를 어떻게 보았는가. 독립·통일 한국은 미국이 달성하고자 하는 계속적인 정치적 목표가 되어왔다. 미국의 이 같은 목표는 오직 한국의 중립화를 통해서 실제로 성취될 수 있다고 본다. 중립화로 비롯되는 한국의 군사적 지위의 포기는 미국에게 치명적인 것은 아니다. 전면전이 일어날 경우 한국 방어를 시도하고 싶은 욕구가 문제를 일으킬 수 있는 것이다. 미국이 한국 기지를 유지할 필요성으로부터 책임이 줄어들면 미국으로서는 예산 절감이 되고, 중무장한 한국군이 자유세계의 다른 지역에서 군사적 지위를 강화하는 것이 가능하게 된다. 아마도 한국의 통일은 대체로 유엔의 뚜렷한 업적으로 간주될 것이며 그 위신을 높일 것이다. 대한민국 주도하의 한국 통일은 비록 중립화 통일이 되더라도 현상 유지보다는 전쟁의 보다 건설적인 결과이자 미국의 공로로 인정될 것이라는 주장이다.

⑨ 따라서 보고서는 결론 겸 건의사항으로 통일되고 중립화된 한국을 이

룩하는 것이 미국에 이익이 될 것이므로 미국의 목표가 되어야 한다고 밝혔다.[59]

chapter4
.

이승만 - 로버트슨 담판(상)

Ⅳ. 이승만–로버트슨 담판(상)

제1차 이승만 로버트슨 회담

1. 군악대의 환영 취주 속 회담 개막

로버트슨 일행은 1953년 6월 25일 밤 서울에 도착했다. 당시 외국 언론은 그의 일행을 '로버트슨 사절단'이라 불렀다.

이 무렵 한국 언론에는 휴전회담과 반공포로 석방 보도가 연일 신문에 대서특필되던 때여서 로버트슨 일행의 활동은 큰 기사거리였다. 이들이 서울에 도착하기 며칠 전부터 협상을 마무리하고 한국을 떠난 7월 12일까지 약 20일간은 물론이고 그 후에도 한동안 이승만 대통령과 로버트슨 특사의 담판 뉴스는 하루도 빠지지 않고 한국 신문의 1면 톱을 장식했다. 로버트슨은 이날 여의도의 서울공항에 도착한 즉시 한미 양국의 목적은 동일하며 이를 달성하기 위한 '가장 효과적이고 영속적인 수단'이 무엇인가를 조정하기 위해 내한했다는 성명을 발표했다.[1]

로버트슨 사절단은 26일 아침 경무대로 이승만 대통령을 방문하고 바로 9시 45분부터 12시 15분까지 약 2시간 55분간에 걸친 1차 회담에 들어갔다. 한국 측에서는 백두진 국무총리, 변영태 외무장관, 신태영 국방장관, 손원일 해군참모총장이 배석했다. 우선 이날 첫 회담이 어떻게 시작되었는지 당시 언론의 보도를 보자. 《동아일보》는 이튿날(27일자) 조간신문에서 "이·로 회담 수(遂)개막"이라는 1면 중간 톱기사로 로버트슨 일행이 "26일 오전 9시 25분 한국군 군악대의 환영취주리(歡迎吹奏裡)에 경무대에 도착했다"고 보도했다. 이 신문은 이날 첫 회담에서 이 대통령과 로버트슨 특사의 인사 교환과 덜레스 미 국무장관의 서한 전달 소식을 전하면서, 의제는 다른 제반 문제와 더불어 한미방위협정의 제의가 포함된 것으로 추측된다고 보도했다. 그리고 이날 이승만 대통령은 회담이 끝난 다음 "우리들 상호간의 이해가 한층 증가되었으며 로버트슨 씨는 여러 가지 좋은 안을 가지고 왔다"고 말했다고 자세하게 보도했다.

《조선일보》는 이틀 뒤인 28일자 신문에 제1차 회담을 1면 톱기사로 다루면서 "회담은 화기에 차고 우호적인 분위기에서 열렸다"는 공보처 발표와 이승만 대통령이 회담 후 "로버트슨 씨가 좋은 생각을 가져와서 많이 양해가 되어가고 있다"고 밝힌 것과는 달리 로버트슨 특사의 침통한 표정과 외교 소식통이 전하는 낙관불허론으로 미루어 회담은 결코 순조롭지 않을 것이라고 예고하면서 "양측의 견해차가 현격하다"고 분석했다.[2]

《동아일보》는 제1차 회담이 끝난 직후 로버트슨이 "회담은 극히 우호적이었으며 상호간의 오해를 제거함에 있어 상당한 진전이 있는 것으로 생각한다"고 말한 것으로 보도했다. 이 신문은 로버트슨이 서울에 온 당일(25일)자 조간에서 이승만 대통령이 중앙청 광장에서 열린 6·25전쟁 3주년 기념식에서 미국이 추진하는 휴전협정의 수락 조건으로 ① 한미상호방위조약 체결과 유엔군과 중공군의 동시 철수 또는 ② 한미상호방위조약 체결과 정치회담의 3개월 제한, 두 가지 안 중 하나를 선택할 것을 강조했다고 보도했다.[3]

미 국무부의 1953년도 외교문서에 의하면, 이날 첫 회담은 이승만-로버트슨 담판의 장래가 결코 녹녹하지 않다는 사실을 말해주는 일종의 예고편이었다. 26일 열린 제1차 회담 내용은 로버트슨이 이튿날 국무부에 올린 세 차례의 보고 전문에 상세하게 기록되어 있다. 로버트슨이 이날 밤 11시에 올린 제1차 보고 전보에서 자신은 회담 시작 직후 아이젠하워 대통령과 덜레스 국무장관의 개인적 인사말을 이승만 대통령에게 전한 다음 미측 사절단의 결성 배경과 목적을 설명했다. 그는 이어 덜레스의 서한을 이승만에게 수교했는데 이승만은 이를 큰 소리로 낭독했다. 로버트슨이 한국 정부의 일방적인 포로석방 행동으로 야기된 워싱턴과 자유세계에서 조성된 '불행한 인상'을 설명한 뒤 2시간 동안의 회의가 이어졌다.

이승만은 미국 측이 마련한 휴전협정안의 조항들에 대한 자신의 견해를 강조했다. 문제가 된 것은 ① 포로 송환 문제 ② 휴전협정이 중공군 철수를 요구하지 않고 있다는 사실 ③ 정치회담이 공산군 측으로 하여금 남한에 대한 은밀한 침투 행위와 은밀한 전복 활동을 위한 선전의 기회를 제공할 수 있는 무제한의 시일을 제공할 수 있다는 사실 등 세 가지였다. 로버트슨은 이에 대해 이미 표명한 미국의 한국 지원 약속에 따라 대한민국에 제공될 이익들과 한국의 통일을 이룩하기 위한 투쟁을 계속할 것과, 자유롭고 통일되고 독립된 한국을 만들기 위해 정치회담에서 미국 측이 대한민국과 협력하기를 원한다는 덜레스 국무장관의 희망을 이승만에게 설명했다.

로버트슨은 한미 양측 참석자들이 이날 본회담에서 상대적으로 많은 논의를 벌였다고 판단해 이승만 대통령에게 별도의 단독 회담을 제의했다. 이에 따라 로버트슨은 대통령 집무실에서 이승만과 50분간 회담을 더 계속했다. 로버트슨이 나중에 국무부에 보고한 바에 의하면 이 시간 동안 이승만의 기분은 확대회의에서 보인 것과는 엄청나게 변했다 한다. 그는 이 시점에서 한미 양국 간의 분열은 생각할 수 없는 일이며 계속적인 협력을 위해 양국이 모든 노력을 다해야 한다는 데 동의했다는 것이다. 이승만은 휴전에 뒤따라 변화될 상황에 대한 두려움을 부인하지 않으면서 클라크 유엔군 사령관에게 건넨 그의 비망록에서 언급된 조건의 일부 수정을 전제로 휴전을 받아들이겠다는 뜻을 마침내 표명했다는 것이다.

그 조건이란 ① 8,600명의 잔존 반공 포로들을 국제적십자사에 인도해 중공 포로들은 현재 검토 중인 조건 아래서 제주도에 남을 수 있게 하고, ② 정치회담에서의 토의에 예컨대 90일간의 기간 제한을 둔다(로버트슨은 이것은 불가능한 조건이라고 생각하지만 이 안을 국무부에 보고하겠다고 답했다), ③ 이전에 미국이 약속한대로 경제지원과 한국 육군 20개 사단의 증설, ④ 본인이 표명한 대로 미국과 필리핀 간의 방위조약 수준의 한미상호방위조약 체결의 즉각적인 보장이다. 로버트슨이 국무부에 보고한 바에 의하면 그는 회의 마지막에 이승만에게 수교한 덜레스 국무장관의 서한을 한국에서 공표하는 것은 바람직하지 않은 것으로 판단한다고 말했다.[4]

2. 이승만, 거의 인내심 잃고 자제 노력

그런데 이승만 대통령이 남긴 기록에 의하면 이날 회담 분위기는 미국 측의 태도로 인해 한국 측이 상당히 자극을 받은 것 같다. 로버트슨이 덜레스 장관의 서한을 읽자 변영태 장관이 아주 독단적인 어조로 "우리가 받아들여야지, 별도리가 없지 않습니까?"라고 했으며 로버트슨이 단독으로 이승만 대통령과 회담하면서 거듭 미국 정부의 입장을 설명하고, 주장하고, 호소하려 하자 이승만 대통령은 거의 인내심을 잃었다는 것이다. 다만 이승만은 로버트슨이 무엇인가를 성취하기를 바랐기 때문에 스스로 자제했다는 것이다. 이승만은 로버트슨에게 "당신은 오로지 휴전만 주장하면서 휴전 이외에는 아무것도 보지 않고, [양국 간의] 협력 가능성은 전혀 생각하지 않는군요" 하고 핀잔을 주었다. 그러면서 이승만은 "당신은 물에 빠진 사람에게 마지막 손을 내밀고 있는데, 우리는 그 손을 잡기를 원하며 나는 당신이 무엇인가 성취하기를 원합니다"라고 호소조로 말했다. 이승만은 이어서 "우리의 4가지 요구 조건은 새로운 것이 전혀 없습니다. 한미방위조약과 한국군 증강 문제는 거의 해결이 된 상태이고, 나머지 경제 지원 문제와 군사 지원 문제도 현재 가장 관대하게 진행되고 있는 것으로 알고 있다"고 말하고 남은 문제는 휴전 후 개최되는 정치회담의 3개월 개최 시한 문제와 포로 문제라고 덧붙였다. 이날 회담이 끝나고 로버트슨은 이승만에게 이날 회담이 성공적이었다고 발표하도록 요청했으나 이승만은 "나는 천천히 갔으면 합니다. 당신이 성공적이라고 말하면 이 사람들은 너무 빨리, 너무 많은 것을 기대합니다. 차라리 우리가 많은 오해를 해소해서 장래가 희망적이라고 발표하지요"라고 답변했다.[5]

로버트슨의 보고를 받은 덜레스 장관은 같은 날짜로 그에게 보낸 훈령에서 이승만이 제기한 네 가지 조건 중 ①은 만약 수송 능력만 된다면 아이젠하워 대통령도 동의할 것이며 ③항과 ④항의 방위조약에 대한 '보장' 문제는 미국 헌법에 따라 상원의 조언과 동의를 받아야 하는 사항이지만 대통령이 찬성한다고 밝혔다. 그리고 ②항에 관해서는 미국이 정치회담에 참석하는 타국 대표에게 회담 기간의 제한을 강제할 수 없기는 하지만 90일간의 마지막 시점에서 정치회담이 진전을 보지 못하고 공산 측이 대한민국에 침투하고 선전공세를 하고 기타 방법으로 곤란하게 함으로서 회의가 그들에게 악용되고 있는 것이 명백해지는 경우 미국은 한국과 함께 회담에서 철수할 용의가 있다는 것이 아이젠하워 대통령의 의중이라고 밝혔다. 덜레스 장관은 마지막으로 미국 정부가 이 점을 휴전협정 체결 후 즉시 시작될 한미 양국 협의에서 명백히 할 용의가 있다고 덧붙였다.[6]

로버트슨은 6월 27일 오후 1시 국무부로 타전한 제2차 보고 전보에서 한미상호방위조약문제에 관련된 '보장'이라는 단어가 부정확한 용어이며 이승만도 조약이 상원의 비준을 받아야 한다는 사실을 충분히 알고 있다고 보고했다. 그는 이어서 이승만이 요구하는 것은 조약 체결을 위한 협상이 즉각 시작되어 휴전협정 조인을 기다리지 않겠다는 의미라고 설명했다. 로버트슨은 이승만이 이전에 발표한 격렬하고 비타협적인 성명들이 그로 하여금 기왕에 표명한 입장을 바꾸는 것을 아주 어렵게 만들고 있다고 보고했다.[7]

로버트슨은 이날 오후 2시간 40분간 변영태 외무장관과 별도 회담을 가졌다. 한국언론은 서울의 미국 소식통을 인용해 그가 이승만 대통령이 요구한 한미상호방위조약 안을 휴대하지는 않았겠지만 이 조약이 장래에 대한민국에 대해 공산 침략이 있는 경우 미국이 즉각적 군사 원조를 보장하는 것이라고 보도했다.[8]

3. 로버트슨, 이승만에 비망록 전달

이승만 대통령과 로버트슨 특사의 제2차 회담은 27일 오후 2시 30분부터 약 40분간 청와대에서 열렸다. 이 회의에는 일본 도쿄에서 하루 늦게 서울에 들어온 클라크 유엔군 사령관도 합류했다. 《동아일보》는 이날 회담이 끝난 후 외신 기사를 인용해 이승만 대통령이 "매우 행복스러운 표정이었다"고 보도했다. 이 기사는 "이 완강한 노정치가가 휴전을 승낙할지도 모른다는 추측이 높아가고 있다"고 보도하고 "한국 각료의 대부분은 이날 회담이 끝난 다음 비밀회의에 들어갔다"고 보도했다. 이 기사는 또한 이승만 대통령이 휴전을 수락하고 받을 대가는 아직 발표되지 않았으나 미국 측 고위 소식통은 "만일 미국이 이 대통령에게 공산군의 새로운 공격이 있을 경우에는 그를 지원하겠다는 굳은 서약을 해준다면 이 대통령이 휴전에 동의할지 모른다고 말하였다"고 보도했다.[9]

그런데 미국의 외교문서에 따르면, 한미 양측은 제2차 회담에서도 신경전을 벌인 사실을 알 수가 있다. 이날 2차 회담이 끝난 다음 로버트슨 차관보와 클라크 유엔군 사령관은 국무부와 국방부에 보낸 공동 보고 전문에서 이승만 대통령이 27일 자신들과의 회담에서 아이젠하워 대통령의 견해를 모두 수용했으므로 그 사실을 비망록으로 확인해 달라고 요청한 사실을 보고했다. 이 보고에 의하면 이승만은 그들의 요구를 받고 미국 측 비망록에 자신의 생각이 충분히 반영되지 않았다고 불만을 털어놓으면서 자기 생각을 29일 자신의 비망록으로 전달하겠다고 답변한 것으로 되어 있다.

로버트슨은 이날 오후 7시 서울에서 국무부에 보낸 보고 전보에서 자신이 이승만의 요청에 따라 초안해서 수교한 비망록을 이승만이 접수한 것을 확인한 후 오후 6시 30분에 클라크 장군과 자신이 이승만과 만났다고 보고했다. 로버트슨의 비망록 골자는 ① 대한민국 정부는 현재 유엔군 사령부에 억류되어 있는 잔존한 포로의 안전을 유지하기 위해 유엔군 사령부의 지시를 수행하도록 명령하며 이들 포로를 비무장지대로 이동시키는 데 유엔군 사령부와 협력한다. 이들 포로는 합의된 기준에 따라 비무장지대에서 중립국 포로송환위원회에 인도될 것이며, 유엔군 사령부에 억류되어 있는 중공군 비공산 포로들의 경우에는 대한민국 정부가 제주도의 현 위치에 체류하고 있는 중립국 포로송환위원회에 인계하는 데 협력하며, ② 미국 정부는 휴전 이후 개최되는 정치회담에 참석하는 다른 나라 정부에 어떤 시간 제한도 가할 수 없다. 그러나 정치회담 개회 90일의 마지막 날에 이 회의가 아무런 진전도 보이지 못하고 공산주의자들이 대한민국에 침투하고 선전 전장으로 만들거나 다른 방법으로 괴롭히는 데 이용하는 경우에는 미국 정부는 대한민국과 함께 정치회담에서 철수하는 공동행동을 할 용의가 있다. ③ 휴전협정 조인 후 미국 정부는 이승만 대통령 또는 그의 대표와 중간 지점에서 유효한 휴전일 90일 내에 소집되는 정치회담에서의 공동 목표들의 모든 사항에 관해 토의하는 고위급 회담을 가질 것을 희망한다. ④ 미국 정부는 대한민국 육군을 약 20개 사단 규모로 증설하는 것을 포함한 대한민국 국군의 증강과 유지를 위해 대한민국에 대한 경제 지원과 보급 및 기타 원조를 제공할 용의가 있다. ⑤ 미국정부는 미국과 필리핀 정부 간의 현행 상호방위조약의 일반 기준에 따라 (한국과) 상호방위조약 체결을 위한 교섭을 즉각 개시할 용의를 가지고 있다. 미국 정부로부터의 상기 보증은 대한민국 정부가 (a) 유엔군 사령부의 전투 행동에 관한 지휘와 종결을 명령할 권위를 승인하고 (b) 유엔군사령관과 공산군 사령관들 간의 휴전협정을 수락하고 그 조항들을 이행하는 데 완전한 지지와 협력을 서약하며 (c) 미국과 대한민국 정부 간에 이 같은 협정이 더 이상 필요하지 않을 때까지 대한민국 국군을 유엔군 사령관의 작전 통제 아래 둔다는 것을 지킬 경우에 이행될 것이라는 것이다.[10]

클라크 사령관은 6월 28일자로 된 이 공동 보고 전문에서 자신과 로버트슨 특사가 이승만 대통령을 함께 만났을 때 이승만이 로버트슨에게 제기한 4가지 질문에 대한 미 국방부의 답변을 그에게 전달했으나 그는 이 비망록으로 인해 대단히 불편한 표정이었는데 그 이유는 비망록이 그의 마음속에 있는 그의 생각을 충분히 표현하지 않았다는 것이었다고 보고했다.[11] 이승만 측 기록에도 "이 비망록은 이 대통령이 말한 것이 아니었으며 한국 정부는 이를 받아들일 수 없다고 밝혔다"고 기록하고 있다. 결국 이튿날 이 문제를 재론키로 했다는 것이다.[12]

▣ 제3차 이승만 · 로버트슨 회담

4. 일요일에도 회담 강행–방위조약 협의

이승만과 로버트슨의 제3차 회담은 일요일인 6월 28일 오전 9시 30분부터 50분간 경무대에서 열렸다. 관례를 무시하고 휴일에 개최된 이날 회담은 이 대통령이 그의 군 장성들과 회의를 가진 직후 열렸다. 이날 회의는 전날의 제2차 회담 내용의 세부 문제를 정리하기 위해 로버트슨이 경무대를 방문함으로써 이루어진 것이다. 로버트슨은 이날 회담이 끝난 다음 기자들에게 "우리들은 휴전협정 체결 계획이 맞은 위기에 관해 상호 합의에 도달할 수 있을 것"이라고 그의 포부를 피력하면서, "나는 그 교섭이 순조로이 진행되기를 희망하며 우리가 상호간에 개재되어 있는 오해를 제거하기 위

하여 상호 합의에 도달할 수 있으리라는 것을 확신한다"고 말했다. [13]

그러나 《조선일보》는 이날 제3차 회담에 이르러 그동안 팽배하던 회담 전도에 대한 낙관론이 신중한 낙관불허론으로 바뀌고 있다고 진단했다. [14] 제3차 회담을 앞두고 프랑스의 AFP 통신은 한국 정부 소식통을 인용하여 "방금 진행 중인 이승만과 로버트슨의 회담이 현재의 한국 휴전이 (맞이한) 위기에 전환점이 되고 있다"고 논평하고 "미국은 유엔군이 중공군과 동시에 한국으로부터 철퇴하지 않은 한 한국에서 철퇴하지 않을 것이라는 보증을 이미 주었다고 시사했는데, 이 문제는 이승만 대통령이 제출한 3개 항목의 중요한 휴전 조건 중 하나"라고 보도했다. [15] 이 3개항은 중공군과 유엔군이 동시 철퇴, 휴전 전 한미상호방위조약 체결, 휴전 후 정치회담은 3개월 기한부로 할 것이 그 골자이다.

그러나 미국 외교 문서에 의하면 제3차 회담도 잘 진행되지 못했다. 클라크 유엔군 사령관과 로버트슨 특사는 바로 전날인 27일 열린 제2차 회담에서 이승만 대통령에게 아이젠하워 대통령이 그의 견해를 모두 수용했으므로 그의 입장을 비망록으로 만들어 확인해 달라고 요청했다. 그러나 이 대통령은 미국 측 비망록에 자기의 생각이 충분히 반영되지 않았다고 불만을 털어놓은 다음 자신의 생각을 29일 비망록으로 만들어 전달하겠다고 밝혔으나 곧 판문점에서 공산군 측과 휴전협정을 체결하려던 미국 측이 시간 여유가 없다면서 서둘러 달라는 요청으로 하루 먼저 28일 그들에게 비망록을 수교했다. [16] 그러나 그 비망록에 이승만이 휴전협정 조인을 지연시키려는 의도가 명백히 나타나 있다고 로버트슨과 클라크 두 사람이 크게 불만이어서 이승만·로버트슨 담판이 시작 사흘 만에 최초의 난관에 봉착한 것이다. 28일자로 된 이승만의 비망록 주요 골자는 휴전협정 체결 이전에 한미방위조약을 체결해야 한다는 주장이다. 그 골자는 다음과 같다.

① 미국의 한국군 증강 목적은 한국에서 공산주의에 반대하는 민주주의를 방어하는 데 충분히 강력한 군사력을 구축하는 데 목적이 있다. 한국의 민주주의 방어는 한미 공동의 대의(大義)를 대신 방어하는 것이다. 다른 말로 하면, 미국의 인력에 의존함이 없이 공산 침략 세력에 반대하는 자유세계의 요새의 한 부분인 전략적인 반도(半島)를 방어하기에 충분하도록 민주한국을 강하게 만드는 것이다. 이것이 우리가 제안한 상호방위조약의 최종 목표가 되어야 한다. 한국 정부는 아이젠하워 대통령이 그 대강을 규정한 한미상호방위조약과 한국을 위한 경제 및 군사 원조 제의에 감사하며 상호방위조약은 휴전협정 조인 이전에 체결되어야 한다.

② 한국 정부는 북한군 및 중공군 포로를 비무장지대로 이송하는 데 유엔군 사령부와 협조할 것이며 한국에 남기를 희망하는 북한군 포로는 1주일 이내에 유엔 사령부와 한국정부의 합동신문을 거쳐 석방한다.

③ 휴전협정 체결 이후 개최되는 정치회담의 목적은 유일 합법 정부인 대한민국 아래서 통일되고 한반도로부터 중공군이 철수한다는 공동 목표를 달성하는 데 목표가 있으며, 90일 이내에 회의가 종결해야 하며 이 같은 목표의 달성이 실패할 경우 한미 양국은 어느 다른 나라나 기구와 협의하지 않고 공동으로 정치회담에서 탈퇴해 원래의 목표를 군사력으로 달성하도록 군사 작전을 즉각 재개한다.

④ 미국 측 비망록에 명시된 바와 같이 미국 정부는 휴전협정 조인부터 90일간의 정치회담 종료 때까지 공산군의 대한민국 침투와 전복 활동, 기타 파괴 활동을 점검하는 데 한국 정부와 협력한다.

⑤ 한국 정부는 유엔군 사령부가 전쟁을 승리로 마무리함으로써 양국의

공동 목표를 증진하려고 노력함에 있어서 한국 정부와 협력하고 지원하는 한 1950년 7월 15일자로 한국 대통령이 맥아더 장군에게 보낸 서한에서 밝힌 대로 한국군을 유엔군 지휘 아래 두는 데 동의한다 등이다.[17]

　이승만의 비망록 내용은 로버트슨에게 큰 불만이었다. 그로부터 이승만의 비망록에 관해 보고를 받은 덜레스 국무장관은 6월 28일 이승만이 여전히 휴전 협상에 협조적이 아니라는 판단을 내렸다. 그는 불쾌감을 감추지 못하면서 아이젠하워 대통령에게 각서를 올려 이승만에게 압력을 넣는 방안을 국방장관과 협의할 필요가 있다고 보고했다.[18]

제4차 이승만 · 로버트슨 회담

5. 미국 측, 이승만 비망록을 반려

　제4차 회담은 29일 오전 9시 반부터 1시간 40분간 경무대에서 열렸다. 이 회담에는 한국 측에서 이승만 대통령과 백두진 국무총리, 변영태 외무장관이, 미국 측에서는 로버트슨 특사와 클라크 유엔군사령관, 브릭스 주한미국 대사, 머피 유엔사 휴전 담당고문이 참석했다.

　이튿날 《동아일보》는 외신 기사를 인용해 제4차 회담에 이들 거물급 인사들이 출석한 것으로 미루어 보아 이·로버트슨 회담이 드디어 막바지에 접어든 것 같다고 전하면서 책임 있는 관변 측에서도 이날 회담에서 한국정부와 한국군을 휴전에 협력시키기 위한 타협안의 최종 세목에 관해 교섭이 행해졌다고 말한 것으로 보도했다. 이 신문은 회담 내용에 관련해 정부 대변인인 갈홍기 공보처장이 28일 이 대통령과 로버트슨 특사가 한미방위협정에 관하여 거의 합의에 도달한 것으로 말한 것으로 보도했다. 이 보도에 의하면 갈홍기 처장은 한국 기자들에게 한미방위협정에 관한 최종적인 합의가 28일 안으로 도달될지 모른다고 말했다는 것이다.[19]

그러나 이것은 너무도 성급한 낙관론이었다.

이날 제4차 회담에 참석한 클라크 유엔군 사령관은 이 대통령이 석방한 2만 6천명의 반공 포로를 재수용하라는 공산군 측 요구에 대한 유엔군 측 대책을 협의하기 위해 전날 제3차 회담이 끝난 후 잠시 귀임했다가 29일 다시 서울에 되돌아와서 회의에 참석했다. 유엔군 측은 포로 석방을 기정사실로 하고 포로들의 재수용을 한국 정부 측에 요구하지 않기로 결정한 것으로 알려졌다. 이 보도는 또한 이승만 대통령의 측근 소식통의 말이라면서 이들 5개 항목에 대해 한미 간에 완전 합의가 될 때는 한국 측 휴전회담 대표 최덕신 소장에게 판문점 회담에 다시 출석할 것을 지시한다는 것이다. 최덕신은 휴전회담에서 포로 협정이 제의되었을 때 "한국을 사랑하는 한국의 애국자라면 누구든 이 같은 포로 협상에 동석할 수 없다"고 말하고 회담을 보이콧했었다.[20]

제4차 회담이 열린 이날 한국 언론에 크게 보도된 흥미로운 뉴스는 중공 측 반응이다. 외신이 전한 바에 의하면 중공의 관영 《베이징방송》이 28일 한국 휴전의 전망이 한층 암담하게 되었다고 보도했다는 것이다. 이 방송은 개성에서 취재 중인 공산국 기자의 보도를 인용해 이승만 대통령과 군사 동맹을 체결하려는 미국의 심산은 휴전 후에 개최되는 정치회담에 시한폭탄을 장치하려는 데 있다고 논평했다는 것이다. 이것은 이승만 대통령이 정치회담이 개최 후 90일이 되도록 결론이 나지 않을 경우 한국은 미국과 함께 정치회담에서 철수하겠다고 합의한 것을 비난한 것이다. 이 보도는 또한 《베이징방송》이 이 대통령의 반공포로 석방에 대해서는 언급하지 않았는데 이것은 그들이 이 문제에 개의치 않고 휴전협정에 조인하기를 희망하고 있는 것으로 생각할 수 있다는 것이다.[21]

미 국무부의 외교 문서에 의하면 이승만 대통령은 이날 상당히 시달린 것 같다. 로버트슨과 클라크는 이승만의 비망록 내용을 사항별로 하나씩 따지고 들었다. 로버트슨은 이승만이 "한국전쟁이 미국을 위한 전쟁이라고 말했지만 그렇지 않다"고 이의를 제기했다. 이승만은 이에 대해 "나는 정확히 그렇게 말한 것이 아니고, 한국전쟁은 '공동의 대의(大義)를 위한 민주주의와 공산주의 간의 범세계적 투쟁'이라고 말했다"고 해명했다.[22]

클라크는 이날 이승만 대통령에게 판문점 휴전 협상을 예정대로 진행하겠다는 미국 측 방침을 통고했다. 미국 측은 이승만 대통령의 비망록에 너무 많은 부정확성과 부적절성이 들어가 있어 토론의 근거를 제공할 수 없다는 이유로 이를 접수할 수 없다고 반려했다. 이승만이 그의 평소 소신인 공산주의에 대한 세계의 투쟁과 무력에 의한 한국에서의 투쟁의 지속, 그리고 한국 통일의 당위성과 공산주의 침투로부터 한국을 보호하는 데 있어서 정치회담의 효용성에 대한 신뢰 부족을 반복해서 강조한 데 대해 로버트슨은 불만이었다. 결국 이승만은 로버트슨의 요구대로 그의 비망록 내용을 수정해서 다시 보내기로 동의했다. 이 같은 조치는 이승만 대통령에게 미국의 입장이 확고하다는 사실을 전달하는데 '정신이 번쩍 들게 하고 충격적이고 효과적인 영향을 준 것'으로 미국 측 대표들은 믿고 있다고 워싱턴에 보고했다.[23]

6. 합참, 한국 중립화 방안에 제동

같은 날(29일) 워싱턴에서는 아이젠하워 행정부의 고위급 회의에서 이승만 대통령의 휴전협상에 대한 태도에 관련된 논의가 있었다. 이날 회의에서 미국 정부는 휴전협정 체결에 관련된 기존의 방침을 변경할 의도가 없다는 점을 재확인했다. 이날 회의는 또 미군이 한국에서 철수할 의도는 없지만, 이승만의 태도가 변하지 않는 경우 미국 대표단의 재량권 범위 안에서 간접적으로 철군 가능성이 있다는 인상을 조용하고 노련하게 조성하는 것은 가능하다고 로저 카이스 국방차관 명의로 클라크 유엔군 사령관에게 훈령했다. 이 훈령은 이어 만약 이승만 대통령의 태도가 변하지 않는다면 영향력 있는 한국 정계 또는 군부 요인들이 움직이도록 하는 것이 필요하다고 덧붙였다. 마지막으로 그의 훈령은 이승만 대통령이 휴전 협상을 방해할 경우 한국 육군이 이를 막는 데 필요한 행동을 취하게 할 능력과 개연성이 있는지 여부를 클라크 장군이 평가해 달라고 당부했다.[24]

앞에서 설명한 국가안보회의 기획처의 '휴전 이후의 한국에 대한 미국의 목표(NSC 157)'라는 6월 25일자 보고서에 대한 합참의 의견서가 30일자로 완성되었다. 완성된 내용은 국방장관에게 제출하는 각서 형식이다. 이 각서의 골자는 휴전 이후 통일되고 중립화된 한국을 만드는 것이 미국의 목표에 부합된다는 결론을 내린, 국무부가 마련하고 국가안보회의 기획처가 검토한 보고서에 이의를 제기한 것이다. 그 요지는 다음과 같다.

① 국가안보회의 기획처 안은 중립화 통일 한국을 만든다는 것인데, 중립 한국의 개념은 2개의 가정에 입각하고 있는 것 같다. 그것은 첫째, 북한이 그 같은 통일 방안을 묵인한다는 가정과 둘째, 공산주의자들이 이 같은 성격의 협정 또는 정치적 타결의 조항들을 준수할 것이라는 가정, 두 가지 모

두가 비현실적이라고 합참은 믿고 있다. 그 이유로 합참은 북한의 공산분자들이 이승만 대통령과 그의 정부에 대해 극심한 증오감을 갖고 있다고 지적하고 따라서 북한 측이 그 같은 협정의 정신과 조문을 준수하리라는 가상은 심각한 의문에 속한다.

② 합참 보고서는 중립화된 통일 한국 창설을 목표로 한 휴전협정이나 정치적 타결책이 공산주의자들의 한반도 지배라는 목표를 변경하거나 포기했다는 증좌로 인정되어서는 안 된다고 주장했다. 공산주의자들은 한국의 중립화로 인해 조성된 (힘의) 공백을 메우려고 시도하리라는 것이 합참의 견해이다. 한국의 중립화로 과거 체코슬로바키아에서처럼 공산주의자들이 침투해 들어와 지배권을 획득할 수 있는 이상적인 상황이 제공될 것이라고 합참은 보았다. 그리고 미군과 유엔군이 중립화된 한국의 창설 이상을 성취하지 못하고, 중공군이 단지 압록강 건너편으로 퇴각한 채 미군이 한국에서 철수한다면 그 위신이 크게 손상될 것이라고 했다. 이 같은 성격의 철수는 공산주의자들에 대한 양보로 간주될 것이며, 전 세계에서, 특히 한국과 극동의 다른 지역에서는 미국이 군사력으로 공산 침략을 계속 반대할 의지가 없는 것으로 보일 것이라고 이 보고서는 지적했다.

③ 합참 보고서는 또한 중립화된 한국은 표면적으로는 한국으로부터의 미군 철수를 통해 미국의 군사적 공약의 감소를 용인한 것으로 나타날 것이라고 보았다. 그러나 실제로는 미국이 공산주의자들의 침투와 전복 활동에 취약하게 될 통일한국의 영토 보장 뿐 아니라 정치적 독립도 보장한다는 규정 덕택에 미국의 군사적 부담은 증가될 것이다. 더구나 미국의 군사적 공약의 확대는 한국군의 군사력이 수적으로나 질적으로나 제한된 상황에서 이루어지므로 이 지역에서 미국의 군사 작전이 행해질 경우 한국군은 쓸모

가 없거나 직접적인 도움이 안 될 것이다.

④ 공산주의자들이 극동을 지배하려는 결의에 집착하고 있는 한 미국의 한국에 대한 지원은 미국의 안보 이익에 필수적이다. 더구나 어떤 정치적 타결 하에서도 자체 방위에 공헌하고 기여할 대한민국의 능력은 근접한 미래나 장기간에 걸쳐 새로운 외부로부터의 침략이나 내부의 전복 활동의 먹이가 되지 않도록 주의 깊게 검토되어야 한다. 미국은 만약 그것이 실현되는 경우에는 틀림없이 대한민국정부의 능력에 치명적 장애로 작용하려는 목표라 할 한국의 중립화를 공개적이고 우선적인 정책목표로 결정해서는 안 된다. 한국에 대한 새로운 침략을 막을 주된 억제력은 미군의 보복 가능성에 달렸지만 이 지역에서 상대적으로 강력한 한국군의 존재는 이 같은 억제력에 상당히 보탬이 될 것이다.

⑤ 따라서 합참은 이상과 같은 고려 사항과 군사적 관점에서 한국에 대한 미국의 기본적인 목표를 통일, 독립, 그리고 비공산주의 한국의 건설로 삼을 것을 건의한다. 이 목표가 달성되기까지 미국은 극동에 강력한 군사 태세를 유지하고 대한민국에 시의적절하고 효과적인 지원을 가능하게 해야 한다. 이를 위해 대한민국을 경제적으로 정치적으로 자유세계와 결합하는 이득의 사례가 되도록 만들고, 북한 인민들이 통일, 독립, 비공산 한국의 성취에 참여할 수 있도록 고무하려는 목표를 위해 북한 내의 불만과 불안을 조성해야 한다.[25]

제5차 이승만 · 로버트슨 회담

7. 방위조약 자동 개입 문제로 난항

제5차 이승만·로버트슨 회담은 6월 30일 오전 9시 30분부터 약 50분간 경무대에서 열렸다. 이날 회담에는 머피 유엔사 고문과 브릭스 주한 미국 대사는 참석하지 않은 가운데 이 대통령과 로버트슨 특사의 단독 회담으로 진행되었다. 두 사람은 정치회담에 관해 의견을 나누었으나 로버트슨은 정치회담에 개최 기한을 두자는 이승만의 주장에 강력하게 반대해 회담이 교착 상태에 빠졌다고 소식통이 전한 것으로 한국 언론에 보도되었다. 이날자 서울발 《뉴욕타임스》가 보도한 것처럼 어려운 한국 문제를 풀 수 있는 '마법의 열쇠'를 갖고 오지 않은 로버트슨이 맞이한 최초의 난관이었다.[26]

회담이 끝난 다음 로버트슨 특사는 공개적으로 기자단에게 "교섭에 있어서는 의견 차이를 없애야 할 몇 가지 점이 있는 것이다. 그렇지 않고서는 회담이 필요 없을 것이다. 이 대통령과 나는 쌍방이 주장하는 원칙을 희생함이 없이 양국 정부가 수락할 수 있는 해결책을 안출하기 위해 노력하고 있다"라고 밝혔다.[27] 이 같은 그의 언명은 당시까지 로버트슨 자신이나 이승만 대통령이 밝혔던 낙관적인 견해와는 다른 것이다.

이 점에 대해 《동아일보》는 외신 보도를 인용해 상황의 실상을 이렇게 소개했다. ① 이 대통령은 한국이 휴전을 수락하는 조건으로 그가 이미 제기한 2개 제안 중 양자택일을 주장했다. 이 제안의 하나는 한미상호방위동맹과 더불어 한국으로부터의 모든 외국군 철퇴이고, 다른 하나는 한미 간의 방위동맹과 아울러 정치회담에 90일이라는 시간적 제한을 가하도록 요청하는 것이다. ② 로버트슨 특사를 비롯한 미국 사절단 일동은 정치회담에 시간적 제한을 가하는 데 대해 원칙적으로는 동의한다고 말한 바 있지만 그들은 분명히 그러할 의향이 없는 것으로 보인다. 이 대통령은 정치회담의 결렬을 예단하고 있으나 미국 측으로서는 정치회담이 결렬되는 경우 전쟁을 재개하도록 제약을 받게 되는 것을 원치 않고 있다. ③ 미국 대표단이 이승만 대통령에게 다소의 압력을 가하고 있음은 사실이다. 이 대통령은 그 자신 사소한 문제에 있어서 타협 의향을 표명한 바 있음에도 불구하고 본래의 주장을 견지하고 있다. 이승만 대통령은 1일 밤 로버트슨 특사에게 서한을 보내고 한국의 입장을 천명했다고 전했으나 그 내용은 보도되지 않았다. 다만 변영태 외무장관이 "이 대통령은 한국의 통일을 성취하기 위해서는 군사 이외의 수단으로는 절대 불가하다고 믿고 있다"고 말한 것을 보도함으로써 이 대통령이 로버트슨의 정치회담 기한 설정 반대를 비판한 것으로 해석되었다는 것이다.[28]

한미 간에 생긴 갈등에 대한 《조선일보》의 분석도 비슷했다. 이 신문은 7월 3일자 1면 톱기사로 "오리무중에 잠겨 있던 서울 회담의 전모가 1일 비로소 판명되었다"고 서두를 꺼낸 다음 5차 회담까지의 협상 경과를 설명하면서 이승만 대통령이 휴전 전에 한미방위조약을 체결할 것과 정치회담에 90일의 기한을 두고 중공군의 철수를 한국이 휴전 협상에 동의하는 조건으로 내세운 데 대해 미국 측이 완강하게 반대함으로써 한미 협상의 장래에 비관론이 나오고 있다고 분석했다.[29]

《뉴욕타임스》 역시 이 대통령이 요구하는 방위조약은 정치회담 실패 후 공산군에 대한 전면적인 공격에 미국이 가담할 것을 약속하는 전면적이고 공고한 군사동맹의 결성을 위한 완전한 방위조약이 되어야 한다는 것으로 이해된다고 보도하고, 미국 의회 지도자들은 이 같은 자동적인 개입을 규정한 한미방위조약에 어느 선까지 동의해야 할지 회의적이라고 논평했다. 이 기사는 또한 덜레스 국무장관도 이 대통령의 주장에 반대하고 있으며, 그가 한국에서 협상중인 로버트슨 특사나 클라크 장군은 회담의 진행에 관해서는 광범위한 재량권을 갖고 있지만 (의제의) 본질에 대해서는 그렇지 않다

고 언명한 것으로 보도했다.[30)]

이승만 대통령은 7월 1일 그의 입장을 밝히는 서한을 로버트슨에게 발송했다. 이승만은 서한을 발송하게 된 배경이 "지금까지 그랬던 것처럼 현재도 가능한 한 최대한 그(로버트슨)에게 협력하고 싶지만 그렇게 하기 위해서는 먼저 중요 문제들이 해결되어야 하기 때문에 이를 위해 서한을 그에게 보낼 터이니 아이젠하워 대통령과도 접촉해 달라"고 요구한 것이다. 1일 자서한 내용은 정치회담 실패 시 한미 양국이 공동으로 탈퇴하고 한국의 통일을 실현할 다음 단계의 행동을 토의한다는 입장을 재확인하는 것이었다. 그의 입장문은 다음과 같이 끝맺었다.

우리는 정치회담 실패의 경우 한국의 통일이 성취될 때까지 미국이 우리와 함께 전쟁을 재개하겠다는 결정적인 서약을 하는 경우에는 휴전을 방해하지 않겠다는 합의에 아주 접근해 있습니다. 만약 이 서약이 행해지지 않는다면 본인은 현재와 같은 내용의 휴전 조항들에 반대하는 우리 국민들을 납득시킬 수단이 없기 때문에 어떻게 휴전에 관한 귀하의 요구에 적응해야 할지를 모르겠습니다.[31)]

로버트슨은 조건부 정치회담 철수와 전투 재개를 요구한 이승만 대통령의 서한을 받고 크게 당황했다. 그는 같은 날짜(1일자)로 국무부에 올린 보고서에서 "우리가 당면한 오직 하나의 진짜 과제는 우리가 정치회담을 하다가 이 회담이 오로지 (공산 측의) 지연(술책)과정에 불과하다고 판단해 한국 측과 함께 퇴장해 버릴 경우 그 다음에 우리가 무엇을 해야 하느냐의 문제"라고 보고했다. 이럴 경우 이승만은 즉각 한국통일을 위해 전투를 재개해야 한다고 주장하고 있으므로 미국 측이 어떻게 답변해야 하느냐가 문제라는 것이다.

로버트슨은 그 다음날 이승만과 회담을 갖기로 약속했으므로 국무부의 조속한 훈령을 바란다는 부탁과 함께 만약 미국 측이 이 점에 대해 명확한 답변을 하지 않는 경우 이 대통령이 완고하고 융통성이 없이 나오면 "본인의 임무는 끝장이 날 것 같다"고 덧붙였다.[32]

로버트슨의 보고를 받은 덜레스 장관은 당일(7월 1일)자로 훈령을 보내고 이승만의 제안은 로버트슨이 (미국) 대통령으로부터 위임받은 권한의 범위를 넘어설 뿐 아니라 (미국) 대통령조차도 비록 그가 희망할지라도 이승만이 바라는 약속을 헌법적으로 해 줄 수 없다는 사실을 설명하라고 지시했다. 덜레스는 이 훈령에서 "본 건은 사실상 국회의 허가 없이는 수행할 수 없는 전쟁이 될 것이다. 현재 한국에서 진행되고 있는 전쟁도 미국이 유엔의 1개 회원국 자격으로 안전보장이사회의 결의에 따라 참전하고 있기 때문에 국회의 명확한 (문서상으로) 허가를 받지 않은 것이다. 그럼에도 불구하고 지금까지 한국전쟁이 불법이라는 비판과 주장들이 있어왔다. 이승만이 시사하는 상황 아래서 치러지는 전쟁이 혹시라도 새로운 미국 측의 제재를 받지 않는다면 국회의 선전 포고권에 귀속되는 경우 이외에는 대통령이 주도할 수 없는 것이다(이 대목의 원문은 '국회의 선전 포고권' 앞에 '고도로 문제가 제기될'이라는 표현이었으나 이 표현이 훈령 타전 직전에 수정되었다). 만약 정치회담이 실패한다면 "이 건은 주변 정세에 비추어 검토되어야 할 하나의 과제를 제공할 것"이라고 밝혔다.[33]

8. 로버트슨이 본 이승만

로버트슨 차관보는 7월 1일 국무부에 올린 보고서에서 개인적인 의견과 관찰이라면서 이승만 대통령에 대해 다음과 같이 보고했다. 약간 복잡한 평가이기는 하나 이승만의 공산주의에 대한 태도에는 높은 평가를 하고 있다.

① 이승만 대통령은 상황 판단이 빠르고 지략이 있는 거래 상대인 동시에 자기 나라를 국가적 자살로 몰아넣을 수도 있는 고도의 감정적이고 비합리적이며 비논리적인 광신자이다.

② 그는 현재의 휴전협정안을 공산주의자들이 군사 행동으로 달성하려다가 실패한 것을 협상의 수법으로 쟁취하려는 공산주의자들의 능숙한 계책이라는 깊은 확신을 갖고 믿고 있다.

③ 그는 단지 여론에 좌우될 것 같지는 않다. 그는 이미 미국과 동맹국들의 계속적인 논란과 욕설의 대상이 되고 있고, 미국과 세계의 여타 지역에서 여론의 지지를 상실한 사실을 잘 알고 있다.

④ 그의 협력을 얻을 수 있는 우리들의 유일한 희망은 그로 하여금 우리들과 함께 일하는 것이 그의 일생을 바친 목표를 달성하는 길이라는 것을 그에게 확신시켜 주는 것이다.

⑤ 그의 협력은 아직도 가능하지만 우리는 그를 밀어붙이는 동시에 그를 이끌지 않으면 안 된다.

⑥ 이승만은 그의 나라를 아마도 우리 미국을 포함한 세계 어느 다른 나라와도 비견되지 않을 정도로 공산주의와 싸울 결의와 의지를 갖도록 각성시켜 놓았다. 그 같은 정신과 용기는 보존되어야지 파괴되어서는 안 된다. 덧붙이자면 미국이 무장시킨 그의 군대는 아시아에서 최대 규모이자 최고

로 효율적인 반공 군대이며 미국 편을 위해서 우리에게는 몹시 필요한 존재이다. 로버트슨은 이어 다음과 같이 결론 지었다.

놀랜드(William Knowland) 상원의원, 스미스(Alexander Smith) 상원의원, 저드(Walter Judd) 하원의원, 밴 플리트(Van Fleet) 장군이 서명한 합동 메시지를 이승만에게 송부하기를 희망한다. 이 공동 메시지에는 아이젠하워 대통령이 제시한 최근의 제안을 서명자들이 주의 깊게 검토했다는 사실이 들어가야 하며, 이승만의 수락과 지지가 한국에 장기적인 이익이라는 것을 강력하게 권유해야 한다. 본인의 의견으로는 그 같은 메시지는 이승만에 대해 어떤 조직으로부터 가해지는 비난보다 훨씬 더 효과적일 것이다.[34]

덜레스 국무장관은 로버트슨의 이승만 평가에 대해 워싱턴의 국무부 본부에서는 동의하고 있다고 밝혔다.[35] 로버트슨은 국무부에서 은퇴 후인 1967년 4월, 당시를 회고하면서 이승만은 중국의 마오쩌둥처럼 자신의 목표를 향한 헌신적인 광신도이며 완고하다고 평가했다. 그러면서 이승만은 대단히 흥미로운 인격을 지니고 있는데, 그는 멋진 노인이었으며 진정한 철학자이고, 미국 고전과 중국 고전에 통달한 최고의 고전학자의 한 사람이자 시인이며 세계 최고의 서예가이며 세계 최고의 낚시꾼이기도 하다고 설명했다. 그는 별 할 일이 없을 때는 낚시하기를 좋아하는데 그것은 낚시터가 그가 사색하는 곳이기 때문이라고 로버트슨은 설명했다. 그는 또한 반공주의에 대한 광신적이고 정신병적인 헌신—그는 한국에 대해 과거에 지지른 소행들 때문에 일본인들을 공산주의자들만큼이나 증오한다—을 그로부터 분리시킨다면 그리고 그의 일생에서 그 부분을 떼어낸다면 그보다 더 매력적이고 다정하고 신사다운 노인을 만날 수가 없다. 그러나 그의 공적 생활을 들여다 보면 그는 세상에 존재하는 가장 어려운 사람의 하나일 것이라고 평했다. 로버트슨은 이승만에게 말하기가 조심스러워서 "미국은 절대로 그를 공산당에게 버리지 않겠다", "미국은 그와 상호방위조약을 체결하기를 희망한다", "미국은 한국을 북한의 침략으로부터 방어하겠다" 등등 회담 기간 중 이승만에게 꼭 강조해야 할 말을 워싱턴에서 미리 예행 연습을 하고 한국에 갔다고 그의 회고담에서 털어놓았다.[36]

9. 클라크, 휴전 강행을 통고

《조선일보》는 로버트슨 사절단의 일원인 미 국무부 모 고위 관리가 7월 1일 서울에서 일부 미국 기자들과 비공식 회견을 갖고 설명한 그 동안의 회담 경위를 7월 3일자 신문에서 자세히 보도했다. 이 관리의 설명에 의하면 6월 26일의 제1차 회담에서 로버트슨 특사는 덜레스 국무장관의 친서를 (이승만 대통령에게) 전달하고 그 취지를 구두로 진술했다는 것이다. 그 골자는 6월 6일자로 아이젠하워 대통령이 이 대통령에게 보낸 친서의 요지를 되풀이한 내용이다. 로버트슨 특사는 새로운 약속 내지 조건을 하나도 가지고 오지 않은 것이다. 아이젠하워 대통령은 ① 휴전협정 성립 후에 미국 국회의 승인을 얻어 한미상호방위조약을 체결할 용의가 있다는 것을 확약하고, ② 미국 국회가 승인하는 예산 범위 내에서 한국 부흥을 위한 경제 원조를 계속 증가할 것과 한국의 자위력 증강을 위한 군사 원조를 촉진할 용의가 있다는 것, ③ 휴전 3개월 후에 개최될 정치회담에서 한국 정부의 입장이 전적으로 반영될 것을 보증하고, ④ 미국은 유엔 각국과 더불어 금후도 계속하여 모든 평화적 수단으로써 한국 통일을 달성하기 위하여 노력할 것을 등을 언약했었다.

따라서 로버트슨 특사의 사명은 위와 같은 기본 조건을 대가로 해서 한국이 현상 휴전에 동의하여 휴전협정을 준수하겠다는 다짐을 얻으러 온 것으로서 아이젠하워 대통령이 서한으로 전한 것을 더 친밀히 구두로 설득하려고 했음에 불과한 것이라고 했다. 이 소식통은 한미방위조약의 한미 양측 초안이 교환되었다는 일부 보도를 강력히 부정하고 미국 측으로서는 이 조약안을 제시한 일이 없다고 언명했다. 그런데 공보처가 아이젠하워 대통령의 서한이 발표된 다음날 판문점에서는 유엔 측과 공산 측 사이에 포로 처리 협정이 조인되고, 이어 13일 이 대통령은 스웨덴 기자 람본 씨와의 회견에서 아이젠하워 대통령의 호의에는 감사하나 그러한 조건으로는 현상휴전을 승인할 수 없다는 입장을 명백히 했던 것이다. 그리고 18일에는 2만 7,000명의 반공 포로 석방이라는 역사적 사건이 일어났던 것이다.

그런데 제1차 회담에서 로버트슨 특사로부터 미국 측 입장의 천명을 들은 이 대통령은 그 요지를 서면으로써 제출해 줄 것을 요청했으므로 로버트슨 특사가 클라크 장군도 참석한 27일의 제2차 회담에서 비망록 형식으로 전날 말한 바를 제시했다는 것이다. 미국 측 소식통에 의하면, 이때 이 대통령은 퍽 타협적인 것 같은 인상을 주었다고 하는데 이런 데서 낙관적 인상을 받은 서울의 관측통들은 한미 간에 의견 접근이 있었다 하면 종래의 예로 보아 이승만이 자기고집을 굴(屈)할 리 만무한 만큼 이것은 필경 미국 측이 한국 측 주장에 접근하고 있는 것이라고 판단하고 그러한 관측 기사가 타전되었다는 것이다.

그런데 사실인즉 한미 양측의 입장은 어느 쪽도 양보한 기색이 없었던 것이다. 이 대통령은 로버트슨 특사의 비망록에 대해 서면으로써 회답할 것을 약(約)하고 제3차 회담에서 로버트슨 각서에 대한 '논평' 형식으로써 이를 수교했다. 그 내용인즉 휴전협정 전에 한미방위조약을 체결할 것과 정치 회담에 90일 한(限)을 부(附)해 그 동안 한국 통일의 방책을 강구케 할 것, 중공군의 철퇴 등을 포함할 것 등이었다 한다. 일설에 의하면 정부 안은 한국 통일의 방책으로서 유엔 감시하에 남북한을 통한 국민투표를 실시할 것을 시사했다는데 이것은 확실치 않다. 여하간 이러한 한국 측 제안은 현(재 마련되어 있는) 휴전협정안의 개정을 필요로 할 뿐더러 미국이 영국 등 유엔 관계국 정부와 협의한 약속의 범위를 벗어난 것이었으므로 로버트슨 특사는 본래의 입장을 고지(固持)하였을 뿐 이로써 회담은 교착 상태에 빠졌다고 한다. 이때부터 관측통 사이에 비관론이 나오기 시작한 것이다.

29일 열린 제4차 회담에는 클라크 장군도 참석해 그날 저녁 공산군 측에 보낼 유엔군 측 답한(答翰) 내용에 관해 이 대통령에게 보고해 양해를 구한 것으로 추측되었다. 클라크 답한의 내용이 즉일로 발표된 것은 유엔군 측이 한국의 동의를 기다림이 없이 '현상휴전'을 추진하겠다는 결의를 표명한 것으로 해석된다. '현상휴전'이란 새로운 휴전선을 책정하지 않고 현재의 전선에서 휴전하는 것을 의미한다. 1일 예정되었던 제6차 회담은 개최되지 않았는데 한미 양측이 각각 금후의 대책에 관하여 숙의한 것으로 추측된다고 했다.

한편 일본 도쿄에서는 클라크 사령관이 휘하 육해공군 수뇌부를 소집해 긴급사태에 대비할 조치를 협의한 것으로 전해졌다. 미국 측은 이승만 대통령이 제시한 요구 조건에 대해 덜레스 국무장관이 워싱턴에서 가진 기자 회견에서 미국으로서는 그것을 수락하기 어렵다는 입장을 표명했다. 그는 또한 휴전 성립 후 정치회담이 개최될 때까지의 과도기에 이 대통령이 신임하는 미국의 고위급 대표와 한미 고위급 회담을 가질 용의가 있으나 휴전 이

전에는 로버트슨 특사가 최종적인 사절이라는 것을 명백히 함으로써 로버트슨 특사의 권한을 둘러싼 의의(疑義)를 해명하고자 했다. 로버트슨 특사는 계속 서울에 머물면서 한국 정부와의 절충에 노력할 것이 예상되므로 한미 간 견해의 일치를 볼 수 있는 문호는 개방되고 있으나 서울 회담의 전도는 우여곡절을 면하기 어려울 것이 예상된다는 것이다. 이상이 《조선일보》(1953. 7. 3.)의 보도 요지이다. [37]

제6차 이승만 · 로버트슨 회담

10. 이승만, 중공군 철수 요구

제6차 이승만·로버트슨 회담은 7월 2일 아침 경무대에서 열렸다. 당초 1일 개최 예정이던 것이 열리지 못한 것은 한미 양측이 각기 회담 대책 논의를 위해 회담을 연기했기 때문이다. 2일의 서울 발 외신 보도는 경무대에서 각료 및 장성들이 긴급회의를 개최하는 동안 다른 방에서 이승만 대통령이 로버트슨 특사와 1시간 이상 단독 회담을 가졌다고 전했다. [38]

이날 회담 내용에 관해 이승만 문서는 간략하게 기록하고 있다. 이승만이 오전 10시 로버트슨을 맞아 회담을 시작하면서 미국은 한국 통일이 달성될 때까지 전투를 계속해야 한다고 주장했다. 로버트슨은 아이젠하워 대통령은 의회의 승인 없이는 그렇게 할 수 없다고 대답했다. 반면 이승만은 트루먼 대통령은 1950년에 의회의 승인 없이 한국전쟁에 참여했으며 정전이나 휴전은 오직 잠정적인 합의이므로 그것이 파기되면 같은 전쟁이 그대로 진행되는 것이므로 의회의 새로운 선전 포고가 불필요하다고 반박했다. 로버트슨은 아이젠하워가 이에 동의할 수 없을 것이라고 다시 강조하고, 자신도 서울에서 시간을 낭비하지 말고 좋은 우호적 감정을 가지고 떠나야겠다고 심정을 털어놓았다.

이 말을 들은 이승만은 "왜 당신은 전체 상황이 이처럼 나쁘게 보이지 않도록 어떤 잠정적인 합의를 하지 못하느냐. 만약 유엔이 전쟁을 계속하는 것을 원하지 않는다면 휴전협정에 서명토록 하세요. 우리는 방해하지 않을 것입니다. 그러면 우리는 단지 대기했다가 우리가 우리 자신을 위해 무엇이든지 할 수 있도록 해달라고 그들에게 요구할 것입니다"라고 말했다. 그러나 로버트슨은 휴전협정을 서명하는데 대한민국의 협력이 필요하다고 암시했다. 그러자 이승만은 만약 로버트슨이 미국 정부의 최종적인 서한을 가져오면 한국이 휴전을 거부하는 경우 미국이 어떻게 협정에 서명할 수 있겠는가 하고 우려했다는 것이다. 이승만은 로버트슨의 진지성과 그가 진정한 기독교도임에 좋은 인상을 가지고 있으나 한미방위조약이나 다른 어떤 것도 기초할 권한을 부여받지 못한 것을 아쉬워했다. 로버트슨은 모든 것을 워싱턴에 문의하지 않으면 안 되며 이승만이 그에게 보낸 문의서한에 대해서도 답장을 위해 아이젠하워 대통령의 최종 지시를 기다리고 있다고 이승만에게 설명했다.[39]

정치회담 실패의 경우 한미 양국 대표들이 동시에 회담장에서 철수하자는 정치회담 보이콧 문제가 제기된 경위는 이승만 대통령이 약 1주일 전인 6월 25일 중앙청 광장에서 열린 한국전쟁 3주년 기념식에서 미국이 추진하는 휴전협정의 수락 조건으로서 ① 한미상호방위조약 체결과 유엔군과 중공군의 동시 철수 또는 ② 한미상호방위조약 체결과 정치회담의 3개월 제한, 두 가지 안 중 하나를 선택할 것을 요구한 것과 관련된다.

이승만의 이 같은 여러 가지 제안에 대해 미국 측은 ②와 비슷한 대안, 즉 공산 측이 휴전협정을 위반한 경우에 정치회담에서 철수하는 방안을 선택키로 했다. 이에 따라 이제는 이 대통령이 이를 받아들이고 당초의 수락 조건을 수정해 더 이상의 조건을 새로 제기하지 말고 휴전협정을 수락하라는 의미이다. 미국 측이 밝힌 정치회담 철수 조건으로 '휴전협정 위반의 경우'는 당초 이승만 대통령이 요구한 조건에는 미달하는 것이었다. 이승만 대통령이 요구한 것은 정치회담 개최 90일이 지나도록 공산 측이 이를 악용해 한국 통일의 희망이 사라질 경우 한미 양국은 정치회담에서 대표를 철수시키고 통일을 위해 전투를 재개하자는 것이었다. 그러나 미국 측은 정치회담 철수 이후 통일을 위한 전투 재개 약속이 미국 의회만이 갖고 있는 선전 포고권의 행사에 해당된다 해서 완강하게 거부한 것이다.

이 때문에 언론 보도들은 앞으로의 한미 협상의 전망으로서 미국 측이 완강한 이승만 대통령과의 최후의 극적인 대결에 전력을 경주할 것으로 예측된다고 전망했다. 이 보도는 한미 양측의 태도 여하에 따라서는 위기가 절정에 도달하는 것이 시간문제라고 보고, 미국은 한국 측이 아무리 완강하게 반대하더라도 휴전을 추진하려는 미국의 결의를 꺾지는 못할 것이라고 경고하면서 로버트슨이 2일 '노(老)대통령과의 급속한 대결'로 돌진했다고 보도했다.[40] 그런데 이·로버트슨 회담이 거듭되면서 드러난 한미 양국 간의 입장 차이는 이에 그치지 않았다.

서울에서 제6차 한미 협상이 열린 7월 2일 워싱턴의 백악관에서는 제152차 안보협의회의가 개최되어 제3번째 의제로 한국 문제가, 제4번째 의제로 한국 휴전협정 체결 이후의 미국의 전략 문제가 각각 토의되었다. 참석자는 의장인 아이젠하워 대통령을 비롯해 닉슨 부통령과 국무장관대리, 국방장관대리, 재무장관, 법무장관, 주 유엔대사, 합참의장, 중앙정보국장, 대통령 안보담당 특별보좌관 등 아이젠하워 행정부의 안보 관련 핵심 관계자들이다.

아이젠하워 대통령은 이 자리에서 중공군이 한반도의 어느 쪽에 남아 있는 한 그들은 분명하고 순전한 침략자들(plain and simple aggressors)이라는 견해를 표명했다. 아이젠하워는 이어 자신은 이승만 대통령이 미국 측에 말썽들을 일으키고 있음에도 불구하고 그는 많은 점들을 검토해야 할 인물로 생각한다고 이승만을 평가했다. 그는 미국이 휴전을 추구하고 전쟁을 계속하기를 원하지 않는 진정한 이유는 전쟁을 한반도 밖으로 확대하지 않는 한 미국이 한반도에서 군사적으로 승리할 수 없다는 것을 알기 때문이라고 밝혔다. 따라서 중공이 한반도에서 침략자로 남아있는 한 미국은 우방들에게 중공과의 무역에 대한 제재를 완화하지 않도록 강력한 압력을 가해야 한다고 밝혔다.

이 문제에 관해 관련 각료들이 갑론을박, 자신들의 견해를 발표한 끝에 회의 참석자들은 6월 15일자 NSC 154호 결의 중 대중공 무역 관련 조항을 "한국 휴전 이후 우방들이 중공과의 무역 통제의 완화를 삼가도록 적극적인 설득을 계속한다"로 수정하기로 의견 일치를 보았다. 한국의 안전 문제에 관해서는 "한국의 안전 보장에 관해 대한민국 측의 상호주의적 역할이 있든 없든 미국은 필리핀, 오스트레일리아, 뉴질랜드와의 상호방위조약에 따라 수행하고 있는 역할과 유사한 약속을 이행한다"라는 조항을 신설했다. 또한 가능한 한 유엔의 각종 기구에서 대한민국 정부와 민주적 제도들을 계속 강화하도록 노력하고 대한민국의 경제 회복과 복구에 계속 기여한다"라는 구절을 신설했다. 또한 휴전협정 체결 이후 개최되는 정치회담에 관해서는 "대한민국 대표의 정치회담 참석과 회의 이전, 그리고 회의 도중에 대한민국과 충분한 협의를 행하며, 유엔에서 미국과 대한민국의 우선적인 이해를 적절하게 인정할 수 있도록 한국이 유엔대표부를 설치할 수 있는 동의를 얻도록 노력한다"라는 구절을 삽입했다. NSC 154호 결의의 이 같은 수정으로 대통령의 승인을 얻어 결의의 명칭을 NSC 154/1로 개칭했다.

이어서 이날 회의의 제5번째 의제인 '휴전협정 이후의 한국에 관련된 미국의 목표'가 토의되었다. 토의 모두에 NSC 157호에 들어 있는 한반도의 중립화 통일 방안에 대해 강력하게 반대하는 합동참모본부의 입장이 개진되었다. 브래들리 합참의장은 한반도의 중립화 통일 방안은 한반도의 비무장을 초래하기 때문에 정치회담에서 미국 대표가 회의 모두에 이를 제안하는 것은 아주 나쁜 전술이 될 것으로 믿는다고 주장했다.

그러나 아이젠하워 대통령은 즉시 이에 대한 반론을 제기하면서 상당히 효과적으로 무장한 스위스 같은 중립국의 예를 들었다. 그는 스웨덴 같은 '우리 쪽에 중립적인 국가들'이 갖는 많은 이점도 들었다. 아이젠하워 대통령은 그럼에도 불구하고 NSC 157호가 실제로 한국을 비무장 중립국가로 만들려는 것에는 반대하는 브래들리 장군의 견해에 찬성한다고 밝혔다. 이에 대해 브래들리 장군은 만약 한국이 중립화되더라도 무장을 하면 합참의 많은 반대 논점이 사라질 것이라고 밝혔다. 이에 대해 백악관 안보담당 특별보좌관은 NSC 157호는 실제로는 한국이 6~7개 사단 이상의 육군을 보유하는 것이 경제 규모에 비해 과중하기 때문에 현재보다 상당한 규모로 축소해서 한국을 무장시킬 것을 지향하고 있다고 설명했다.

카이스 국방차관은 중립 한국의 실제적인 수립이 세계의 다른 지역에 전례가 되지 않을까 우려된다고 밝혔다. 이 같은 예는 장기적으로 볼 때 대단히 위험하다는 사실로 밝혀질 것이라고 했다. 이에 대해 아이젠하워는 문제의 본질은 어떤 중립화된 나라가 적절한 방어를 하는 데 충분한 무장 군사력을 갖추었는지를 보는 것이라고 밝혔다. 브래들리 장군은 미국이 정치회담에 참석해서 이런 제안을 첫 번째로 들고 가는 것은 아주 빈약한 전술이될 것이라는 견해를 거듭 표명했다. 왜냐하면 공산권은 미국으로부터 더 많은 양보를 얻어내기 위해서 이 제안을 토론의 출발점으로 삼을 것이기 때문이다.

월터 스미스 국무차관은 합참본부가 제기한 이 제안에 대한 반대를 둘러싼 축조 토론을 벌이는데 노력했다. 스미스 차관에 의하면 첫째, 그는 이승만 대통령이 만약 자신에게 적절한 규모의 경찰력이나 무장단체 보유가 허용되면 공산주의자들의 전복 활동 봉쇄 문제를 충분히 다룰 수 있다고 확신하고 있다고 밝혔다. 이승만 자신은 공산주의자들이 이용한 수법을 사용하는 데 능숙하며 이 같은 생각은 그의 사후에나 변할 것이라고 스미스 차관은 주장했다. 그러나 스미스는 이것이 좋은 도박이라고 느낀다고 말했다.

합참이 제기한 두 번째 사항에 관해 스미스는 미국과 유엔의 위신에 이 제안이 끼칠 손해라는 관점에서 이런 논의가 타당성이 없다는 견해를 밝혔다. 반면에 통일한국은 미국과 유엔의 궁극적 목표이고, 비록 한국이 중립화되더라도 통일의 성취가 미국 편의 신뢰를 높이게 될 것이라고 그는 주장했다.

세 번째 사항에 관련해서 스미스 차관은 "우리가 만약 이를 허용한다면 한국의 중립화가 오로지 소련이 독일, 오스트리아, 인도차이나에서 이용할 선례가 될 위험성이 있다"고 전망했다.

네 번째 사항에 관해 미국의 한국 내의 기지 상실 가능성과 관련해서 스미스 차관은 이런 논의의 효용성에 대한 의문을 표시하고 합참은 항상 한국을 미국의 전략 지역으로 간주하지는 않았다고 지적했다.[41]

11. NSC 157-1(한국의 무장중립화통일방안) 채택

합참이 제기한 다섯 번째 사항, 즉 한국으로부터 미군의 철수 문제는 미국의 군사 공약을 감소하기보다는 일본에서 유지하려는 군사력에 오히려 도움이 된다는 점에 대해 스미스 차관 역시 강한 의문을 표명했다. 그는 미국의 군사력 철수가 현재의 극동지역에서의 미 군사력의 잘못된 배치를 시정하는 데 도움이 될 것이라고 주장했다. 조지 험프리 재무장관이 한국을 강력한 육군 없이 안전하게 유지하려는 것이 자신에게 얼마나 어렵게 인식되었는지에 관해 강조한 다음 회의는 공산주의자들이 NSC 157호가 건의한 그 같은 제안을 수락할 것이라는 개연성 문제의 토론으로 옮아갔다. 이 점에 관해 스미스 차관은 소련이 자국의 국경선에 가까운 지역에 외국 군사력이 존재하는 데 대해 갖는 전통적인 민감성에 대해 주목했다. 그는 공산주의자들에 의해 비록 정직보다는 기만적인 채널을 통해 그들에게 전달되기 마련이고, 그 첫 예가 미국의 경우이지만, 그 같은 제안을 받아들일 가능성이 있다고 보았다. 이 제안에 따라 남북한에서의 자유선거를 실시하고 그 같은 선거의 결과로서 중국과 소련의 공산주의자들에게는 달갑지 않은 비공산 정권의 출현도 가능하다는 것이다.

그러나 스미스 차관은 자신이 제시한 이유들 때문에 이런 제안이 수용될 기회가 있다고 보았다. 이어서 성명이 확실하게 기록되지 않은 어떤 참석자는 한국의 중립화에 관한 반응에 관해 우려를 표했다. 그 이유는 스스로 중립의 지위를 열망하는 것으로 보이는 일본이 한국의 중립화에 대해 갖는 반응 때문이다. 일본인들이 재무장을 회피하려는 구실로 한국에 대한 미국의 조치를 이용하지 않을까 물었다.[42] 이에 대해 답변에 나선 스미스 차관은 이것이 확실한 가능성이기는 하지만 자신은 일본인들의 자존심이 궁극적으로 일본을 재무장시킬 것이라고 밝혔다. 그는 나아가서 중립화된 한국의 무장의 문제를 제기했다. 명백히 공산주의자들은 중립화된 한국의 적절한 무장을 방지하기 위해 자신들의 모든 힘을 사용할 것이라고 했다. 따라서 미국이 바랄 수 있는 최선은 비록 전복 활동을 막을 적절한 힘의 한계를 가능한 한 증대해야 하지만 내부적 전복 활동으로부터 자국을 방어할 수 있는 충분한 무장력을 가진 국가가 한반도에 세워지는 것이라는 것이다.

아이젠하워 대통령은 미국이 중립화된 한국에서 공군기지를 포기하고 이들을 파괴할 것을 보장하는 경우 공산주의자들은 중립화된 한국의 어느 수준의 무장까지는 수용할 것 같다는 견해를 표명했다. 그는 공산주의자들은 한국에 보병사단과 경무장한 부대를 갖는 데 대해 어떤 우려도 없는 것으로 믿는다고 밝혔다. 공산주의자들이 진정으로 두려워하는 것은 공군의 공격이며, 공군의 공격뿐이라는 것이다. 통일되고 중립화된 한국의 무장 문제에 관한 계속된 토론 끝에 대통령은 통일된 한국이 '공격 능력 없는 군대'를 보유해야 한다는 정책 선언을 할 것이라고 암시했다.

그러나 브래들리 합참의장은 자신에게 중요한 문제는 통일 한국이 국내의 쿠데타를 방지하는 데 충분한 규모의 방위력을 갖출 경우 만약 소련이 대한민국에 대한 지배력을 장악하려고 의도하는 경우 공공연한 군사적 침략 행위를 감행하지 않을 수 없게 될 것이라고 예견했다. 대통령은 이어서 '강대국에 의한 공격 이외의 한국 영토 방위가 가능한 군사력'이라는 다른 용어를 쓰면서 이 문제를 설명했다. 그는 이어서 만약 중공이 신생 통일한국을 공격하기로 결정한다면 그들은 상당수의 군부대를 집결시키지 않을 수 없는데 이런 군대 집결이 전개되면 미국은 사전경고를 받게 되는 셈이라고 부언했다.

브래들리 합참의장은 NSC 157호가 미국이 회담에 들어갈 때 출발점으로서의 제안용으로 사용하는지, 아니면, 협상 과정에서 후퇴용으로 하는 것인지에 관해 물었다. 이에 대해 스미스 차관은 우리의 입장은 후자라고 대답했다. 그러나 아이젠하워 대통령은 이에 대해 "그 제안으로 후퇴하라"라고 말할 수 있지만 이 제안은 실제로는 한국 문제의 군사적 해결에 반대하는 진정한 정치적 해결의 가능성을 제공하는 것이라고 설명했다. 이어 닉슨 부통령은 한국에 대한 계속적인 경제 지원 가능성에 관해 질문했다. 스미스 차관은 한국에 경제 지원과 함께 약간의 군사 지원을 제공하는 것이 NSC 157호의 내용이라는 말로 질문에 답변했다.

토론 도중 카이스 국방차관이 방금 한국으로부터 받은 전문에 대한 국가안보회의의 답변을 듣기를 원한다고 말했다. 전문의 내용은 이승만 대통령이 현재의 행동 진로를 계속한다면 미국은 한국으로부터 철수하지 않을 수 없다는 것을 그에게 통고하는 문제에 관한 것이다. 카이스 차관이 말하기를 당장의 문제는 로버트슨 차관보가 귀국해야 하느냐는 것이었다. 스미스 차관은 미국이 이승만 대통령을 통제하지 못한 실패를 고백해 휴전 협상의 결렬에 대한 비난을 받기보다는 공산군이 고집불통이어서 회담이 결렬되었다고 휴전 협상 휴회시간에 그들을 비난할 수 있는 상황에 놓이게 될 약간의 희망이 보인다고 전망하고, 따라서 이 시점에서의 로버트슨의 귀국에 반대한다고 밝혔다.

아이젠하워 대통령은 현 상황의 가장 엄중한 측면은 만약 휴전 협상이 실패해 미국이 다시 한국에서 전투를 재개하지 않으면 안 된다면 미국은 더 이상 이승만 대통령을 신뢰할 만한 동맹으로 간주할 수 없게 되는 것이라고 강조했다. 이승만 대통령에 관해서 스미스 차관은 국가안보회의 참석자들이 이 박사의 장단점에 관해 로버트슨 차관보가 보내온 개인적인 보고서 요지를 들어보기를 희망하는가 여부를 물었다. 참석자들이 관심을 표명하자 스미스 차관은 이승만 대통령의 성격은 '명백한 덕목들과 심각한 단점들의 특이한 혼합'이라고 설명하는 로버트슨의 아주 신중한 이승만 성격 연구 보고서를 낭독했다.

아이젠하워 대통령은 미국이 한국을 떠날 준비가 아주 잘 되어 있다고 이승만에게 시사하기 위해 무슨 일이든 다 해도 좋다고 계속 회의 참석자들에게 암시했다. 그러나 상황의 진실은 미국이 실제로는 한국을 떠날 수 없다는 것이다. 대통령은, "우리는 절대로 이런 사실을 입으로 말해서는 안 된다. 그럴 가능성을 암시하는 행동들을 취해야 한다. 예컨대, 군부대나 보급품의 이동은 이승만 자신에게는 영향을 미치지 못할지라도 한국 국민들에게는 어떤 영향을 끼칠 것이다. 만약 그렇다면 그것은 이승만에게 영향을 줄 심각한 움직임이다"라고 말했다. 이날 국가안보회의는 NSC 157호의 내용을 다음과 같이 수정하고 그 명칭도 NSC 157/1로 변경했다.[43]

그 주된 내용은 대한민국의 체제 아래서 통일되고 중립화된 한국을 만드는 것이 미국의 목표가 되어야 한다는 것이다. 이 같은 목표는 한국으로부터 미군 기지를 철수하고 한국과 상호방위조약을 체결하지 않는다는 미국의 동의와 교환 조건으로 해서 미국식 정치적 성향 아래 통일한국을 인정하겠다는 공산국들의 동의를 수반하게 한다. 이들 목표는 또한 대한민국 체제 아래 통일한국의 영토와 정체의 보전과 대한민국의 유엔 가입과 국내 안보에 충분하고 강대국의 침략이 없는 한 영토 방위가 가능한 국군(의 보유)을 포함한다는 내용이다.[44] 상세한 내용은 제Ⅴ장에서 설명한다

12. 로버트슨, 한국군 20만으로 증강 약속

로버트슨 특사는 7월 1일자 이승만 대통령 서한을 받은 다음 3일 아침 경무대를 방문하고 덜레스 장관이 그에게 내린 훈령에 따라 2일자로 된 자신의 서한과 비망록을 전달했다. 비망록은 로버트슨과 이승만이 그 동안 대화에서 상호 이해에 도달한 내용을 문서화한 것이라고 로버트슨은 말했다. 그가 이날 자로 국무부에 올린 보고서에 의하면 이 서한과 비망록은 미국이 이승만의 동의를 얻어내기 위해 최종적인 입장을 정리한 것이다.

비망록의 골자는 미국은 대한민국을 지원하기 위해 ① 미국과 필리핀 정부 간의 상호방위조약의 기본원칙에 입각한 한미상호방위조약을 체결하고, ② 대한민국 국군을 약 20개 사단 수준의 지상군과 이를 지원하는 공군 및 해군을 보유하도록 지원하며, ③ 경제적 지원과 군사적 지원을 위한 종합계획을 수립하고, ④ 휴전협정 발효 이후 90일 이내에 열릴 정치회담에서 긴밀한 한미협의를 하며, ⑤ 정치회담 개최 후 90일 내에 성과를 이룩하지 못하고 공산군 측에 악용되는 경우 양국은 정치회담에서 철수할 준비를 갖추고 다음 조치를 협의한다.

한국 정부는 그 내용에 찬성한다고 답하고 특히 다음 두 가지 사항을 추가로 명시했다. 즉, ① 현재 유엔군 사령부에 구금되어 있는 반공포로들을 비무장지대로 이송하는 데 협력하며, 이들은 중립국 송환위원회에 인계되어 양측의 공동 심문을 받아 송환 희망자는 공산국으로 돌아가게 하고, 한국에 남기로 희망하는 포로는 석방될 것이며, 현재 유엔군 사령부에 구금되어 있는 중공 출신 반공 포로들은 한국 정부가 중립국 송환위원회에 이송하는 데 협력하며, ② 대한민국 국군은 양국이 더 이상 불필요하다고 합의할 때까지 유엔군 사령관 휘하에 존치시키는 데 동의한다는 것이다.[45]

미국 측은 한국 정부의 답변을 듣고 새로 내용을 수정된 비망록을 한국 측에 전달해왔다. 수정된 내용은 당초의 로버트슨 비망록 가운데 한국군 증강 계획에 관련된 부분 중 '이를 지원하는 공군 및 해군'이라는 대목의 '지원하는'이라는 표현을 삭제했다. 그 이유는 육군의 대폭 증강에 균형을 맞춘다는 의미로 해석될 수 있어 공군과 해군을 현재보다 대폭 증강한다는 암시를 줄 우려가 있기 때문이라 했다. 그리고 한국군에 대한 지휘권에 관련해서 '유엔군 사령관 휘하에 둔다'는 구절이 한국 측의 반발 가능성을 감안해서 그 시기를 미국과 대한민국 정부가 더 이상 불필요하다고 합의할 때까지로 한정하고, 그 내용도 '유엔군 사령관의 작전통제권 아래'라고 수정한 것이다.[46]

로버트슨 특사가 이승만 대통령에게 보낸 7월 2일자 서한은 앞에서 설명한 그의 비망록에서 약속한 조치들을 결정하게 된 배경을 설명하는 것이 주된 내용이다. 이 서한은 양국 대표들의 정치회담 철수 문제에 관해 미국이 타국의 토의에 제한을 강요할 수 없으나 만약 90일의 기간이 끝날 때까지 독립되고 통일된 한국에 관한 합의를 성취하려는 양국의 시도가 좌절되고 회의가 공산주의자들의 한국 침투, 선전화, 그리고 다른 방식에 의해 악용될 경우 미국은 한국과 함께 즉각 회의에서 철수할 용의가 있으며, 바람직한 통일을 성취하기 위한 다음 단계의 행동 절차를 즉각 협의할 준비를 할 것이라는 아이젠하워 대통령의 재가가 내렸다고 밝혔다. 그러나 미국이 한국의 통일이 성취될 때까지 전투를 재개하겠다는 확실한 다짐을 하라는 이승만 대통령의 요구에 대해서는 아이젠하워 대통령이 법적으로 그 같은 약속을 할 수가 없는 이유로 현재 미국은 유엔의 결의에 따라 침략자와 싸우기 위해 유엔군의 일원으로 한국에 와 있으며 이 대통령이 요구한 미국 정부의 독립된 행동은 오직 의회만이 권한을 갖고 있는 선전 포고가 필요하다고 설명했다. 로버트슨은 서한 말미에 "본인은 현재 우리 앞에 놓인 상황이 대통령님의 관점에서건 미국의 관점에서건 결코 이상적인 것이 아님을 잘 알고 있습니다. 그러나 본인은 대통령님이 통일 독립 한국이라는 목표를 성취하는 데 있어서 홀로 투쟁해서 성취하는 것보다 동맹국인 미국과 함께 일하는 보다 강력한 입장에 계시다는 사실이 대통령님에게 명백해지기를 열성적으로 희망합니다"라고 정중하게 이 대통령의 양해를 구했다.[47]

이에 대해 이승만은 1950년에 트루먼이 한국전쟁에 참전했을 때는 의회의 동의를 얻지 않았다고 반박하고, 정전이나 휴전은 오직 잠정적인 합의이므로 그것이 깨어졌을 경우 진행 중인 전쟁을 회복하는 것이므로 의회의 새로운 선전 포고가 필요 없다고 반박했다.[48]

7월 2일 클라크 유엔군 사령관이 찰스 윌슨 국방장관에게 흥미 있는 보고 전문을 보냈다. 이 전문은 즉각 덜레스 국무장관에게도 회람되었다. 클라크는 이 전문에서 이승만 대통령이 미국 정부가 최대한의 양보를 한 것이 명확해질 때까지 휴전협정의 시행을 저지하기 위해 그의 능력을 총 발휘해 허세를 부리고 지연시키고 곤란스럽게 하고 휴전협정의 체결을 방해할 것이라는 점이 한동안 자신의 확고한 확신이었으며 현재도 그렇다고 밝혔다. 그리고 그는 이어 비록 이승만이 허세를 부리는 면이 상당히 있기는 하지만 이승만이 그의 입장을 어느 정도까지 양보할지 예측하는 것은 불가능하다고 전제한 다음, 만약 그의 주된 요구가 만족되지 않는다면 휴전 이전 또는 이후 언제든지 그의 능력을 최고로 발휘해서 미국 정부를 괴롭히는 행동을 계속할 것이라고 전망했다. 클라크는 자신의 느낌으로는 미국 대통령이 이승만에게 최대한의 양보를 했으므로 이승만이 이 사실을 빨리 깨달을수록 상황이 그만큼 더 좋아질 것이라고 내다보았다. 그는 이어 "본관은 확신컨대 이승만이 보다 권위 있는 특사들을 파견해 달라는 요구를 해서 워싱턴의 묵인을 얻을 수 있으리라고 느끼는 그만큼 더 많이 미국 정부의 노력을 사보타주할 수 있을 것"이라고 주장했다.

클라크는 이어 로버트슨 차관보의 업무 수행 성과를 평가했다. 그는 로버트슨이 현재의 임무를 잘 수행함으로써 측량할 수 없을 정도의 값진 기여를 하고 있다고 평가하고, 그가 미국 정부의 입장을 효과적이고 용감하게 (이승만에게) 전달했음에도 불구하고 이 점과 관련해서 대한민국 정부는 잘 알려져 있는 자신들의 목적을 위해 그들과 친근한 보도기관을 통해 로버트슨 차관보가 충분한 권한을 부여받지 못했다고 흘리고 있다고 주장했다.[49]

2일자 UP통신은 다음과 같은 기사를 보도했다고 썼다. "로버트슨 사절단은 한국 정부가 요구하고 있는 그 같은 중대한 문제를 결정할 충분한 권한을 부여받지 못했음이 명백한 것 같다고 이승만에 친근한 한 한국 관리가 전했다. 다른 한국 관리는 로버트슨 사절단이 너무도 많은 문제들에 대해 워싱턴에 문의하고 있다고 말하고, 이 같은 사태가 양국 간 협의를 질질 끌게 하고 시간을 소모케 하고 있다고 주장했다. 이 같은 불평들에 수반해 한국 측이 아이젠하워 대통령에게 이승만과 회담할 고위직의 대표를 파견해 주기를 희망하고 있는지도 모른다. 그러나 현재까지는 한국 측이 누가 미국 대표단을 이끌지를 희망하는지에 대한 암시는 없었다"고 설명했다는 것이다.

클라크는 추가로 이승만이 그의 대미 협상 방식을 통해서, 그리고 미국으로 하여금 자신의 희망을 들어주게 강요하는 그의 외교 솜씨를 통해서 한국 대중들 사이에 체면을 세우고 있다는 정보들을 보고했다. 클라크는 로버트슨이 그에게 보내온 보고를 첨부했다. 로버트슨의 보고는 "본인의 의견으로는 이승만은 허세를 부리는 것이 아닙니다. 그는 진지하게 그의 주장을 펴고 있습니다"라고 했다. 그러면서 클라크는 로버트슨이 제시한 계획에 논평하면서 이승만이 계속 협조를 하지 않으면 유엔 사령부는 한국으로부터 철수할 것이라는 점을 알리고 이 점을 이승만 뿐 아니라 이런 사실이 한국군 고급지휘관에게 알려지면 그들로 하여금 모종의 행동을 취할지 모른다는 점이 이승만에게 어떤 영향을 미칠 수 있다는 점에 동의한다면서 이 점과 관련해서 7월 1일 자신이 그의 사령부에서 휘하 군 지휘관회의를 소집했다고 보고했다. 회의 참석자들 중에는 콜린스 육군참모총장, 테일러 주한 미군 사령관도 포함되어 있다. 이날 회의의 목적은 ① 그 같은 회의가 토쿄에서 개최되는 데 따르는 한국에 주는 심리적 영향, ② 회의 개최 기간 중 콜린스 육군참모총장이 참석하는 이점, ③ 행동을 개시하기 위한 철저한 검토와 분석을 본인에게 가능케 하는 데 있었다. 클라크 장군은 이 계획에 관련해 협력하기로 한 CIA 측과도 협의를 마쳤다고 보고하면서, 이 계획의 세부 내용은 앞으로 며칠간 발생한 사건들로부터 큰 영향을 받게 될 것이라고 밝혔다. 즉 미국이 그 시기에 휴전협정을 체결한다면 이승만과의 대결에서 첫 고비를 겨우 넘는 것이 된다는 것이다. 이승만은 계속 말썽꾼 노릇을 할 것이므로 그의 방해 작전 계획에 대처하는 미국의 노력을 계속해야 할 것이라고 클라크는 강조했다.[50]

클라크는 이어서 로버트슨 차관보가 "만약 우리가 실제로 유엔군을 한국으로부터 철수할 의도가 없다면 그런 위협을 하는 것은 바람직스럽지 않으며 이승만은 열성적이고 비이성적이며 비논리적인 광신자이므로 우리의 위협에 정면으로 대응할 것"이라고 했는데, 자신도 여기에 동의한다고 밝혔다. 클라크는 유엔군의 철수 능력도 없이 그런 위협을 하는 것은 위험하다는 로버트슨의 견해에 동의한다는 것이다. 그러나 그는 한국으로부터 유엔군의 철수라는 의도가 없다는 반복된 약속에도 불구하고 적절하게 소문을 퍼트리고 공개적인 행동과 조화될 수 있다면 그 같은 위협이 목적을 달성하는 데 도움이 되는 과정이 될 수도 있다고 보았다. 클라크는 이와 관련해서 이미 제187 전투 부대를 일본으로부터 한국으로 이동 완료했으며, 24사단 제34 전투대대를 한국에서 해체하고 24사단의 잔여 병력도 앞으로 그렇게 할 예정이라고 밝혔다. 그는 또한 한국군 4개 사단의 추가 실전 배치 계획은 추진되고 있으며 일부 한국 육군 장교들도 이 계획 수립에 참여하고 있으나 현재 이들 사단들의 문서상 실전 배치 계획의 발표를 보류하고 있으며, 경우에 따라서는 이 같은 계획의 취소를 고려할 수도 있다는 사실을 (한국 측에 대해) 심리적으로 활용할 수 있다고 생각한다는 것이다.

이승만 대통령이 휴전협정을 방해하는 것을 저지할 수 있는 한국군의 능력과 그럴 가능성에 대한 평가 문제에 대해서는 테일러 8군사령관과도 이미 장시간동안 협의를 했지만 테일러 장군의 견해로는 그러한 작전은 가능은 하지만 있을 것 같지는 않다고 말했다는 것이다. 그의 느낌으로는, 그리고 클라크도 동의하는 바지만, 미국 측이 신뢰하는 한국군 사령관들이 자신들의 목을 걸려는 모험을 하지 않으려 한다는 것이다. 그는 이어 미국이 한국으로부터 어쩔 수 없이 철수하지 않을 수 없다는 인식을 심어주기 위해서로 조화되는 세 가지 행동으로 이루어지는 1개의 연속적 행동을 한국에서 행하는 계획을 수립해 보았다고 보고했다. 첫째 작전-현재 이미 진행되고 있지만- 유엔사 철수라는 개념을 주입하기 위한 행동과 계획의 과정을 토의하기 위한 주한 미 육·해·공 3군 사령관들의 회의 개최이고, 둘째 과정은 주한미군과 한국군의 핵심 사령관들 간의 고위 회담이다. 회의가 개최되면 8군사령관 테일러 장군이 그 동안 유엔군 사령부는 철수해야 한다고 이승만 대통령이 자주 표명하는 생각에 근거해서 유엔군이 철수할 때 한국군이 전 전선을 인수받는 계획을 수립할 필요성을 마음속에 가져야 한다는 것을 한국군 대표들에게 솔직하게, 그리고 비밀로 표시해야 한다. 세 번째 행동은 미군과 한국군 사령관 사이의 개별적 회담이다.

만약 로버트슨 차관보의 임무가 성과 없이 끝나는 경우에는 덜레스 장관의 서한이 다른 정부 대표들의 성명들과 함께 공표되기를 클라크는 강력하게 건의했다. 최근의 협상에 관련된 발표들은 일방적이었으며, 정보의 대부분이 편향되었고, 이승만으로부터 나온 것으로, 미국 쪽의 이야기들이 워싱턴으로부터 나와야 할 적절한 시기가 왔다는 것이다. 국무장관의 서한에 추가해서 발표해야 할 미국 측 성명에는 그 동안 미국이 이승만의 요구에 응한 양보들, 6월 28일자 그의 비망록에 들어 있는 '부당한 답변', 그가 휴전협정 체결을 막기 위해 고안한 지연 전술도 포함되어야 하며, 휴전 협상이 방해받는 동안 발생한 유엔군 측의 막심한 피해 상황도 표시되어야 한다고 클라크는 주장했다.

그는 또한 한국에 파견된 타스카(Tasca) 경제 사절단의 건의에 관한 정보들도 공표하지 말고 보류할 것을 고려해야 하며, 타스카 건의들이 검토되지 않을 것이라는 정보를 흘릴 것도 아울러 검토해야 한다고 건의했다. 그는 아마도 대한민국에 대한 최대의 압력은 경제 분야에서 작동될 수 있을 것이라고 주장했다. 이상이 클라크의 보고서 요지이다.[51]

로버트슨 특사는 7월 3일 국무부에 보고서를 올리고 브릭스 주한 대사가 미국과 다른 강대국들이 보장한 한국의 중립화 문제에 대한 이승만의 의견을 타진하는 것은 다음과 같은 이유에서 바람직하지 않은 것으로 느끼고 있다고 보고했다. 이 보고서는 덜레스 국무장관이 7월 1일자 훈령에서 통일 중립 한국에 대한 이승만의 태도에 관련된 인상을 문의한 데 대한 회답 전문이다.

① 이승만은 그 같은 관심의 표명을 기회가 생기는 대로 한국을 유기하려는 신호로 해석할 것이다.

② 이승만은 우리들의 문제 제기를 우리가 방위조약에 규정된 특정한 주요 보장을 다자간 약속의 미국 지분을 대표하는 특정의 작은 문제와 교환하려고 계획하고 있는 것으로 간주할 수도 있다.

③ 한국의 중립화는 의심할 여지없이 한국의 국군을 현재의 양적 수준에서 단순한 경찰력 수준으로 감축하는 것으로 해석된다는 사실이 그에게 초조감을 더하게 한다.[52]

로버트슨은 자신의 개인 의견으로는 이 같은 주제는 평상의 대화에서 우리들의 관계에 손상을 주지 않고 시도될 수 있는 것으로 본다고 밝혔다. "이승만은 본인과의 대화에서 한국이 1905년에 을사보호조약이 체결된 때처럼 다른 강대국에 의해 희생될지 모른다는 우려를 가끔 표명했다. 그 같은 그의 기분을 이용해서 그가 현재 고려되고 있는 것 같은 미국과의 상호방위조약보다는 미국과 다른 강대국들이 공동으로 보장하는 중립화를 선호하는지를 그에게 물어볼 필요가 있다. 만약 우리들의 관점에서 그 같은 중립화가 최선의 해결방안으로 보인다면 우리가 그의 태도를 감지해 보지 않을 이유가 없다고 본다. 만약 장관께서 그의 입장을 타진해 보기로 결정한다면 그가 방위조약에 대한 어떤 결정에 도달하기 전에 해야 한다"고 로버

트슨은 보고했다.[53]

제7차 이승만 · 로버트슨 회담

13. 미 국무부, 로버트슨에 철수 훈령

제7차 이승만·로버트슨 회담은 7월 3일 오전 10시 30분부터 11시 20분경까지 경무대에서 열렸다. 로버트슨 특사는 이날 머피 유엔사 휴전 협상 담당고문과 브릭스 주한 미국 대사를 대동하고 이승만 대통령과 만났다.[54]

4일 언론 보도는 3일의 제7차 회담에서 로버트슨 특사가 다시 한 번 이 대통령에게 미국은 휴전에 있어서 한국이 유엔과 행동을 같이할 것을 원하고 있다고 강조하고, 한국이 휴전에 참가하지 않을지라도 미국은 휴전을 추진시킬 계획이라고 경고했다고 전했다. 이에 대해 이승만은 90일간의 정치 회담에서 한국의 통일 문제가 해결되지 않을 경우 한국은 단독으로 무력 통일에 나설 것이며, 미국도 회의를 보이콧하고 전투를 재개하겠다는 보장을 하라고 요구했다고 보도했다.[55]

이날 UP통신은 로버트슨이 이 대통령의 1일자 서한에 대한 답신을 전달했다고 보도했다. 그 내용은 ① 자신이 이끌고 있는 사절단은 미국의 최종적 입장을 제시할 충분한 권한을 보유하고 있고, ② 미국 대표 일행은 회담을 우호적인 입장에서 추진시키기를 희망하고 있으나 가일층 확고한 태도를 취하고 있으며, ③ 미국과 유엔은 이 대통령의 협조 여하를 막론하고 휴전 계획을 추진하겠다는 것으로 알려졌다.[56]

이날 약 50분 동안 이승만과 회담을 가진 로버트슨은 기자들에게 회담은 계속하고 있다고 말하면서 그 이상 언급하기를 주저했다. 그는 다음 회담의 개최 시기에 대해서도 회답을 회피했다. 회담 하루 뒤인 4일자 《동아일보》

는 만약 이승만 대통령이 휴전 문제에 관련해 강경한 태도를 계속한다면 로버트슨 특사의 임무는 머지않아 끝나게 될 것이라고 전망했다. 일부 외신 보도는 한 걸음 더 나아가 이승만 대통령이 태도를 변경하지 않는 한 로버트슨 특사는 3일이나 4일 중으로 한국을 떠나 워싱턴으로 향할 것으로 알려졌다고 전했다.[57]

이승만 대통령은 코너에 몰렸다. 그렇다면 그는 미국 측의 휴전협상 단독 강행 의지 표명 앞에서 속수무책으로 따라갈 수밖에 없는가. 《동아일보》는 이에 관련된 AP통신의 '한국 측 휴전 반대 5개 방안'을 실어 국제사회의 비상한 관심을 끌었다. 이 방안의 내용은 ① 대한민국은 미국 보초병의 총탄을 뚫고 들어가서 아직 포로수용소에 억류되어 있는 8,000명의 반공 포로를 석방할 것이다, ② 일선의 한국군 보병부대들은 휴전이 성립되면 모든 병사가 그렇게 하기로 되어 있는 2km의 철수(규정)에 복종하지 않음으로써 일선에서 전반적 혼란을 야기할 것이다, ③ 그렇게 되면 철수 규정을 준수한 유엔군 부대 등은 측배(側背) 양면으로부터 게릴라 공격을 받기 쉬운 위치에 놓이게 될 것이다, ④ 부산 및 인천의 한국인 항만 노동자들은 유엔군에 대한 보급물자의 양륙 및 적재를 거부할 것이다, ⑤ 한국 내의 철로를 유엔군이 돌연 사용할 수 없게 될 것이다 등이다.[58]

이날 회담에서 로버트슨은 거듭 미국 대통령은 직권상 외국의 전쟁에 참전할 헌법상 권한이 없으므로 한국에서 전투 재개를 하려면 의회의 승인이 필요하다고 말했다. 따라서 미국이 단독으로 행동하는 경우에는 유엔의 지지라는 혜택도 없을 것이라고 말했다.[59]

7월 3일 이승만 대통령과 브릭스 주한 미국 대사는 이튿날의 미국독립기념일을 하루 앞두고 각각 경축 메시지를 발표했다. 이 대통령은 미 국민에게 보내는 메시지에서 한국은 하나의 민주주의적 세계가 실현될 때까지 결코 전투를 포기하지 않을 것이라고 선언했다. 브릭스 대사는 이승만 대통령에게 보낸 메시지에서 조국을 방위하기 위해 불굴의 용기를 보인 한국 국민에게 미국 국민이 신의 가호가 있기를 빈다면서 동시에 한국의 영속적인 평화를 위해 휴전을 통해 자유통일을 이룩하기를 빈다고 촉구했다.[60]

이승만·로버트슨 협상의 교착 상태가 계속되면서 로버트슨 특사의 소환설이 나도는 가운데 드디어 미 국무부로부터 로버트슨에게 이승만 대통령과의 협상을 중단하고 귀국해도 좋다는 강경한 훈령이 3일 서울로 날아왔다. 스미스 국무장관대리 명의로 된 훈령 전문은 다음과 같다.

만약 귀관의 7월 3일자 비망록과 서한에 대한 이승만 대통령의 회답이 여전히 만족스럽지 못하다면 귀관의 계속적인 (서울) 체류가 유익한 결과에 이바지하지 못할 것이라고 귀관이 느끼는 경우 귀관이 그곳을 떠날 시기가 온 것 같다. 귀관의 출발 시간에 맞추어 다음 사항들과 관련해 취할 행동방침에 관한 판단과 건의(를 올리면 이에 대해)에 감사하겠음.

① 귀관의 철수가 이승만 대통령과 대한민국의 정치 군사 지도자들에게 최대한의 충격을 주도록 귀관의 출발과 행동에 관해 유엔군 사령관과 보조를 맞출 것인가.
② 이승만에게 제시된 조건들에 대해 그가 계속적으로 찬성을 거부할 경우 귀관이 그의 협력을 얻기 위해 그에게 제공된 제안들이 귀관의 귀국과 함께 철회된 것으로 간주될 것을 그에게 어떻게, 그리고 어느 한도까지 명백하게 할 것인가.

③ 이승만의 현재 행동 노선이 유엔군 사령부로 하여금 아이젠하워 대통령의 6월 18일자 서한에 적시된 '별도의 합의'가 필요하게 만든 사실과 유엔군 사령관이 이 점에 관해 필요한 조치를 취하도록 허가받은 사실을 그(이승만)에게 어떻게, 그리고 어느 한도까지 설명할 것인가.

스미스 장관대리의 이날 훈령에는 별도의 홍보 대책도 아울러 포함되어 있었다. 국무부가 국내외 여론, 특히 한국 국내의 반응에 그만큼 민감했기 때문이었다. 스미스 장관대리가 로버트슨에게 다음 사항을 보고하라면서 내린 홍보 관련 지침은 이렇다.

귀관이 출발 시간에 맞추어 행할 홍보의 측면에 관련해서 귀관이 발표할 공식 성명에 관한, 그리고 어느 한도까지 다음 사항을 포함시킬 것인가에 대한 귀관의 견해.
① 이승만이 계속 완고한 입장을 취해 휴전협정의 체결과 시행에 협력하겠다는 다짐을 거부하는 동안 미국이 이승만의 견해에 대응하기 위해 준비한 상세하고 아주 긴 장문의 내용.
② 이승만이 사소한 문제에 관해 양보하는 한편 만약 정치회담이 휴전협정 이후 90일 내에 통일 문제에 합의하지 못하는 경우에 통일을 위한 적대 행위를 회복시키기로 약속할 것을 그가 주장한 사실. 이승만의 제안은 휴전협정이 확고하지 않고 유엔군사령부가 지속적으로 공산군 측에 요구해온 적대 행위의 종결을 강제하지 못한 채 어느 일방의 의지에 따라 깨어질 수 있는 임시적인 휴전일 뿐이라는 사실을 의미한다. 휴전협정 체결은 침략을 격퇴함으로써 한국에서의 유엔의 목표를 성공적으로 달성했음을 의미한다는 내용. 대한민국이

모든 평화적인 수단을 다해 한국의 통일을 달성하기 위해 미국은 결의할 것이라는 사실.

③ 이승만이 거부한 미국의 관대하고 광범위한 제안이 이번에 철회된다는 사실.

④ 유엔군사령부는 클라크 장군의 6월 29일자 서한에 기초해서 공산 측과 휴전을 추구하는 것을 계속한다는 사실.

⑤ 이승만에게 보낸 덜레스 장관의 6월 22일자 서한과 귀관이 적당하다고 생각하는 귀관의 유사한 통신 내용.

⑥ 앞서 말한 대로 귀관이 적절하다고 생각하는 정도의 상세한 내용의 배경 설명을 위한 기자 회견에 의한 보완.

스미스 장관대리의 훈령은 이상의 여러 사항에 대한 다른 의견과 건의를 해 주면 감사하겠다고 밝히면서 그럴 경우 아이젠하워 대통령에게 제출할 적절한 건의를 할 수 있을 것이라고 밝히며 이를 위해 로버트슨이 취할 조치와 조화될 수 있는 필요한 조치를 건의해 달라고 요청했다.[61]

14. 한국의 휴전 반대 대책 협의

이날(7월 3일) 워싱턴에서는 국무부와 합동참모부 연석회의가 열렸다. 휴전 후 한국군이 일방적 행동을 취해 전투 재개를 하는 경우를 가상한 토의가 많았다. 먼저 콜린스 육군참모총장의 한국 출장 결과에 관련된 브리핑이 있었다. 그는 자신이 한국을 방문할 당시에는 미국 측의 어느 누구도 이승만에게 그가 만약 휴전협상을 반대하면 주한미군이 철수한다고 말하지 않았다고 밝힌 다음, 이승만은 미국이 진짜로 미군을 철수시킬 것이라고 확신하지 않는 한 휴전협상 반대를 계속할 것으로 보인다고 모두 발언에서 밝혔다.

콜린스 장군은 또한 자신이 대구에서 헤런(Thomas W. Herren) 한국통신구역사령관과 혹시 이승만 대통령이 장제스 중국 국민당 정부 총통의 요청으로 중공군 포로를 석방할 가능성에 대비한 필요한 조치를 토의했다고 밝혔다. 헤런 장군은 이승만이 그 전보다 더 완벽하게 한국 국민들을 장악하고 있다고 콜린스 장군에게 보고했다. 콜린스는 이어 클라크 장군에게는 거제도 포로수용소의 경비를 강화하라고 지시했다고 말했다. 콜린스 장군은 또한 일선에서는 미군과 한국군 간의 긴밀한 관계에 아무 이상이 없는 것을 발견했다고 말했다. 그는 또한 백선엽 장군과도 몇 차례 만났으나 클라크 장군과 테일러 8군사령관 등이 느끼기에는 그가 아주 친미적이지만 미국과 이승만 대통령 간에 일이 벌어졌을 경우 미국 측에 도움을 줄 의향이나 능력은 없다고 콜린스는 밝혔다.

이에 대해 매튜스 국무부 차관보는 "그 말씀은 어떤 일이 벌어지더라도 백선엽이 이승만의 명령에 복종한다는 뜻입니까?"라고 물었다. 콜린스는 "그렇습니다. 아마 그럴 겁니다. 다만 내 개인 느낌으로는 그가 미군에 대해 적대행위를 하라는 명령은 수행하지 않을 것입니다"라고 대답했다. 콜린스 장군은 일선에서 서울로 와서 이승만 대통령이 베푼 만찬에 초대되어 한국군 사단들이 아주 잘 싸우고 있으나 일부 사단은 사기가 떨어져 있더라고 말하자 이승만은 "만약 우리가 현 전선에서 머물지 않고 전진을 한다면 그들의 사기는 승리의 기분으로 가득 찰 것"이라고 답했다고 했다. 콜린스는 대한민국 측에 미군이 철수할지도 모른다는 것을 확신시키려고 노력해야 할 시점에 관련해 고급지휘관회의를 소집하는 것이 유용할 것이라고 말했다. 또한 테일러 사령관은 이승만이 휴전 협상에 동의하지 않을 경우 곧 한국군 육해공군 사령관 회의를 소집해서 한국군이 일선에서 유엔군의 임무를 인수하는 문제의 협의를 개시할 것이며, 그 후에 2명의 한국군 군단장을 포함한 그의 휘하 모든 군단장들을 소집해서 같은 문제를 협의하기로 결정되었다고 콜린스는 밝혔다.

매튜스 차관보는 이승만과의 문제가 미군의 사기에 어떤 영향을 주느냐고 다시 질문했다. 콜린스는 사기가 떨어졌다는 아무런 증거도 없다고 답변하면서 10군단 관할 밖의 아측의 전초기지 하나가 적에게 점령된 것을 그지역 고지 전부가 빼앗긴 것처럼 미군의 손실을 계속 과장 보도하는 언론이 엉망이라고 주장했다. 그리고 이승만이 로버트슨과 합의에 이르지 못하면보다 고위의 특사가 와서 회담하면 미국의 양보를 얻을 수 있다고 생각해로버트슨과는 협상을 하지 않으려 한다면서 곧 미국의 고위급 특사단이 올것이라는 식의 과장보도를 하는 미국 언론 보도가 위험하다고 주장했다.

브래들리 합참의장이 "실제로 휴전협정이 체결된다면 어떤 일이 일어날까요?" 하고 묻자 콜린스 육군참모총장은 "본인 생각으로 우리가 해야 할첫째 일은 미군의 공고한 전선을 만들기 위해 제40사단과 제45사단을 서부전선으로 이동하고 한국군을 현재의 미군지역으로부터 동부전선으로 이동시키는 것입니다. 백선엽 장군은 전선의 오른쪽 부분을 인계받아야 할 것입니다. 만약 한국군이 휴전협정 체결 이후에 공격을 개시한다면 그들은 아무곳도 획득하지 못할 것이며 공산군 측도 이를 알고 있습니다"라고 답변했다. 이에 대해 존슨 국무부 부차관보가 "만약 공산군이 진짜로 반격해서 한국군의 후방을 석권하고 계속 전진하면 어떻게 되지요?"라고 반문하자 콜린스는 이렇게 답했다. "클라크 유엔군 총사령관이 거의 모든 비상사태에 대한 계획을 갖고 있습니다. 클라크 장군은 장차 일어날 수 있는 거의 모든 사태에 대비한 각종 다양한 계획들을 갖고 있습니다. 몇 가지 문제, 예컨대 완전 철수의 경우 장비의 몇 퍼센트를 희생시킬 것인가에 대해서 이 연석회의의 허가를 필요로 합니다. 만약 미군 장비의 75%를 희생시키는 경우에는 최소한 45일간의 철수기간을 산정할 것입니다. 만약 모든 장비를 갖고 철수한다면 6~9개월이 소요될 것입니다"[62]

제8차 이승만 · 로버트슨 회담

15. 미국 측, 조약 비준 난관을 경고

드디어 7월 4일 오후 2시 30분부터 3시 50분까지 1시간 20분간 청와대에서 제8차 이·로버트슨 회담이 개최되었다. 한국 측에서는 이승만 대통령, 백두진 국무총리, 변영태 외무장관이, 미국 측에서는 로버트슨 특사, 케네스 영 국무부 북동아국장이 참석했다. 로버트슨은 귀국하지 않고 한국에 머물면서 결실을 보고자 이날 회의에 참석했다. 그가 다음 주에 기자단과 회견을 갖겠다고 약속한 점으로 미루어 그의 조기귀국설은 완전히 일소되었다고 언론들이 보도했다. 그러나 이날 회의가 끝나자 로버트슨 특사는 회담 내용에 관해 일언반구도 하지 않고 미 대사관 쪽으로 사라졌다.[63]

이날 회담 내용이 언론에 보도되지 않은 점으로 보아 이승만 대통령이 정치회담이 실패하는 경우 미국의 전투 재개 참여를 약속하라는 요구를 둘러싼 양측의 이견 해소 노력에 별다른 성과가 없었던 것으로 짐작된다. 다만 로버트슨 특사가 "한국 휴전을 교착시키고 있는 의견 차이를 타개하기 위해 이 대통령과 또다시 회담하고 만족할만한 타협점에 도달할 것이라는 희망을 가지게 되었으며 일요일인 다음날(5일)에도 회담을 할 것"이라고 말했다고 5일자 《동아일보》가 외신 기사를 인용해서 보도했다.[64]

또한 이 신문은 이날 아침 이승만 대통령이 참석한 가운데 개최된 2시간 동안의 각료회의에 참석한 변영태 외무장관이 이·로버트슨 단독 면담으로 열리는 제8차 회담 장소인 경무대로 떠나기 전에 성명을 내고 "이 대통령은 휴전 후의 정치회담이 90일 이내에 한국 통일을 해결하지 못할 때 전투를 재개하는 데 관한 미국의 보장을 요구하는 그의 입장을 포기하지 않는다"고 밝혔다고 보도했다. 그는 이어 "우리들이 아직도 토의를 계속하고 있다는 사실 그 자체가 (이승만·로버트슨) 회담이 절망적인 것이 아님을 증명하고 있다"고 말했다. 이 보도는 또한 "정통한 한국 소식통이 언명한 바에 의하면 로버트슨 특사가 빈손으로 워싱턴에 귀환하지는 않을 것이라고 하며 그가 미국으로 떠나기 전에 이 대통령과 모종의 합의가 성립될 것으로 관측된다"고 보도했다. 이 기사는 이어 '전투 재개' 보장에 대한 미국의 태도를 본다면 그러한 합의는 아마도 이 대통령이 완전히 포기하거나 그의 요구를 최소한으로 수정할 때에만 도달될 것이라고 전망했다.[65]

이날 회의 내용은 미 국무부 외교 문서에 기재되어 있는 로버트슨 특사 명의의 7월 4일자 보고서를 보면 한미 간 협상이 막바지에 도달했음을 알 수가 있다. 이 보고서 기초자는 영 국무부 북동아국장이다. 보고서에 의하면 이날 회의는 로버트슨이 이승만 대통령에게 보낸 7월 2일자 자신의 2차 비망록에 대한 이 대통령의 답변을 듣는 순서로부터 시작되었다. 로버트슨은 이에 앞서 지난번 대화로 많은 오해와 의문을 명확히 밝혔기를 바란다고 밝히고, 아이젠하워 대통령과 덜레스 장관이 이미 이 대통령에게 전달한 메시지 내용을 그에게 재확인해 주도록 요청한 다짐들을 반복해서 확인했다. 로버트슨은 다시 이승만에게 미국의 우방이자 동맹국인 대한민국과 밀접하게 협력하기로 한 미국의 호의와 결의에 대해 의문을 갖지 말라고 강조했다. 로버트슨은 그에게 자신의 비망록이 미국의 최종적인 입장을 반영한 것이라고 솔직하게 말했다. 로버트슨은 그의 주장을 요약하면서 한국과 미국은 양국의 공동목표를 추진하기 위해 공동의 적들에 대항하는 공동 전선을 형성해야 한다고 주장했다. 로버트슨은 다시 한국은 독립적인 독자 노선을 걷기보다 미국과 협력함으로써 훨씬 많은 것을 얻을 수 있을 것이라는 자신의 의견을 다시 표명했다. 그는 다시 한국군의 증강과 경제적 지원 계획, 제재강화 선언 및 상호방위조약, 그리고 정치회담에서 미국과 한국이 어깨를 나란히 하고 협력하겠다는 다짐이 가져올 이점들을 열거했다. 그는 또한 만약 한국이 휴전을 수용한다면 이 같은 지원과 보장이 있을 것이며, 미국의 희망처럼 한국이 미국과 협력할 것이냐의 궁극적 결정은 전적으로 이승만과 그의 정부가 결정할 사안이라고 주장했다.

로버트슨은 마지막으로 자신은 이승만 대통령이 여러 번 이런 논의를 거듭하고 합의에 아주 가깝게 도달한 것으로 생각되므로 이날 이를 발표하기로 하자고 그에게 독촉했다. 이어 이승만 대통령이 발언에 나서서 아이젠하워 대통령과 덜레스 장관, 그리고 로버트슨 특사의 다짐에 대해 따뜻하고 우호적인 감사를 표명했다. 이승만은 로버트슨의 임무가 그의 의문과 우려를 씻는 데 큰 역할을 했다고 말했다.

이승만의 발언이 끝난 후 한미 간의 대화는 다음과 같은 두 가지 중요한 원칙적 문제들을 둘러싸고 맴돌았다. 첫째는 정치회담의 기간 문제이고, 둘째는 미국 상원의 한미상호방위조약의 처리 문제이다. 이승만은 한국의 통일에 대한 열망을 상당히 길게 강조했다. 그는 정치회담 실패 후 무슨 일이 일어날지를 파악하는 것이 어렵다고 계속 말했다. 그는 정치회담 이후의 기간 동안 미국으로부터 공동 군사 행동 다짐을 기대하는 그의 큰 바람을 거듭 표명했다. 로버트슨은 다시 조심스럽게 왜 아이젠하워 대통령이 헌법상 이유로 7월 2일자 비망록에 포함된 내용 이상의 다짐을 하지 않았는지를 설명했다.[66]

16. 이승만, 단독 전투 재개 때 지원을 요구

그러자 이승만은 미국 정치인들과 미 국민들이 전쟁이 다시 일어나면 제3차 대전의 '대참사'를 초래할 것이라고 믿기 때문에 그들이 한국전쟁을 재개하는 것을 원하지 않는 것을 이해하고 있다고 주장했다. 이승만은 아이젠하워 대통령이나 다른 누구보다도 이를 더 잘 알고 있다고 말했다. 그 역시 아이젠하워나 미국의 다른 어느 누구 못지않게 미국에서 전쟁이 일어나는 것을 바라지 않는다고 밝혔다. 이승만은 또한 미국이 유엔 회원국으로서 전쟁을 수행하는 것과 단독으로 행동하는 것의 차이를 잘 알고 있다고 말했다. 그는 한국이 단독으로 통일을 위해 전쟁을 할 때 최소한 도덕적 물질적 지원을 해 줄 수 있기를 바란다는 희망을 다시 표명했다. 그러나 그는 전쟁이 대규모 적대 행위의 위험을 수반할 때 왜 미국 정치인들이 그런 지원을 하기를 주저하는지도 이해한다고 말했다. 이승만은 "그러면 어떻게 되는가?"라고 계속 말하면서 이것은 자신과 그의 국민들에게 굉장히 어려운 문제라고 솔직하게 말했다.

로버트슨의 관찰에 의하면, 이승만으로 하여금 미국 상원이 상호방위조약을 비준할지 여부를 의심하게 만드는 것은 미국 대통령의 행동에 대한 헌법적 제약 때문이었다. 그는 로버트슨에게 그런 조약이 상원을 통과하리라고 자신이 확신하지 못한다면 그가 한국 국민들이 휴전을 지지하는 경우에 한국의 보호를 재확인하게 만들 아무 것도 갖지 못하게 될 것이라고 말했다. 그는 과거 상원이 가끔 조약들을 승인하는 데 실패한 적이 있었던 만큼 만약 상원 지도자들이 이 조약을 지지할지를 의심한다고 말했다. 따라서 그는 아이젠하워 대통령과 덜레스 장관으로부터 상원 지도자들이 상호방위조약에 대해 신속하게 움직일 것이라는 보장을 받는다면 도움이 될 것이라고 밝혔다.

이에 대해 로버트슨은 미국 대통령은 양당의 상원 지도자들과 먼저 의논함이 없이 (조약의 체결에 관련된) 제안을 하지 못하기 때문에 아이젠하워 대통령과 덜레스 국무장관은 로버트슨이 미국을 출발하기에 앞서 당연히 상호방위조약에 관해 몇 차례 상원 지도자들과 협의했다고 대답했다. 상원 지도자들은 필리핀과의 상호방위조약의 수준과 같은 조약을 (한국에) 제의한 사실을 알고, 대체적인 승인 의사를 표명했다고 말했다. 6월 6일자 아이젠하워 대통령의 서한을 공표한 이후 대한민국과의 조약(체결)에 반대하는 항의가 의회에 등록된 일이 없다고 로버트슨은 설명했다.

이승만 대통령은 한국 관리들이 이 조약의 기초 작업을 해 왔다고 밝히고 미국 측이 마련해 가지고 왔을 조약안을 보는 데 아주 흥미가 있다고 말했다. 이승만은 만약 가능하다면 이날 초안 한 부를 보내주었으면 한다고 말했다. 로버트슨은 이승만에게 그렇게 하겠다고 대답했다. 로버트슨은 이에 양측이 많은 의문점과 오해를 씻은 이상 자신의 7월 2일자 비망록의 취지에 따라 자신의 제안에 이날 당장 동의해 줄 것을 이승만에게 호소했다.

이승만 대통령은 몇 분 동안 깊이 숙고하더니 결정을 내리려 애쓰는 시점에 도달한 것 같았다. 그가 무슨 이야기를 시작하려 했을 때 그는 (로버트슨의 제안에) 동의를 표하려고 하는 것으로 보였다. 이때 갑자기 변영태 외무장관이 끼어들어 대한민국이 휴전협정 체결 이후에는 상원이 조약을 비준한다는 아무런 보장이 없기 때문에 상원에서 조약안 비준을 위한 행동에 나설 때까지 휴전협정 승인을 보류할 것을 요구했다. 그는 주장하기를, 만약 대한민국이 휴전협정의 이행에 반대하지 말라는 미국의 요구에 동의한 이상 대한민국은 휴전 이후에는 보호를 받을 아무런 보장도 없기 때문이라고 했다. 그는 휴전 이전에 대한민국 정부는 한국 국민들을 만족시킬 무엇인가를 갖기 위해 조약에 대한 완전한 보장을 필요로 한다고 주장했다.

로버트슨은 이에 대해 조약 비준 때까지 휴전을 보류하는 것은 미국 측으로서는 완전히 문제 밖의 것이라고 맞섰다. 미국은 휴전과 다른 문제들에 관해 대한민국의 선의를 받아들이려 하기 때문에 대한민국도 미국 정부가 조약의 비준을 위해 가능한 한 조속히 진행시키려 한다는 미국 측 선의를 받아들여야 한다고 주장했다. 변영태 장관은 한 걸음 더 나아가서 상원이 7월 말에 휴회하기 때문에 심지어 다음해(1954년) 어느 시기까지 조약을 심의조차 하지 않을 것이므로 금년 안에는 조약이 상원에서 통과되지 않을 것이라고 주장했다.

이렇게 되자 미국 측의 영 국무부 북동아국장이 나서서 이 대통령과 변 장관에게 휴전협정이 체결될 때나 그 무렵에 제재강화성명(Greater Sanctions Statement)이 발표될 것이라는 사실과 공산 측이 휴전협정을 위반하는 경우 또는 한국에 한정되지 않는 신속한 반응을 보일 경우 공산군 측에 대한 경고라는 점에서 미국뿐 아니라 한국에도 엄청난 중요성을 지닌다는 사실에 비추어 그런 것은 별 문제가 안 될 것이라고 말했다. 영 국장은 공산군의 새로운 휴전협정 위반을 물리친다는 구체적인 증거의 결여를 걱정하는 변 장관의 우려를 충분히 이해할 수 있다고 말했다. 그러나 영 국장 자신은 미국 정부가 대한민국과 상호방위조약을 추진하는 동안 제재 강화 성명이 한국에 안전 보장을 제공한다고 믿는다고 밝혔다. 제재강화 성명이 대한민국 정부로 하여금 안전하게 휴전협정 체결 이후 미국과의 상호방위조약의 협상과 비준을 할 수 있게 하는 전례 없는 장치를 마련하는 작업이자 대한민국에 혜택을 주는 보장이라는 것이 영 국장의 의견이다. 이 같은 견지에서 제재 강화 성명을 생각하지 못한 것이 명백한 이승만 대통령과 변영태 장관의 우려가 상당히 완화된 것으로 보였다.

로버트슨 특사는 다시 이승만 대통령에게 양측의 이해를 위한 노력을 이제 종결짓자고 제안했다. 그러나 이승만 대통령은 아직 완전히 그럴 입장이 되지 않아 상호방위조약의 초안을 보자는 요구와 상원 지도자들로부터 조약에 대한 상원의 움직임에 관한 보장을 받으려는 요구를 반복했다.

이날 회의 내용을 정리하면서 로버트슨은 "이상은 본인이 한국에 도착한 후 이승만 대통령과 가진 회담 중 가장 생산적이고 업무 협의다운 토론이었다. 본인은 이번의 우호적이고 고무적인 회담이 이승만 대통령으로 하여금 그 이전보다 더 가까운 합의점에 도달하도록 만든 것으로 느꼈다"고 결론지었다.[67]

17. 이승만, "나는 혁명가여서 말씨가 직설적"

그런데 이날 회의는 그 동안 열린 8차까지의 이승만·로버트슨 담판 가운데 분위기가 가장 고조된 회의였다. 앞에서 소개한 대로 로버트슨이 이승만에게 "한국이 미국과 협력할 것이냐의 궁극적 결정은 전적으로 이 대통령과 한국 정부에서 결정할 사안"이라고 말했다는 대목은 이승만 문서에는 "만약 이승만 대통령께서 미국이 한국에서 손을 떼기를 원한다면 미국은 그렇게 하겠습니다"라고 말했다는 식으로 기록되어 있다. 이승만 문서에는 이런 대목이 있다.

로버트슨: 본인은 우리들의 공통 주제를 토의하고 최근의 미국 측 비망록에 대한 귀국의 반응을 알기 위해서 다시 (이 자리에) 왔습니다.

이승만: 나는 귀측의 비망록을 주의 깊게 연구한 다음 그 안에 있는 권고사항을 내 마음 속에서 생각해보고, 그리고 그것을 수용하려고 나 자신과 진지하게 다투기도 했습니다. 나는 평생 동안 혁명가여서 말씨와 표현이 무뚝뚝하고 직설적입니다. 나의 말씨가 숨김이 없는 것처럼 나의 감정과 느낌도 순수합니다. 로버트슨 씨, 내 말씨 때문에 나의 진정한 감정을 잘못 판단하시지 말기를 부탁합니다.

로버트슨: 본인은 방금 본국으로부터 전보를 받았습니다. 우리는 대통령님을 납득시키기 위해 우리가 할 수 있는 모든 것을 다했습니다. 우리가 행동할 수 있는 오직 하나의 길만 있습니다. 그것은 타협입니다. 우리는 항상 이상적인 것만 할 수가 없습니다. 대부분의 경우 우리는 우리의 이상을 함께 가로막지 않는 실제적인 일만을 할 수 있습니다. 본인이 최고의 진정성을 갖고 이런 말씀을 드리고 있다는 것을 믿어주십시오. 대통령님께서 결정을 하셔야 합니다. 우리에게는 결정권이 없습니다. 우리 두 나라가 함께 일하느냐, 따로 가느냐는 대통령님께 달렸습니다. 대통령님께서 우리에게 (한국에서) 손을 떼라고 말씀하신다면 우리는 그렇게 하겠습니다. 우리는 앞으로 말이 아닌, 행동의 협정을 맺을 것입니다. 우리는 두 나라 간의 방위조약을 맺고 경제적, 산업적 원조를 제공할 것입니다.

이승만: 사실 우리가 아이젠하워 대통령의 제안을 안 받아들이기는 정말 어렵다는 것을 알고 있어요. 그러나 솔직히 말해 중공군이 한반도에 잔류해서는 우

리는 생존할 수가 없습니다… (후략)…

이날 회의는 마지막에 로버트슨이 "대통령님, 이제 토의를 충분히 했으니 우리 악수를 하시지요" 하고 이승만에게 손을 내밀어 악수를 한 다음 미국 측이 마련해 온 한미상호방위조약 초안을 이승만 대통령에게 보내기로 합의하고 폐회했다.[68]

이승만에 대해 이해를 깊게 한 로버트슨 특사에 비해 본국의 국무부 수뇌들의 태도는 훨씬 차가웠다. 스미스 국무장관대리는 로버트슨 특사에게 보낸 7월 4일자 답신에서 자신의 개인적 견해임을 전제로 아이젠하워 대통령과 덜레스 장관은 이미 이승만에게 상호방위조약에 관해 모든 보장을 해주었다고 말하면서 이승만에게 정직성과 품위가 요구된다고 냉담하게 평가했다. 그는 이어 미국에 대해 추가적인 보장을 바라는 이승만의 속셈이 뻔한 요구가 미국 정부의 위신과 명예를 의문에 빠트리게 했다고 비판했다. 그러면서 그는 상원의 상호방위조약 비준은 대통령이나 상원 지도자들의 어떤 추가 보장보다는 이승만 자신이 어떤 행동을 취하는가에 달려 있다고 단언했다. 스미스 장관대리는 또한 이승만은 상호방위조약의 체결과 효과적인 운영에 긴요한 조치들을 취해야 하며, 그가 말과 행동으로써 현재 흔들리는 그의 신뢰를 회복하지 않는 한 제재강화성명에 대한 연합국들의 찬성이 확보되는 것이 문제된다고 비난했다. 그는 제재강화성명은 한국을 위해서 뿐 아니라 유엔군의 아주 중요한 안전을 위해서도 전례 없는 국제협약이라는 점을 강조하면서 미국이 현재도 다른 연합국들과 아주 어렵게 보조를 같이 하고 있다고 주장했다.[69]

스미스는 7월 5일자로 로버트슨 특사에게 보낸 훈령에서 한미상호방위조약 문제에 다시 언급하면서 미국과 필리핀 간의 상호방위조약 방식이 바람직하지만 만약 이승만 대통령과 조속히 합의가 되고 신뢰 관계가 회복된다면 조약의 종료 조항을 미일안전보장조약 제4조처럼 하는 것도 가능하다고 밝혔다. 미일안전보장조약 제4조(조약의 실효)는 "이 조약은 국제연합 또는 기타에 의한 일본지역에 있어서의 국제평화와 안전의 유지를 위해 충분한 결정을 내릴 국제연합의 조치 또는 그에 대신하는 개별적 또는 집단적 안전보장조치가 발효해야 한다고 일본과 미국정부가 인정한 때에는 언제든지 효력을 상실한다"고 규정하고 있다. 스미스는 그러면서 이렇게 말했다. "만약 우리가 한국을 위해 최선을 마련하려면 현재와 같은 상황이 더 길게 연장되는 것을 허용해서는 안 된다는 사실에 주목하지 않을 수 없다. 3주일 전만 해도 아이젠하워 대통령이 제안한 한국에 대한 거의 모든 계획이 의회의 압도적인 지지를 받았으나 이승만에 대한 좌절감의 증대와 신뢰감의 부족으로 이 같은 지지가 사라지게 하고 있다. 현재와 같은 상황이 오래 지속될수록 한국 정부에 대한 장기적으로 의존하는 것이 불가능하다는 느낌이 커지고 있다. 귀관은 재량권의 범위 안에서 며칠 전 본인과 조지 상원의원 및 다른 영향력이 큰 상원의원들과의 대화에서 이승만에 대한 신뢰가 점점 감소되고 있다는 사실을 확인시켜 주었다는 사실을 그에게 전해 주기 바란다. 이 점은 미국의 일반 대중의 태도에도 해당될 것이다. 의회와 국민 대중이 이승만에게 동정적이라 하더라도 이 사실은 장래에 대한민국에 대한 신뢰를 감소시키는 것을 보상하지 않는다는 사실을 이승만은 인식해야 한다. 신뢰는 대한민국과 미국의 행동을 동일하게 요구하는 양방향 도로이다"

그는 이어 이렇게 강조했다. "귀관은 또한 자신의 재량 아래 이승만에게 본인이 이승만의 비망록과 귀관과 그의 대화록을 읽고 그의 일부 보좌관들이 현실주의를 결여하고 있다는 인상을 받았다는 점을 알려주기 바란다. 그들이 진정한 미국의 태도에 관해 몇몇 시끄러운, 그러나 실제로 영향력이 없는 인물들에 의해 오도되는 것은 아주 우매한 일이다. 대한민국의 태도 때문에 한국을 위한 가능한 최선의 해결 기회가 줄어들고 있어 휴전 가능성이 더욱 지체되고 있다는 사실을 이승만은 충분하게 인식해야 한다. 만약 귀관의 임무가 실패하는 경우 더 이상의 다른 특사는 고려되지 않는다는 사실을 이승만에 단호하게 확인시켜도 좋다. 이 점에 관련된 더 이상의 유해한 풍문을 막도록 최선을 다하기 바란다." 이 무렵 공화당 출신 상원의원들이 아이젠하워 대통령에게 로버트슨 특사를 소환하고 맥아더나 밴 플리트 장군을 새 특사로 보내라고 요구했다는 미국 언론 보도가 있었다.[70]

18. 클라크, 비상 계획 수립

서울에서 한국 정부와 로버트슨 특사 간에 한창 힘겨운 협상이 진행되고 있는 가운데 클라크 유엔군사령관은 만약의 경우 미군을 한반도에서 철수할 것이라는 신호를 한국 측에 보내기 위한 세부 계획을 워싱턴에 보고했다.

7월 5일 그가 윌슨 국방장관에게 보고한 바에 의하면, 5종의 행동 계획을 이미 실행에 옮기고 12종의 다른 계획도 입안했다는 것이다. 이미 실행에 옮긴 계획은 고위급 미군부대 사령관 회의, 공수여단과 제24사단 병력의 한국으로의 이동, 비송환 북한 포로들의 단결 강화, 4개 한국군 사단의 출범을 위해 지급할 보급품과 장비의 한국 이송의 지연, 이들 보급품의 선적 연기 등이다. 입안중인 다른 계획 중 중요한 것은 제20사단의 활성화 계속 지연, 전투지역으로부터 부산으로 이동하는 새로운 시설에 대한 조사 진행, 작전 활동에 지장을 주지 않을 특정 군사 시설 건설의 연기, 테일러 8군 사령관 주재 한국군 3군 참모총장 및 한국 국방장관과의 회의 소집 계획이 포함되어 있다.

이상과 같이 이미 시행중인 행동 계획과 입안중인 행동 계획은 유엔군의 안전과 한국 측 반응에 대응하는 것이어야 하며, 논리적으로 그 필요성을 설명할 수 있거나 그럴듯하게 부인할 수 있어야 한다고 클라크는 부언했다. 또한 이들 계획은 로버트슨 특사의 활동에 부정적인 영향을 끼치지 않을 것이라고 보고했다.[71]

한미 간의 갈등은 이튿날에도 계속되었다. 워싱턴에서 들어온 미국 정부 측 반응이 이승만 대통령의 다음 행보에 대해 비상한 경계 분위기를 조성함으로써 한국의 여론을 극도의 긴장상태로 몰아넣었다. 5일자 《동아일보》는 워싱턴 발 INS 보도로 미국의 군사 외교 당국자들이 통일 한국에 대한 강경한 요구를 극적인 단계로 이끌어가게 할 이승만 대통령의 있을 법한 최종 동향에 대해 비상한 경계심을 집중시키고 있다고 전했다. 이 보도는 구체적으로 미국 국방부 및 국무부 당국자들이 불안한 가운데 주말휴일을 맞이하고 있으며 야기될 지도 모를 금후 사태에 대비해 사무실에 머물러 있으라는 지시를 받았다고 전했다.

이 보도는 또한 미국의 군 당국이 한국에서의 군사적 비상사태, 특히 부산지구에서의 정세에 대한 보고를 검토했으며, 이승만 대통령이 지난 달 취한 북한 포로 석방 조치에 비견할 만한 행동을 취하려 하고 있는 것으로 우려한다고 전했다. 이 보도는 이어서 아이젠하워 대통령도 한국의 전반적 사태에 대한 충분한 보고를 받게 될 것이라고 전하고, 만약 이승만 대통령이 군사적 봉기를 기도할 경우 이에 대처할 조치에 관해 특별한 지시를 내릴 것으로 믿는다고 전했다.

이날 INS 보도는 이어서 미국이 휴전을 위해 유엔군으로 하여금 이 대통령과 보조를 같이 하도록 노력을 계속하는 한편 완강한 이 대통령에 대한 미국의 인내가 소진되어 가고 있음이 명백해지고 있으며 미국은 이 대통령에 대한 설득이 불가능할 때는 휴전을 단독으로 추진시킬 계획을 갖고 있다고 경고했다고 전했다.[72]

chapter 5

·

이승만-로버트슨 담판(하)

Ⅴ. 이승만-로버트슨 담판(하)

제9차 이승만 · 로버트슨 회담

1. 머피 대사, 이승만 비판 보고서 제출

제9차 이·로버트슨 회담은 7월 6일 오전 11시부터 약 1시간 40분간 경무대에서 열렸다. 당초 일요일인 5일 개최 예정이던 계획을 취소하고 월요일인 이날 회담을 연 것이다. 미국 측이 정치회담 실패의 경우 한국의 통일 달성을 위해 한국군과 함께 전투를 재개할 것을 보장하라는 이승만 대통령의 요구를 거부하면서 조성된 한미 양국 간의 대립 상태가 여전히 해결될 기미를 보이지 않았던 것으로 보인다.

이날 회담이 끝난 다음 로버트슨 특사는 기자단에게 "우리들의 회합은 극히 우호적이었다"고 말하면서 "앞으로도 다시 이 대통령과 회합할 예정이라는 것을 명백히 했다"고 일본방송을 인용하여 《동아일보》가 7일 보도했다. 이 날짜 《동아일보》는 제9차 이·로버트슨 회담 개최 사실을 보도한 지면에서 이승만 대통령이 지난 5일 한미 협상의 전도에 대해 "로버트슨 특사와 나와의 회합이 성공하느냐 못하느냐를 예측할 수 없다. 나는 비밀 회담에서 오해를 제거하도록 노력하고 있다"고 보도한 외신 기사를 실으면서 "정세 전망 의연 착잡"이라고 대서특필했다.[1] 같은 날짜 《조선일보》는 1면 톱기사로 미국 측이 이승만 대통령이 요구한 한국 통일 문제에 대한 구체적인 확약을 주지 않았기 때문에 회담이 교착 상태에 빠졌다고 보도했다.[2]

먼저 이승만 문서에 기록된 이날 회의 모습을 보면, 로버트슨의 사무실에서 경무대로 전화가 와 오전 10시 30분에 이승만 대통령과의 면회를 요청해 이날의 회담이 이루어졌다. 로버트슨은 수행원들을 경무대 응접실에 남겨둔 채 이승만 대통령과 단독으로 만나 자신이 방금 본국으로부터 전보를 받았는데 워싱턴의 상황이 아주 나빠져 어떤 구체적인 답변을 얻지 못하면 자신이 귀국하게 될지 모른다고 말했다. 그는 이승만이 자신의 비망록에서 제안한 것을 수락해 달라고 '호소하고, 소리 지르고, 기도했다'는 것이다. 이에 이승만은 "당신은 정의와 악 사이에서 선택을 요구하는데 내가 어떻게 해야 하지요? 나는 현재 당신이 보낸 비망록에 대한 답변서를 기초하고 있는데 아직 완성되지 않았어요"라고 답변했다. 그러자 로버트슨은 그 초안을 자신이 읽어보게 해 달라고 요구했다. 그러나 이승만은 곧 답변서를 완성해서 보내겠다고 대답했다. 이에 로버트슨은 "대통령께서는 중립국 감시위원회의 입국에 동의해 놓고 지금 와서는 입국을 허용하지 않는다"고 따졌다. 이승만은 그에게 자신은 인도군이나 공산 국가 군대가 한국에 오는 것에 동의한 적이 없다고 반박했다. 이승만은 이어 비록 자기가 이를 허용하더라도 국민들이 용납하지 않을 것이라고 강조했다. "우리는 공산군을 전선에서 마주하고 있으면서 뒷마당으로 그들이 들어오게 하는 것이 된다"고 이승만은 말했다. 이승만은 거듭 자신의 서한과 비망록을 최대한 빨리 보내 겠다고 약속했다. 그는 구체적으로 자신의 편지와 비망록을 7월 7일 오후 5 시에 국무총리로 하여금 배달하게 하겠다고 약속했다.[3]

이날 경무대에 동행한 머피 유엔군 사령부 정전 협상 담당 정치고문도 이 승만을 비판하는 내용이 들어간 보고서를 국무부에 보냈다. 그는 이날 회 의가 이승만의 휴전 반대 이유 발언과, 1904년 을사보호조약 체결 당시와 1945년 태평양전쟁 종결 당시의 미국의 과오에 대한 언급을 곁들인 한국 역사 비판으로 많은 시간을 소비했다고 전하면서 그가 미국의 장래 행동에 대한 불신을 표명했다고 보고했다. 이승만은 "미국이 무슨 일을 할지 우리 가 어떻게 압니까? 미국은 자주 마음을 바꾸지 않았습니까?"라고 발언했다 는 것이다. 머피는 이승만이 과대망상에 사로잡혀 자신을 백마를 탄 역사적 인물로 착각해 혼자만 옳고 혼자의 힘으로 공산 골리앗을 넘어뜨리는 영웅 이 되고자 한다고 비꼬았다.

머피에 의하면 이승만은 미국의 현재 입장을 설명한 로버트슨 특사의 비 망록과 서한을 거의 읽지 않아서 지난 6월 유엔군이 입은 피해 상황에 관해 귀머거리 상태가 되어 미국의 한국에 대한 경제적 군사적 지원 문제에 관 해 주저 없이 발언하고 있다고 주장했다. 머피는 유엔군 중 지난달에 4,861 명이 전사하고, 1만 6,000명이 부상했으며, 2,300명이 전투 중 실종했는데 그 대부분이 한국군이라고 강조했다. 머피는 또한 이승만이 정치회담 실패 의 경우 미국이 전투를 재개할 것을 약속하라고 주장하지만 미국에서 수년 간 정치학을 전공한 그가 미국이 이를 받아들일 수 없는 주장임을 뻔히 알 면서도 휴전협상을 망치기 위한 구실을 찾기 위해 그런 발언을 하고 있을 뿐이라고 비판했다.

머피는 이승만이 미국은 현재 한국에서 궁지에 몰려 있으므로 감히 한국을 떠날 수 없으며 자신을 타도하지도 못할 것으로 확신하고 있다고 판단했다. 이승만의 그 같은 생각이 그로 하여금 미군은 〔한국인에게〕 발포하지는 못할 것이라고 확신하게 만들고 북한군 반공 포로 석방을 결정하게 된 그의 철학이 되었다고 머피는 분석했다. 머피는 또한 자신의 분석에 의하면 이승만은 미국이 과거에 실수했고 현재도 중대한 실수를 하고 있으며 자신이 미국 대표를 조정할 능력을 갖고 있다고 확신하기 때문에 미국에 대해 경멸감을 갖고 있다고 주장했다. 그리고 이승만은 자기 혼자만이 세계 공산주의를 다룰 줄 안다고 확신하면서 미국의 그런 능력에 대해서는 의심을 가졌을 뿐 아니라 심지어 미국은 이미 그 능력을 모두 소진한 것이 아닌지 의심하고 있다고 믿는다는 것이다. 또한 이승만은 로버트슨의 임무가 곧 끝날 것으로 믿고 있음이 확실하며 클라크 장군도 머지않아 해임되어 그의 자리가 자신에게 보다 호의적인 인물로 대체될 것으로 기대하고 있다고 했다.

머피는 결론적으로 미국이 이승만으로부터 얻을 수 있는 최선의 것은 그가 행동의 자유를 유보하고 오로지 '수동적으로' 휴전협정 체결에 반대하는 입장을 취하게 하는 것으로 믿는다고 보고했다. 그렇게 되면 그 결과는 "불행한 것은 아닐 수 있다"는 것이다. 머피는 또한 휴전으로 일단 전투가 멈추면 미국은 한국 문제를 다루는 데 훨씬 더 유리한 입장에 놓일 것으로 생각한다고 주장했다. 그는 마지막으로, 보다 긴 기간에서 생각한다면 한국의 어떤 자발적인 움직임이 이승만을 대체하는 데까지 발전한다면 미국은 이승만의 후계자에게 어떤 지원을 해주고, 또 어떤 원조가 제공되는 것이 좋을지에 대해 심각하게 연구해야 한다고 믿고 있다고 주장했다.[4]

2. "이승만, 아이젠하워와 덜레스를 신뢰한다"

로버트슨 특사는 이날(6일) 국무부에 별도로 보고서를 내고 이승만 대통령이 아이젠하워 대통령과 덜레스 국무장관의 [대한민국에 대해 갖고 있는] 선의에 의문을 갖지 않고 있다고 해명했다. 이승만은 실제로 아이젠하워와 덜레스가 아직도 남아 있는 몇 사람의 자기 친구들 가운데 두 명이라고 간주하고 있다고 로버트슨은 설명했다. 이승만은 그러나 휴전이 한국을 분단 상태로 남겨놓을 뿐 아니라 장차 대한민국이 1950년에 그랬던 것처럼 어떤 강대국에 의해 희생될지 모른다는 우려를 갖고 있다고 말했다. 로버트슨은 이어 그 해의 그 비통한 사건(6·25전쟁) 당시 미국의 역할은 이승만에게 위안을 준 사건은 아니었다고 주장했다. 그는 이어 다음과 같이 썼다.

이승만은 미국 역사에 관해 철두철미한 지식을 갖추고 있다. 그는 대통령이 협상한 조약을 상원에서 반드시 비준하는 것은 아니라는 점을 잘 알고 있다. 그는 자신이 미국에서 대중적 지지를 잃어 그 이유 때문에 상원이 한미상호방위조약에 동의할지에 약간의 의문을 갖고 있다. 이승만이 크게 우려하고 있는 바는 방위조약 없이는 한국이 다른 어떤 강대국의 먹잇감이 될지도 모른다는 점이다. 이 같은 그의 입장 때문에 현재 상황이 장래에 조약이 없을 시기를 맞아 생길 수 있는 상태 때보다 더 강하다고 그는 판단한다. 이승만은 그가 이전에 절대로 수용할 수 없다고 가장 강력한 어조로 설명한 논점들을 하나씩 하나씩 포기했다. 그는 현재는 방위조약을 상원에서 비준하는 즉시 비망록의 조항대로 작성된 휴전협정을 수락할 것이라고 밝히고, 그 같은 조약을 이번 회기 안에 상원에서 서둘러 비준해 달라고 촉구했다.

그러나 본인은 그에게 미국이 이 같은 이유 때문에 휴전협정에 서명하는 것을 지체할 수 없다고 명백히 밝혔다. 이것은 이승만의 생각이 아니라 본인의 생각이다. 아이젠하워 대통령은 본인을 통해 이승만에게 이 같은 취지를 알리고 상원의 양당 지도자들과 만나 조약안이 제출될 때 이를 지지하겠다는 약속을 얻기를 건의한다. 이 작업이 위신의 손상 없이 행해질 수 있다면 장차 있을지 모르는 재앙을 막는 강력한 무기가 될 것이다. 미국과 필리핀 간의 조약과 우리가 한국 측에 제안한 미국과 한국 간 조약안의 대략적인 내용은 이번 주말에 이승만과 그의 내각에서 검토할 것이다.[5]

로버트슨 특사는 7월 7일 국무부에 보고서를 다시 보내고 이날 아침 이승만 대통령과의 회담 결과를 보고했다. 이 보고에 의하면 이승만은 전날 밤 그가 말하는 테일러 주한 미군사령관의 '도쿄 교외에서의 방송'과 이날 서울에서의 방송 때문에 대단히 격앙되고 분노한 상태라는 것이다. 이승만은 미군이 한국군 사이의 분열을 획책하고 이들 방송이 협박 보도로 자신을 위협하고 무서워하게 하려고 시도했다는 것이다. 그는 말하기를 "내게도 체면이 있다. 만약 내가 우리 국민들에게 아이젠하워 대통령과 덜레스 국무장관의 계획을 찬성한다는 발표를 하게 되면 우리 국민들은 이것이 미국 측의 군사적 위협 때문이라고 생각할 것이 아닌가?"(그런데 실제로 테일러 장군은 방송을 한 적이 없음). 다음은 테일러 장군에 관련된 오늘 아침의 도쿄로부터의 방송 녹취록이다.

맥스웰 D. 테일러 장군은 남한 정부가 휴전협정에 대해 거부와 수락 사이에서 동요하고 있기 때문에 오늘 아침 8군사령부에서 휘하 군단장들과 한국군에 파견된 고문관 회의를 소집했다. 테일러 8군 사령관은 만약 공산 측과 휴전협정이 조인되는 경우 한국군 제16사단의 협력 여부와 관계없이 전선으로부터 미군과 영국군 사단들의 철수를 위한 별도 계획을 수립하고 있는 것으로 알려졌다. 군단장회의는 이승만 대통령과 로버트슨 미국 특사가 경무대에서 아침 11시 다시 만나기 직전에 소집되었다.

로버트슨의 보고에 의하면 이승만 대통령은 이어서 휴전협정에 관련된 그가 좋아하지 않는 모든 것과 미국 측과의 합의에 도달하기 위해 그가 행한 양보에 관련된 모든 것을 반복해서 이야기하기 시작했다. 그는 미국 측 비망록에 대한 답변서를 쓰고 있었다고 말했다. 로버트슨은 답변서는 불필요하다고 지적했다. 미국 측의 최종 입장을 기술한 비망록이 나온 다음 만약 양측이 무제한적으로 각서를 교환하게 되면 미국 측은 이미 제안한 것에 첨가할 중요한 내용이 없어지기 때문이다. 첫 회담 이후 최초로 이승만은 중공군 포로 문제를 제기했다.

그는 이들 중공 포로들 역시 중립국 적십자사에 인수되기 위해 비무장 지대로 이송되기를 제안했다. 로버트슨은 이에 대해 그의 첫 비망록에서 확인된 바와 같이 이승만이 이미 합의한 사항이라고 답변했다. 이승만은 그런 합의를 하려고 의도한 바가 없었다고 말하고, 한국 국민들에게 행한, 포로 송환에 참여할 공산국가 대표들을 남한에 입국시키지 않겠다는 다짐을 반복했다. 이승만은 클라크 장군이 왜 북한의 반공 포로들에 대해 결정한 바와 같은 동일한 절차에 따라 중공군 포로들을 처리하지 않으려 하는지 이유를 알 수 없다고 말했다.

그리고 그는 중요한 난제, 즉 그의 휴전협정의 수락을 한국 국민들에게 정당화하기 위해 제시하고 있는 '안전'만을 제공한다고 밝힌 한미상호방위조약의 문제로 옮겨갔다. 이승만은 다시 이 조약을 서둘러 상원에서 비준해서 그가 한국 국민들에게 이를 '기정사실'로 제시할 수 있도록 해 달라고 촉구했다. 로버트슨은 이승만과 그가 신의성실의 원칙 아래서 교섭을 벌인 끝에 공산군 측이 휴전협정에 서명할 준비가 되면 어떤 상황 아래서도 한미상호방위조약의 조인을 연기할 수 없게 되어 있다고 강조했다.

이승만은 이에 미국 측이 의회의 조약 비준을 약속한 증거를 제시해 줄 수 없겠느냐고 물었다. 로버트슨은 아이젠하워 대통령은 자신이 의회가 지지한다는 사실을 느끼지 않는 경우에는 휴전회담에 대한 이승만의 동의를 고려해서 상호방위조약을 제안하지는 않았을 것이라고 답변했다. 그는 한 걸음 더 나아가, 이승만이 아이젠하워 대통령이 미국의 약속을 이행하리라고 믿는 것 이상으로 아이젠하워 역시 이승만이 그의 약속을 지키리라는 확신을 가질 수 없다고 답변했다. 결국 한미 양측은 서로 상대방의 호의를 사실로 받아들이지 않으면 안 된다고 로버트슨은 강조했다.

그는 또 역설하기를 이 모든 점이 진실이므로 만약 아이젠하워 대통령이 상원의 양당 지도자들을 초치해서 한미상호방위조약의 지지 약속을 받아내어 자신을 통해 이승만에게 그 취지를 전달한다면 그로부터 최대의 논란꺼리를 제거할 수 있다고 말했다. "따라서 본인은 대통령이 그러한 절차를 그의 위신을 깎는 것이라고 간주하지 말기를 진정으로 희망하며, 국무장관께서 대통령의 개인적인 선의가 문제가 될 수 없다는 점을 다짐합니다"라고 해명할 것을 건의했다.[6]

3. 한미상호방위조약 미국 안

7월 6일 국무부는 로버트슨 특사에게 덜레스 장관이 승인한 한미상호방위조약 초안을 보냈다. 이 초안은 전문과 5개의 조문으로 구성되었다. 이 초안은 국무부 실무진이 처음 마련한 것을 용어를 단순화하고 대한민국이 아직 유엔 회원국이 아닌 사실에 따른 약간의 자구 수정을 가한 것이다.[7]

같은 날 덜레스 국무장관은 로버트슨 특사에게 훈령을 내리고 아이젠하워 대통령이 한미상호방위조약 비준을 바라는 6월 16일자 친서가 비공식적으로 상원 지도자들에게 접수되고 일반 여론의 찬성도 얻었다고 전했다. 상원이 비준을 할 것인가 라는 현재의 불확실성은 미미한데, 그 불확실성은 이승만 대통령이 미국을 무모한 자살 조약으로 몰아가려고 희망한다는 느낌에서 비롯된 것이라고 밝혔다. 국무부에서는 이 같은 우려를 해소하기 위해 노력 중이며 본인은 상원의 양당 지도자들과 곧 만날 것이므로 그 결과를 전보로 알려주겠다고 했다. 그런데 현 단계에서 이승만에게 무엇보다도 가장 필요한 것은 대한민국이 경솔한 모험을 하지 않을 의존할 만한 동반자라는 다짐을 해주는 것이라고 부언했다.[8]

로버트슨 특사는 7월 7일 국무부에 보낸 전문에서 이승만 대통령으로부터 자신의 7월 3일자 비망록에 대해 답변하는 비망록을 받았다고 보고했다. 이승만은 그의 비망록에서 한미상호방위조약에 관해 다음과 같이 논평했다고 로버트슨은 보고했다.

> 상원의 이번 회기 종결 이전에 한미상호방위조약의 비준안을 상원에 제출하기 위해 조약을 마련하는 것이 너무 촉박하다면 미국과 일본 간에 체결된 안보조약 가운데 미국의 군대를 일본 국내 및 그 주변에 배치할 수 있다는 조항을 포함한 기존의 방식을 제안하고자 한다. 이 조약은 일본과 조인되고 비준되었으므로 한국의 경우에는 비준되지 않을 이유가 없는 것 같다. 미군은 일본 정부

가 자국의 방위에 충분할 정도로 자신의 병력을 증강할 때까지 일본에 잔류할 것이다. 이들 미군은 일본에 주둔할 것이며, 미군의 추가 병력 파견이 한국에 불필요할 정도가 되도록 충분히 한국과 가까운 일본에 잔류할 것이다. 만약 이같은 생각이 수용된다면 필요한 것은 단지 '일본'이라는 단어를 '한국'이라는 단어로 대체하는 것이다.

로버트슨은 이 보고에서 이승만이 구체적으로 밝히지는 않았지만 자신이 보기에는 그가 주로 미일조약 제1조를 언급한 것으로 믿는다고 했다. 그는 이어 "본인이 장관께 질문하고 싶은 것은 국무부의 한미상호방위조약 초안에 미일안보조약 제1조와 유사한 문구를 삽입할 수 있는가라는 점이다. 이승만은 미일안보조약과 한미상호방위조약의 차이를 이해하지 못하고 있는 것 같다. 그러나 본인은 상기 조항의 추가 문제는 고려할 가치가 있다고 믿는다"고 로버트슨은 밝혔다.

미국 국가안보회의는 7월 7일 한국 휴전협정 체결 직후의 한반도에서의 미국의 전략을 결정했다. 이 전략 성명은 이승만 대통령이 유엔군 사령부의 휴전협정 협상에 만족스럽게 협력하는 것을 전제로 하고 있다.

이 성명은 맨 앞에 '일반적 고려사항'이라는 총론에서 ① 휴전협정은 중공군 철수가 한반도에서의 기본 목표나 이를 무력으로 추구하려는 의지를 포기하는 것을 의미하지 않는다고 전제했다. 공산주의자들이 휴전협정을 자유세계를 약화시키고 분열시키는 전술적 장치로 악용하려고 시도하는 가운데 특히 동남아지역에서 침략의 위험이 계속될 것이다, ② 휴전협정 이후 미국의 주요 동맹국들은 점차로 미국이 중공에 대한 정치적 경제적 압력을 견지하는 것을 지지하지 않으려 할 것이다. 그 결과 중공에 대한 미국과 그 주요 동맹국들 간에 존재하는 이견이 증대할 것이며 이런 현상은 극동지역에 대한 정책을 둘러싼 미국과 동맹국들 간의 중대한 분열로 이어질 수 있다, ③ 중공에 대한 정치적 경제적 압력을 휴전협정 직후 기간 동안 발전시키고 유지시키며, 이러한 압력에 대한 주요 동맹국들의 예상되는 반대를 극복하는 것은 미국의 안전과 한반도 사태의 용인될 만한 해결을 이룩하는 것처럼 중요하다고 규정했다.

이 정책 성명은 평화를 위한 정치 협상 기간 중, 그리고 중공과 한반도에 대한 미국의 기본적인 정책에 대한 재검토가 완료될 때까지 추구할 잠정적인 행동 노선을 6개 항으로 정리했다. 제1항인 중공에 대한 압력 항목에서는 ① 타이완에 있는 중화민국 정부를 전체 중국의 정부이며 유엔 및 다른 국제기구의 유일한 대표로 계속 인정하고, 중화민국에 대한 경제적·군사적 지원을 계속한다, ② 유엔과 관련 기구에 중공이 가입하는 것을 막기 위해 모든 가능한 수단을 사용한다, ③ 미국의 중공과의 전면적인 금수 조치와 중공에로의 미국의 운송 금지, 그리고 중공에 대한 현행 금융 제재를 계속한다. ④ 한국전쟁 휴전 성립 즉시 미국 동맹국들에게 중공과의 무역 통제를 완화하는 것을 삼가도록 설득하는 노력의 강화를 지속한다, ⑤ 16개 한국전쟁 참전국들이 다시 단결하여 새로운 무력 공격을 신속하게 저지할 것이라는 점을 과시하고, 만약 침략이 재발한다면 전투가 한국 국경 안으로 한정되는 것이 불가능하게 될 개연성이 높다는 것을 침략자에게 경고하기 위해 미국은 다른 15개 공동서명국들과 함께 제재강화 성명을 발표한다, ⑥ 프랑스, 영국, 오스트레일리아, 뉴질랜드 및 다른 공동 서명국들과 함께 한국 휴전 이후 아시아의 다른 지역에서 일어나는 어떤 공산군의 침략도 휴전협정의 조문들과 목적과 불합치하는 것으로 간주한다는 보충 성명을 발표한다, ⑦ 중공과 한반도에 대한 미국의 목표를 달성하는 것을 지원하기 위한 은밀한 행동 계획을 지속한다 라고 규정했다.

제2항인 한국에서의 유엔군의 군사력에 관해서는 ① 한국에서의 유엔군의 군사력을 미국의 목표와 휴전협정에 부합하는 수준에서 유지한다, ② 한반도에서의 미군의 제한적인 배치 가능성에 대비해 다른 유엔 회원국들이 한국에서 봉사할 추가적인 군사력 확보를 위한 활발한 캠페인을 수행한다고 규정했다.

제3항인 유엔군의 안전에 관해서는 대한민국이 휴전협정의 조건들을 수행하는 데 유엔과 만족스럽게 협력한다는 가정 아래서 ① 한국의 방위를 위해 대한민국이 보다 많은 책임을 지게 된다는 견지에서 현재의 계획과 조화되는 의존할 만한 대한민국의 군사력을 발전시키고 무장시키는 것을 계속한다, ② 한국의 안전을 위해 미국과 필리핀, 그리고 오스트레일리아 및 뉴질랜드와의 조약들 아래서 미국이 맡고 있는 공약(한국 측에서 상호주의적 역할이 있든 없든)과 비슷한 역할을 수행한다, ③ 협력 가능한 유엔 기구들 내부 또는 이들 기구를 통해서 일하면서 대한민국의 정부와 민주적 제도들을 강화하는 것을 계속하고 대한민국의 경제 회복과 재건에 공헌하는 것을 계속한다고 규정했다.

제4항인 정치회담에 관해서는 ① 대한민국의 정치회담 참석과 회담 이전 또는 도중에 대한민국 측과의 완전한 협의를 보장하고, 유엔에서 미국과 한국의 이해를 적절하게 인정받을 수 있도록 구성되는 유엔 대표부의 설치를 위한 합의를 획득하기 위해 유엔에서 노력한다, ② 휴전 이후 개최되는 정치회담에서는 한국 문제만 토의한다는 유엔의 휴전협정 해석이 나오도록 확고한 입장을 견지한다고 규정했다.

제5항인 동맹국들의 설득에 관해서는 ① 동맹국들이 미국의 행동 노선을 수락하도록 설득하기 위해 고위급 외교적 캠페인을 벌인다, ② 미국의 동맹국들이 미국의 행동 노선을 수용하도록 유도하기 위해, 필요하다면, 경제적 조치의 목록을 작성한다고 규정했다.

제6항인 정책의 평가에 관해서는 휴전 이후의 상황을 감안해 한반도에 관련된 미국의 입장과 함께 중공에 대한 미국의 기본 정책에 대한 근본적인 반성과 재평가를 수행한다고 규정했다.[9]

4. NSC, 한국의 무장중립화 통일 방안 확정

국가안보회의(NSC)는 같은 날짜로 '한국 휴전 후의 한국에 관한 미국의 정책 목표'라는 극비 보고서(NSC 157/1)를 다음과 같이 채택했다.

① 과제: 이 보고서의 과제는 휴전협정 체결 이후의 한국에 관한 미국의 기본 목표를 결정하는 것이다.

② 가정: 토의의 전제가 되는 가상적인 상황은 휴전협정의 체결이다.

〈토의 내용〉

③ 배경: 휴전협정은 서명 후 90일 이내에 정치회담을 소집하도록 규정하며, 회의는 공산군 측과 유엔군, 그리고 후자와 관련해 참석하는 대한민국 사이에서 개최된다. 이 때문에 미국의 전술은 한국에 관한 미국의 기본 목표가 무엇인가 라는 관점에서 실행 가능한 한계 안에서 결정되어야 한다. 대한민국 주도 아래서의 통일 한국의 성취는 현재의 환경 아래서는 실질적으로 가능한 것이 아니다. 이 같은 목표는 오직 한국으로부터 공산군의 강제 축출에 의해서만 성취될 수 있을 것이며 현재 추진 중인 휴전협정이 수

용되었을 때는 사실상 소멸될 것이다.

④ 대안적인 가능한 목표들: 이 보고서는 가능한 목표를 내용으로 하는 대안도 제시했다.

(a) 현재의 경계선에 따라 무기한 동안 분단되어 미국의 안보 체계와 연계되어 군사 동맹으로 발전하는 대한민국이다.

(b) 본질적으로 체제가 변화하지 않는 대한민국 체제 아래서 이룩되는 통일·중립 한국이다(이 같은 목표는 미군과 미군 기지를 한국으로부터 철수하고 한국과 상호안보조약을 체결하지 않는다는 미국의 동의를 교환 조건으로 하는 미국의 정치 제도에 입각한 통일 한국의 실현에 대한 공산군 측 동의를 수반할 것이다. 또한 이 같은 목표는 대한민국 체제 하에 이룩되는 통일 한국의 영토적·정치적 독립에 대한 보장과 유엔 가입 그리고 대한민국의 방위력의 수준과 성격에 대한 제한을 동반할 가능성이 있다).

⑤ 공산 측 입장: 현재의 휴전협상을 공산 측이 수용하는 것은 사실상 현상 유지의 지속을 의미하는 첫째 대안을 묵인할 용의가 있음을 의미한다. 공산 측은 상상컨대 첫째 대안보다는 둘째 대안을 선호할 만한 것으로 간주할 지도 모른다. 공산 측은 중국이나 시베리아를 대가로 하는 통일 운동에 흥미가 없고 전쟁으로 분열되고 약화된 작은 나라를 차지하고 있는 한국인들 자체에 대해서는 두려움을 갖지 않고 있다. 한반도에 대한 공산 측의 우려는 이 지역이 주로 미국 또는 궁극적으로는 일본의 기지 또는 도약대로 이용될 가능성이 있다는 사실에서 생겨나고 있다. 중립화를 기초로 하는 한반도통일이 실현되어 그것이 위성국가인 북한 정권과 상당한 정도의 위신의 희생을 의미할 지라도 공산 측은 만주와 북부 중국의 산업, 교통, 항만 시설로부터 불과 수백 마일 떨어진 지역의 미군 기지 건설을 막는 수단

을 갖기 위해 자국 이익의 희생을 받아들일 용의를 아마도 가질 수 있다. 더구나 공산 측은 전쟁의 결과 장래에 후회할 경제적 부담을 제거하려고 할 수도 있다. 공산 측의 범세계적 관점에서 공산주의자들은 이 같은 한국 문제의 해결을 그들에게 순손실만이 아닌, 평화적 성격의 행위를 행할 기회를 제공하는 것으로 인식할 수도 있다.

⑥ 미국 동맹국들의 입장: 유럽과 아시아 할 것 없이 자유세계 거의 모든 국가들은 아마도 한국의 중립화를 강력하게 바랄지 모른다. 그 이유는 두 가지인데, 첫째는 그 같은 해결 방식이 미국과 공산 세계 간의 위험한 마찰 지역 하나를 없애 전면전 위험을 제거하기 때문이고, 둘째는 남한에 강력한 미국 기지를 건설하는 것은 세계의 타지방에 투자될 수 있는 미국의 자원을 고갈시키는 결과를 가져온다는 것이다. 중공과 미국 사이의 긴장 완화를 우려하는 중국 국민당 정부는 의심할 여지없이 한국의 중립화를 비호의적으로 간주하고 있다. 일본은 대체로 한국의 그런 중립화를 지지할 것이다.

⑦ 대한민국의 입장: 한국의 분단 지속에 대한 이승만 대통령과 대한민국 국민들의 강하고 고도로 감정적인 반대가 아주 충분하고도 명백하게 드러났다. 대한민국 체제 하의 통일 독립 한국을 이룩하는 해결 방안이 최고 목표로 그들에게 어필할 것으로 보인다. 이승만은 분단된 한국의 대통령보다는 비록 미국과 동맹을 맺더라도 자신의 나라의 해방자요 통일가가 되기를 원할 것이다. 이승만은 공산 측의 보장에 별로 가치를 주지 않을 지라도 미국과 공산 블록 양측으로부터 적절한 안전을 제공받는 것을 고려할지 모른다.

⑧ 두 개의 가능한 대안들 사이의 미국의 국가 이익: 독립되고 통일된 한국은 변함없는 미국의 정치적 목표였다. 이 목표는 지금 오로지 한국의 중립화를 통해서만 실제로 이룩될 수 있다. 중립화로 인해 생길 한국에서의

군사적 위상의 포기는 미국에 심각하지 않을 것이다. 전면전이 일어날 경우 한국을 방어하려는 시도를 하고 싶은 열망은 의문시된다. 한국에 대한 국지적 침략의 위험에 관해서는 어떤 경우이든 그 같은 침략을 저지하려는 미국군에 의한 보복 가망성이 있다. 한국 국내의 내부적 전복 활동과 간접 침략의 위험은 적절한 한국 보안 병력과 미국의 비밀 행동과 경제 지원으로 방어할 수 있으며 또한 방어해야 한다. 긍정적 측면에서 일본의 안전은 공산 측 군사력(공군력 포함)의 (압록강과 두만강 너머로의) 철수로 호전될 것이다. 한국의 미군 기지와 대규모로 무장한 한국군에 대한 지원의 필요성으로부터 미국이 해방되면 예산 절감으로 저축이 가능할 것이며, 다른 지역에서의 자유세계의 군사적 위상의 증가가 가능할 것이다. 대한민국 체제 하의 한국 통일은, 심지어는 중립 통일일지라도 아마도 전쟁의 더욱 건설적인 결과가 될 것이며, 전쟁 전의 구질서로의 회귀보다 미국의 신뢰를 증가시킬 것이다.

〈결론과 건의 사항〉

⑨ 본질적으로 대한민국 체제가 변하지 않는 통일 중립 한국을 이룩하겠다는 목표는 미국의 국가 이익에 부합하므로 미국의 목표가 되어야 한다. 이 같은 목표는 한국을 미국의 정치 제도를 가진 통일 한국으로 만들고 대한민국 체제하의 통일 한국의 영토적 정치적 독립을 보장하며, 한국의 유엔 가입과 내부 안전을 지키는 데 충분하고 강대국 이외의 국가들에 의한 공격을 방위하는 것이 가능한 군사력을 보유하게 만들 것이다.[10]

5. 이승만 비망록

이승만 대통령은 로버트슨 특사가 7월 2일 자신에게 보내온 비망록

(p.149)에 대한 답장을 7일 그에게 보냈다. 이 문서는 로버트슨의 관찰에 의하면, 변영태 외무장관이 초안한 것이다. 로버트슨은 이튿날인 8일 제1차로 국무부에 올린 전문 보고에서는 더욱 구체적으로, 이 비망록이 자신과 이승만의 합의를 봉쇄하기 위해 모든 노력을 기울이고 있는 변영태 외무장관이 작성했다고 보고했다.

이승만 대통령의 비망록은 앞에서 설명한 로버트슨의 비망록에 대해 항목별로 의견을 제시했다. 우선 제1항에 대해 상호방위조약의 약속이 완전하고 효과적인 성격의 보장이 아니라는 점을 제외하면 수용 가능하다고 답했다. 그것은 그 약속이 전적으로 미국 상원의 비준에 달려 있다는 단순한 이유 때문이라고 했다. 7월 말경에 끝날 것으로 알려진 상원의 현 회기 종료 전에 비준안이 통과될 가능성을 찾기 위해 아이젠하워 대통령이 의회 지도자들과 협의하는 것이 바람직하다고 이 박사의 비망록은 지적했다. 상원이 현 회기 만료 전에 조약을 심의하겠다는 보장이 있다면 한국 측은 제1항을 훨씬 수용 가능한 것이라고 판단을 바꿀 수도 있을 것이라고 지적했다.

조약안 가운데 미군의 주둔지 문제에 관해서는 기왕의 미일안보조약의 예를 따라 '일본 국내 또는 주변'이라고 규정한다면 상원의 현 회기 만료 이전에 비준할 수 있는 시간적 여유가 생길 것이라고 비망록은 제의했다. 제2항인 한국 육군의 20개 사단 증설 문제에 관해서는 중공군 제32군단이 만주에서 북한으로 이동해 들어온다는 믿을 만한 보고가 있으므로 한국군 증원 문제를 더욱 신축성 있게 결정할 것을 이 비망록은 제의했다. 또한 제4항의 정치회담 기한 문제 등에 관해서는 완전히 수용하겠다고 밝히고, 제5항의 휴전협정 체결 후 중공군의 철수 문제에 관해서도 만족을 표시했다. 다만 정치회담 실패 후 한미 양국이 중공의 침략자들을 상대로 즉각 전투를 재개할 것을 요구하고, 만약 미국이 이에 동의하기 힘들다면 최소한 한국 측의 통일을 위한 전투에 도덕적 및 물질적 지원을 해야 한다고 주장했다. 또한 휴전협정 체결부터 정치회담 결렬 때까지 공산군이 새로운 전면전을 준비하기 위해 공군 기지를 비롯한 군사 시설을 증설하려 할 경우 한국군이 이에 대항하기 위한 준비를 하는 데 미국은 지원해야 한다고 요구했다.

이승만 대통령의 비망록은 미국 측 안의 포로 송환과 반공 포로 석방 항목에 대해 동의를 표시한 다음 1950년에 한국 정부가 국군의 지휘권을 유엔군 사령부에 위임한 것은 통일이라는 본래의 목표를 달성하기 위해서였지, 중도에 이를 멈추고 한국을 영원히 분단되도록 방치하려는 것이 아니었다고 밝혔다. 따라서 만약 (새로 전개될 상황이 그렇게 하도록) 강요한다면 (대한민국은) 혼자의 손으로 원래의 목표를 달성할 주권적 권리를 보유하고자 한다고 밝혔다. 유엔군사령부와 대한민국이 공동의 목표를 추구하는 한 양측은 지금까지와 동일한 관계 속에 남을 것이라고 한국 측 안은 주장했다. 그러나 만약 양측이 그러하지 못한다면 현존하는 관계는 자동적으로 뚜렷한 변화를 겪을 것이라고 밝혔다.[11]

로버트슨 특사는 7월 8일 제2차로 국무부에 보고 전문을 보내고 이날 아침 가졌던 이승만과의 회담 내용을 보고했다. 이에 의하면 로버트슨은 이날 아침 브릭스 주한 미국 대사, 영 국무부 북동아국장 등 사절단 소속 대표들을 대동하고 경무대로 이승만 박사를 방문해 이 박사의 비망록에 답변하는 자신의 편지를 전달하고 담판을 가졌다. 로버트슨의 보고에 의하면 그는 이 자리에서 먼저 아이젠하워 대통령의 지시에 따라 덜레스 국무장관이 상원의원들을 만나 한미공동방위조약을 지지한다는 약속을 받았다고 알려온 국무부의 훈령 내용을 낭독했다. 이승만 대통령은 이 같은 로버트슨의 다짐을 환영하면서 그에게 상원의원들이 한 말의 내용을 비롯해 미일안보조약과 중공군 포로 문제 등에 대해 그가 구두로 설명한 내용들을 서면화해 주기를 희망했다. 이승만은 로버트슨의 비망록에서 제기한 한국군의 유엔사 이탈 문제에 관해 "마음속에 전혀 없는 것"이며 그런 행동은 '어린이 같은' 것이므로 "우리 자신과 우리 우방들을 망치는 일을 결코 원하지 않는다"고 약속했다. 그는 이어 "현재와 같은 한미 간의 합의가 휴전 후에도 지속되기를 바란다"고 강조하고 "그러나 대한민국은 주권 국가로서 후일에 공산주의자들의 의도와 대처 방법에 관해 유엔 사령부와 견해를 달리하는 경우에는 다른 결정을 내릴 수 있다"고 밝혔다는 것이다.

이에 로버트슨은 자신이 먼저 보낸 2일자 비망록 중 미국의 대한 협력 약속 항목들을 다시 낭독해 주면서 "그 조항들은 이승만 대통령께서 말한 바로 그 점을 수행하기 위해 문서화한 것"이라고 해명했다. 이 순간 변영태 외무장관이 도중에 발언을 하려 했으나 이 대통령이 제지해 그 발언이 미국 측 회의록에는 기록되지 않았다. 로버트슨은 이승만에게 자신이 이틀 후인 10일 귀국할 준비를 갖추고 있으므로 그 전에 합의문 채택에 도달하기를 원한다고 발언했다.

로버트슨 특사는 이날 이승만 대통령에게 아주 정중한 편지를 보냈다. 그의 편지 내용은 다음과 같다.

친애하는 대통령님. 오늘 아침 각하와 우리들의 회의에서 있은 각하의 비망록과 서한에 대한 협의에서 우리 측은 각하의 일부 제안에 대해 동의하고 다른 일부의 제안은 왜 미국 측이 받아들일 수 없는지를 설명 드렸습니다. 본인은 이 편지로 이미 각하에게 말씀 드린 설명 내용을 확인할 수 있는 것을 기쁘게 생각합니다. 이 편지는 지난 7월 2일자 본인의 비망록과 함께 미국 측이 현 단계에서 완전하고 즉각적인 합의에 도달할 수 있는 것으로 보이는 (다음과 같은) 상호 이해를 반영하고 있습니다.

① 한미상호방위조약의 비준에 관한 상원 지도자들의 약속(생략).

② 미국 정부는 조약의 비준을 정치회담의 진전과는 무관하게 독립적으로 진행하며 대통령과 상원 지도자들은 그 동안 한국 정부의 태도가 이를 불가능하게 만들지 않는 한 의회 회기가 재개되는 대로 조약의 즉각적인 비준을 위해 매진할 것입니다. 상원 다수당 원내총무 대리인 놀랜드 상원의원은 상원이 시간적 요소 때문에 몇 주밖에 안 되는 잔여 회기 안에 조약을 처리하려고 움직일 가능성은 없다고 알려주었습니다.

③ 미일안보조약의 일부 자구를 차용하는 문제에 관해서 덜레스 국무장관은 해당 조약의 제1조와 유사한 표현을 한미공동방위조약안에 넣는 것에는 아무런 어려움도 없어야 한다고 통고해 왔습니다.

④ 중공군 반공 포로의 처리 문제에 관해 클라크 유엔군 사령관은 북한군 반공 포로들처럼 이들을 중립국 적십자회로 인계한 다음 석방하기 위해 비무장 지대로 이송하도록 공산 측 동의를 얻겠다고 통고해 왔습니다. 이에 따라 본인의 7월 2일자 비망록의 해당 항목을 수정할 것이며, 클라크 장군은 별도로 각하에게 서한을 보낼 것입니다.

본인은 본인의 7월 2일자 비망록에 항목별로 명시한 미국 정부의 조치에 관한 규정들이 각하의 정부가 취할 행동 여하에 달려 있다는 점을 다시 한 번 분명히 하고자 합니다. 본인은 각하께서 그 동안 개최된 모든 회담에서 본인에게 보여주신 예의와 우호적인 배려에 크게 감사드립니다. 본인은 각하의 친구들인 아이젠하워 대통령과 덜레스 장관을 대리해 각하가 당면한 문제들에 대한 그들의 깊은 관심과 귀국의 장래에 관한 각하의 우려에 대한 그들의 공감, 그리고 귀국이 이를 위해 이미 엄청난 희생을 치렀으며 각하께서는 여러 해 동안 한결같이 헌신적으로 노력해 오신 통일·독립 한국이라는 목표의 달성을 위해 우리 두 나라가 우방과 동맹국으로서 함께 계속 노력하겠다는 두 분의 열렬한 소망을 각하께 전달해 드리는 바입니다.

월터 S. 로버트슨 드림.[12]

이승만 대통령의 타협적 태도와 그 덕택으로 현안들에 관해 로버트슨 특사와 합의가 이루어지자 이에 크게 만족한 미국 정부는 즉각 아이젠하워 대통령의 친서로 화답했다. 한미상호방위조약 체결이 드디어 합의되고, 아이젠하워 행정부가 추진하던 원만한 휴전협정 체결 노력에도 서광이 비친 것이다. 덜레스 장관은 7월 8일 로버트슨 특사의 보고를 받는 즉시 백악관을 방문해 협의 끝에 그에게 훈령을 내리고, 아이젠하워가 "만약 로버트슨이 적절하고 유용하다고 판단한다면 대통령 친서를 이승만 대통령에게 전달하도록 재가했다"고 전했다. 덜레스가 기초한 친서 내용은 다음과 같다.

친애하는 이 대통령님. 로버트슨 특사의 보고는 우리들이 서로 나란히 서서 전진을 계속할 수 있다고 믿도록 본인을 격려했습니다. 본인은 최근의 (양국) 대화가 많은 오해를 불식시키고, 너무 오랫동안 지체되어온 우리 사이의 상호 이해와 목적의 친숙감을 생기게 했다는 본인의 느낌에 각하도 동감하시기를 바랍니다. 본인은 대통령님의 장래 목표들에 공감하여 미국 국민들의 과거의 성취와 우정과 신뢰를 희생하지 않을 조치들로써 가장 잘 성취될 것을 확신합니다. 이 같은 우정과 신뢰는, 만약 대통령님이 원하신다면, 대통령님의 국민들에게 이처럼 위험이 가득 찬 세계에서 각하의 합법적 희망과 열망을 실현함에 있어서 미래를 위한 신뢰할만한 의지와 지지가 될 수 있을 것입니다.

요즘 들어 본인은 대통령님과 완전히 공감하고 있습니다. 미국 대통령으로서 본인 자신의 입장은 동정심의 결여가 아닌, 위대한 목표가 필사적인 방법으로는 성취되기 어렵다는 고통스러운 경험에서 비롯되는 성공에 의해 정형화 되었습니다. 위대한 애국자로서 역사상 화려한 각하의 위상은 인내심 깊고 냉철한 노력에서 비롯된 것입니다. 우리는 그 같은 노력을 기울임에 있어서 대통령님과 단합하게 되기를 바랍니다.

드와이트 D. 아이젠하워.[13]

제10차 이승만 · 로버트슨 회담

6. 한미 협상 다시 답보 상태에 빠져

제10차 이·로버트슨 회담은 7월 8일 오전 11시 35분부터 1시간 5분간 경무대에서 열렸다. 이날 회담을 위해 로버트슨 특사가 브릭스 주한 미국 대사를 대동하고 경무대 앞길로 들어설 무렵 남녀 학생과 일반 시민 약 1만 명이 '한미 우호를 영원히 지속하자', '미국과 유엔 원조에 감사하자' 등의 플래카드를 들고 북진 통일 지지 데모를 벌이고 있었다. 로버트슨 일행은 데모대 앞을 지나면서 이들 구호를 열심히 응시했다. 11시 40분경 회담이 끝나고 경무대 정문으로 나온 로버트슨 특사는 승용차를 둘러싼 내외 기자들이 "회담은 앞으로도 계속될 것인가?"라는 질문을 하자 "내가 이 대통령에게 문밖에서 기다리고 있는 기자들에게 뭐라고 전할지를 묻자 이 대통령은 아직 회담 내용은 말할 수 없다고 답변하라고 대답해 주었다"고 말한 다음 "회담은 앞으로 계속될 것이냐?"는 기자 질문에 대해 "회담이 종결될 때는 여러분에게 그 사실을 전해주겠다"면서 회담 내용에 대해서는 함구했다.[14)

이날 회담의 내용이 언론에 알려지지 않은 가운데 미국 언론은 이·로버트슨 회담의 불길한 전도를 예측하면서 아이젠하워 대통령의 특사인 로버트슨 국무부 차관보가 이승만 대통령에게 유엔군 측의 휴전 노선에 협력하도록 노력을 계속하고 있지만 만약 공산군 측이 8일 판문점 연락장교회의에서 휴전협정 조인에 대한 의욕을 명백히 하는 경우 13일간에 걸친 이승만─로버트슨 회담이 급작스럽게 끝을 맺고 말 것이라고 예측하기도 했다. 이 날짜 서울발 일부 외신 보도는 로버트슨 특사가 이미 이 대통령에게 대한민국이 이탈하더라도 미국은 휴전을 추진할 계획이라고 언명한 바 있다고 보도하고, 이 대통령의 강경한 태도를 완화시키려는 미국의 인내가 소진되어 가고 있다고 전했다.[15) 9일자 《동아일보》는 강경한 미국 측 입장과 공산군 측의 휴전에 대한 적극적인 자세 변화를 전하면서 '한국 운명, 중대 기로에'라는 제목의 1면 톱기사로 이승만·로버트슨 회담 관련 보도를 대대적으로 다루었다.[16)

그러나 이승만 대통령이 남긴 기록에 의하면, 이날 회담에서는 한미상호방위조약과 정치회담 문제, 그리고 한국군에 대한 유엔 사령부의 작전통제권에 관한 깊이 있는 대화가 있었다. 우선 방위조약에 관련해 로버트슨이 미군의 주둔지를 미일안보조약처럼 대한민국 국내 및 주변 지역으로 하자는 이승만의 제안에 찬성한 다음, 덜레스 장관이 상원의 공화 민주당 지도자들을 함께 초치해 조약 체결에 관한 지지 답변을 얻었다고 전했다. 로버트슨은 정치회담에 관해서는 회담 90일이 지나도록 성과가 없을 경우에 이승만이 한국의 미래에 닥칠 위험을 거론하자 로버트슨은 미국은 한국의 통일을 위해 계속 노력하겠다고 답변하고 정치회담이 결렬될 때까지는 한국군의 유엔군 사령부로부터 철수시키는 것을 연기하도록 요구했다.

회의가 시작되자 로버트슨이 이승만 대통령이 그에게 보낸 비망록을 꺼내 들고 세목별로 언급했다. 방위조약의 비준에 관해서는 놀랜드 상원의원을 비롯해서 어느 누구도 상원이 이번 회기에 비준안을 통과시킬 수 있을 것으로는 생각하고 있지 않다는 덜레스 장관의 전보를 낭독했다. 덜레스는 아이젠하워의 지시에 따라 이 전보를 주한 미 대사관에 보냈다고 로버트슨은 밝혔는데, 아이젠하워는 한미방위조약 체결을 결정하기 전에 상원 지도자들의 의견을 충분히 타진했다는 것이다. 그리고 한국군의 증강 규모에 관해서는 미국 측 비망록에 '20개 사단 내외'라고 기록한 것은 "'신축적'이라는 의미이므로 만족스럽겠지요?" 하고 로버트슨은 이날 회담에서 한국 측에 물었다. 또한 정치회담 개최 90일 후 아무 성과가 없어 한미 양국 대표가 정치회담에서 철수한 다음 미국 측이 취할 방침에 관해서는 "한국의 통일을 가져올 수 있는, 미국이 할 수 있는 모든 일을 계속해서 다할 것"이라고 설명했다. 이것은 정치회담 실패 시 한국군은 단독으로 통일 전쟁을 재개할 것이므로 미국은 같이 싸우든지, 아니면 정신적 물질적 지원을 해 달라는 한국 측 요구를 받아들이지 않은 것이다. 마지막으로 공산군 측이 정치회담 후 한국에서 병력을 증강하는 경우의 미국의 대비책에 관해서는 "이 문제는 본인도 혼란스러운데, 공산군의 병력 증강은 없을 것이며 중립국 감시위원회가 감시할 것"이라고 로버트슨은 답변했다.[17]

제10차 이·로버트슨 회담은 이처럼 방위조약 문제와 미군 주둔지 문제는 타결이 되었지만 정치회담 실패 후 한미 양국이 취할 후속 조치에 대해서는 아무런 합의도 도출하지 못한 성공 반, 실패 반의 회의로 끝났다. 판문점에서 진행되다가 휴회에 들어간 판문점 휴전회담 본회의가 속개되기 전에 한미 간에 합의점을 도출해 내지 못했다. 판문점에서는 8일 공산군 측이 마침내 지난 6월 28일 클라크 유엔군 사령관이 제안한 휴전협정 조인을 위한 판문점 본회의 개최 요구를 수락했다. 이에 따라 유엔군과 공산군 양측은 9일 연락장교회의에서 휴전회담 본회의 개최 일정을 협의하기로 되었다.

8일 정부 대변인 갈홍기 공보처장은 간단한 성명을 통해 공산군 측의 회답은 한국과 미국의 관계를 결렬시키려는 속셈이라고 비난했다. 같은 날 변영태 외무장관은 UP통신 기자와의 단독 회견에서 "유엔군 측은 혼란을 피하기 위해 휴전협정 조인 3일 전에 한국 측에 이를 공식 통고해야 한다"고 요구하는 성명을 발표했다. 변 장관은 "이 대통령은 클라크 장군에게 만일 한국군을 유엔군 사령부 지휘 하에서 철수시키게 될 경우에는 사전에 이를 통고할 것을 명시하였다. 나는 휴전협정이 우레와 같이 돌발적으로 조인되지 않기를 희망한다. 이 같은 조치는 혼란을 초래할 뿐일 것이다. 유엔군 사령부에서는 혼란을 피할 수 있도록 휴전협정에 조인하기 3일 전 우리에게 사전 통고를 하여야 한다"고 요구했다. 이 무렵 휴전을 둘러싸고 이를 반대하는 시위가 자주 벌어졌다. 8일에도 경무대 앞에서 수천 명의 시위대가 휴전 반대 구호를 외치면서 시위를 벌이는 가운데 이승만 대통령은 경복궁 내 경회루 연못에서 3시간 동안 잉어 낚시로 심란한 마음을 달랬다.[18]

7. 이승만, 로버트슨의 귀국 말려

제11차 이·로버트슨 회담은 7월 9일 두 차례에 걸쳐 경무대에서 열렸다. 첫 회담은 이날 오전 9시 반경부터 약 1시간 15분간 이승만 대통령과 로버트 특사가 한국 측에서 백두진 국무총리와 변영태 외무장관, 그리고 백선엽 육군참모총장 등을, 미국 측에서 맥카들 국무부 홍보담당 차관보, 브릭스 주한 미국 대사와 영 국무부 북동아국장 등을 각각 배석시킨 가운데 열렸다. 이 회의에 배석한 맥카들 차관보는 오전 10시 50분경 브릭스 주한 미국 대사와 함께 이날 오전 10시 25분경 도쿄로부터 내한한 클라크 유엔군 사령관과 머피 고문을 만나기 위해 미8군 사령부 영빈관을 방문한 후 클라크 사령관, 테일러 미8군 사령관과 함께 11시 반경 다시 경무대로 와서 이승만 대통령과 약 20분간 둘째 회담에 참석했다. 클라크 사령관은 경무대 회담에 참석한 다음 8군 사령부에서 낮 12시 45분부터 4시까지 약 3시간 15분에 걸쳐 판문점 휴전회담의 유엔군 측 대표 해리슨 장군과 만나 한국 측의 방해로 휴전협정이 파기되지 않도록 보장을 요구한 공산군 측에 대한 회답 내용에 관해 협의한 다음 머피 고문과 함께 4시 45분경 도쿄로 떠났다.[19]

이날 두 차례에 걸쳐 열린 이승만·로버트슨 회담의 제1차 회의에서는 로버트슨 특사가 이승만 대통령에게 휴전을 수락하도록 설득을 벌였지만 별다른 성과를 보지 못한 것으로 전해졌다. 9일자 서울발 외신들은 로버트슨이 앞서 아이젠하워 대통령이 이승만에게 보낸 친서에서 밝힌 것처럼 한국이 휴전협정에 조인하는 대신 ① 미국은 한국과 상호안보협정을 체결하기 위한 협상을 하고, ② 휴전협정 조인 후 개최될 정치회담에서 한국 통일을 위한 대한민국의 요구를 지지하며, ③ 한국의 가택, 농장, 공장 등을 재건하기 위해 자금과 기타 원조를 제공한다는 것이다. 이에 대해 이 대통령이 이 제안을 받아들일 가능성이 있다는 풍설이 있으나 아직 명백한 반응은 나오지 않고 있다고 보도했다.

이날의 제2차 회의는 이승만 대통령과 로버트슨 및 클라크가 자리를 같이 한 가운데 약 20분간 열려 클라크가 북한 및 중공군 비송환 포로들을 현위치에서 비무장 지대로 이송하겠다는 의사를 이승만에게 설명했다. 이것은 남한에 인도군, 중립국 적십자사, 그리고 공산주의 이념 주입 요원들의 입국 구실을 배제하기 위해서였다. 클라크는 6월 22일에 그랬던 것처럼 이들 포로의 비무장 지대 이송에 공산 측의 동의가 필요하지만 그들이 동의하지 않을 이유가 보이지 않는다고 설명했다.

이날의 두 차례에 걸쳐 열린 제11차 이승만·로버트슨 회담을 《동아일보》는 '이 대통령은 무거운 침묵'이라는 제목의 1면 톱기사로 다루었으며, 《조선일보》는 '정전 합의를 위한 최종적인 단계'라고 역시 1면 톱의 관련 기사로 다루었다.[20]

이날 두 차례의 회담이 끝난 다음 로버트슨은 "어제와 마찬가지였다"고만 기자들에게 말했다. 반면 일부 외신들은 로버트슨 특사가 이날 이승만 대통령에게 휴전협정 수락을 요청하는 최후통첩을 전달했다고 보도했다. 이에 대해 주한 미국 대사관 제크 히긴스 대변인은 "로버트슨 국무차관보는 9일, 미국 측이 이 대통령에게 휴전 수락 조건 동의를 요청하는 최후통첩을 전달했다는 보도를 절대로 부인하기를 원하고 있다"고 발표했다. 클라크 사령관은 휴전회담이 '매우 가까운 시일 내에' 재개될 것이라고 발표한 데 이어 9일에는 유엔군 사령부가 이승만 대통령에게 공산군 측과의 휴전협정 조인을 추진할 방침을 정식으로 통고했다고 외신들이 보도했다.[21]

이날 제2차 회담에 관해 로버트슨 특사가 국무부에 올린 보고서에 의하면, 중립국의 일원으로 인도군이 입국하는 것에 대해 이 대통령이 강력히 반대하자 클라크 장군은 인도군은 포로 송환을 위해 비무장 지대로 직행할 것이라고 답변했다는 것이다. 이승만은 또한 로버트슨이 이튿날 귀국하는 것을 강하게 반대했다. 그는 로버트슨에게 두 사람이 합의에 접근하고 있으며, 곧 합의에 도달할 수 있을 것으로 믿고 있다고 말했다. 두 사람은 많은 사항에 관해 합의했으나 여전히 몇 가지 문제에 대해서는 명확히 해야 할 것이 있었다. 로버트슨이 이 대통령에게 그 문제점이 무엇인지를 묻자 이 대통령은 미국 군부, 미 국무부, 그리고 한국 국민들의 사기를 해치고 그들을 정부로부터 이간시키며 한국 정부 관리와 군부 지도자들을 망명시키려는 미국의 '심리전 하는 사람들'에 관해 '장광설'을 늘어놓았다는 것이다. 이승만은 이 보고서에 모두 기록해서는 안 될 정도로 지나치게 자세한 내용까지 언급했다고 로버트슨은 썼다. 이승만은 자신이 휴전을 거부한 적이 없다고 말하고, 유엔군 사령부가 한국의 이익에 반하는 것으로 그가 생각하는 활동에 간여하지 않는 한 한국 군대를 유엔군 사령부 휘하로부터 이탈하는 것을 고려하지 않는다고 밝혔다고 했다. 물론 그는 미국의 제안이 7월 2일자 비망록에서 개략적으로 설명한 조건을 수락한다는 조건부였다고 강조했다. 이승만과 그는 가능하다면 이날 오후에 그의 정확한 입장을 명백히 밝히기로 약속함으로써 이날 토의를 끝냈다고 로버트슨은 보고했다. 나중에 드러난 사실은, 이승만이 어떤 합의도 이루지 못한 채 회담을 끝낼 명백한 원인이 될 만한 문제가 제기되는 것을 회피하려 했다는 것이다.

클라크 장군은 만약 미국 측이 이승만으로부터 휴전을 방해하거나 휴전을 방해할 만한 행동을 하지 않겠다는 약속을 받아 내거나, 한국군을 특별히 기간의 제약 없이 유엔군 휘하에 두겠다는 약속을 받아낸다면 그러한 약속은 그에게 '백만 달러짜리가 된다'는 확고한 생각을 갖고 있다고 로버트슨은 보고했다. 클라크는 미국에는 몇 달 동안의 숨 돌릴 여유가 필요하며, 일단 휴전협정이 체결되면 대한민국이 전투를 재개하려는 마음을 먹기는 어려울 것이라고 전망했다. 그는 또한 만약 이승만이 일정 기간 동안 한국군을 유엔군 사령부에 남겨두겠다는 확고한 약속을 하지 않는다면, 그리고 잠정 기간 동안의 협력이 긴급하게 필요하게 되면, 그때는 그 조건부 약속이 거부되지 않도록 다음 사항을 결정해야 한다고 생각하고 있다면서 로버트슨은 아래와 같이 보고했다.

① 긴급 상황을 배경으로 한 계획과 연관해 미국이 제안한 비상상황에 기초한 어떤 흥정이 가능한가.

② 본인의 귀국에 때를 맞추어 워싱턴과 서울에서 어떤 성명서를 발표해야 하는가. 본인은 이승만 대통령을 화나게 하는 공개적인 성명의 발표는 삼가야 한다고 생각하지만 그러나 그것은 전적으로 미국의 관점에서 판단할 일이라고 본다. 이승만은 허세를 부리는 것이 아니고 가장 비이성적이고 손해를 끼칠 수 있는 행동이 가능하다. 다음과 같은 취지의 공동성명서를 발표하는 것이 바람직한지 검토하기 바람.

ⓐ 이승만과 로버트슨 특사는 그 동안의 대화에서 많은 이견과 오해를 불식했다.

ⓑ 로버트슨은 그 동안의 활동에 관한 보고를 위해 워싱턴으로 돌아간다.

ⓒ 대한민국은 현재와 같은 기초위에서 유엔군 사령부와 계속 협력할 것이다.

ⓓ 대한민국과 미국은 문제가 된 다른 모든 점들에 대해 곧 명확히 할 것으로 기대된다.[22]

이승만 대통령은 7월 9일 로버트슨에게 서한을 보내고 그와의 회담을 통해 양국 간의 많은 어려운 문제들이 해결되었다고 치하했다. 특히 양측이 한국 측에서 당초 제기한 중공군의 철수 및 휴전협정 체결 이전의 한국 통일을 위한 행동을 유보하기로 합의한 것은 양국민의 긴밀하고 깊은 우정을 과시하고 상호 협력을 이룩하기 위한 것이었다고 강조했다. 이승만은 한미 상호방위조약의 비준 문제에 대해서는 즉각적인 비준의 어려움을 한국 측이 이해하고 만약 미국 의회가 이번 회기 중에 비준을 못하는 경우에는 차기 회기 안에 비준되는 것에 동의했다고 밝혔다. 그리고 한국 측이 상원의 비준을 믿어도 좋다는 아이젠하워 대통령과 덜레스 장관의 보장을 수락하기를 주저하지 않았다고 말했다. 이승만은 로버트슨 특사가 7월 8일자 비망록에서 조약의 비준은 휴전에 협력하겠다는 한국 정부의 의지와 정치회담에 대한 신뢰가 더 이상 악화할지 여부에 좌우될지 모른다고 암시했다고 지적한 다음, "그러나 본인은 한미 양국이 양국 정부의 관계와 양국 국민들의 감정을 특징짓고 있는 성실성, 호의 및 우정의 깊이에 대한 시험에 대처할 수 있을 것으로 믿는다"고 평했다. 그러면서 이승만은 "우리는 휴전협정에 서명은 할 수 없지만, 휴전협정 아래서 취해지는 조치들과 행위들이 우리의 국가 생존에 해를 끼치지 않는 한 이를 방해하지는 않을 것"이라고 다짐했다.[23]

그는 이어 "그러나 우리의 협력 약속이 우리의 입장을 자유롭게 해석하고 공산주의자들 또는 친공주의자들의 선전에 회답하고 공산주의자들의 전복활동에 내부적으로 대처할 수 있는 우리들의 의문의 여지가 없는 주권적 권리를 포기하도록 우리에게 강요하는 것으로 해석되어서는 안 된다"고 밝혔다. 이승만은 이어 "한국 민족의 생존에 가장 사활적인 것은 정치회담이 통일을 이룩하는 데 실패하는 경우 어떻게 한국의 통일을 성취하느냐는 문제이다"라고 밝히고 "우리들의 회담이 시작되었을 때 우리는 유엔 또는 미국의 군대가 한국 통일의 공동 목적을 이룩하기 위해 한국군에 합류하기를 요구했으며, 이 같은 제안이 미국 측에 받아들이기 어렵다면 우리들 자신의 국군이 한국으로부터 공산군을 격퇴하려는 노력을 위한 도덕적, 물질적 지원을 하겠다는 특별한 보장을 받기를 바란다"고 역설했다.[24]

8. 방위조약 이승만 초안

이승만은 한국 정부 측의 한미상호방위조약 초안을 동봉한 이날 서한에서 로버트슨과의 회담이 앞으로 극동지역의 안전하고 영속적인 평화라는 공동 목표를 향해 확실히 나아가게 하는 계속적인 상호 배려와 상호 양보로 이어지기를 바란다고 당부했다.[25]

전체 9개조로 된 이 조약안은 전문에서 "양국의 최초 공식 관계가 1882년 조선조 당시 미국과 체결한 우호조약으로 시작된 데 대해 깊은 만족감을 회상하면서"라는 구절을 넣고 제2조에서는 "양 당사국들은 대한민국의 합법적 관할권이 한국의 전통적 지역 전역, 특히 북쪽으로는 압록강과 두만강까지 미친다는 사실을 인정한다는 것을 재확인한다"고 규정했다. 그리고 조약의 유효기간에 관해서는 "대한민국과 미합중국의 견해에 입각해 한반도 지역의 국제 평화와 안전의 유지가 유엔 또는 다른 방법에 의해 만족스럽게 제공되도록 하는 유엔의 결의 또는 이를 대체하는 그 같은 개별적 또는 집단적 안전 보장 장치가 효력을 발생하게 되었을 때에는 이 조약은 만료된다"고 규정했다. 사실상 영구적인 동맹 관계를 지향하는 것이다.[26]

로버트슨 특사는 이튿날(10일) 국무부에 보낸 보고 전문에서 이승만의 서한과 한국 정부의 한미상호방위조약 초안에 대한 자신의 견해를 피력했다. 그는 이렇게 썼다.

① 이승만은 중공군의 철수와 한국의 통일이 휴전협정 체결 이전에 이룩되어야 한다는 조건을 포기했으며,

② 공산군 측의 모든 비공산주의자 포로들은 즉시 자신들이 선택하는 국가로 석방되어야 한다는 요구를 포기했으며,

③ 이승만은 비공산주의자인 한국 및 중공 포로들은 비무장 지대로 이송되어 중립국 적십자사에 인도되어야 한다는 요구를 철회했으며,

④ 이승만은 한국의 통일 방안을 정치회담에 제안하기를 거부해 오던 것을 포기하고 일정한 유보조건 아래 한국 통일의 '평화적 달성'에 협력하기로 동의했으며,

⑤ 조약이 휴전협정 체결 이전에 비준되어야 한다는 요구를 포기하고 조약이 비준될 것이라는 대통령과 국무장관의 보장을 수락했으며,

⑥ 만약 정치회담의 목표 달성이 실패하면 정치회담 개최 90일 후에는 전투를 재개하는 데 미국은 동의하라는 요구를 포기했으며,

⑦ 이승만은 최초로 휴전을 방해하지 않는다고 서면으로 공식적 약속을 했음.

그러나 여전히 쟁점으로 남아 있는 사항들 중 다음과 같은 문제가 있음.

(a) 정치회담 개최 후 90일 이후의 미국의 약속.

(b) 체약국 중 어느 일방에 안보 위협이 있을 경우 쌍방 간 협의를 규정한 조약 제2조.

(c) 필리핀식이 아닌, NATO식 표현을 따른 조약 제5조.

(d) 그의 서한 안에 다음과 같은 문장 안에 들어 있는 시사들 이외에, 대한민국

군대를 계속 유엔군 사령부 휘하에 두겠다는 내용에 대해 이승만의 어떤 동의도 없는 점. 이승만은 이렇게 말했다.

"우리들은 휴전협정에 서명할 수는 없지만 휴전협정 아래서 취해지는 조치나 행동이 우리의 국가 생존에 유해하지 않는 한 휴전협정을 방해하지는 않을 것이다."

이승만의 서한은 정치회담으로부터의 한미 양국의 공동 철수에 필요한 전제 조건을 삭제했음(그의 서한의 제2문단의 마지막 문장). 조약의 제3조와 제6조의 둘째 문장에 주목해 주시기를 바람.[27]

이 보고를 받은 덜레스 국무장관은 7월 9일(워싱턴 시간) 로버트슨 특사에게 훈령을 보내고 이승만 대통령의 서한이 전적으로 만족스러운 것은 아니지만 로버트슨이 서울에 도착해서 그의 임무를 수행했을 당시 존재했던 상황보다는 큰 진전을 보인 것이며, 아마도 그것은 현 시점에서 이승만으로부터 얻어낼 수 있는 거의 모든 것이라고 찬양했다. 그는 이어 이승만 서한의 불만족스러운 부분에 관해 협상하거나 서한을 교환하기보다는 로버트슨과 클라크의 견해에 따라 미국이 이승만의 서한을 휴전협상에 들어갈 수 있는 만족스러운 근거라고 조용하게 간주하고 그 서한이 제기한 자세한 부분은 장래의 토론과 협상에 맡기자고 말했다.

덜레스는 또한 로버트슨이 한국을 떠나 귀국할 때 한국 측과 공동성명을 발표하는 것이 바람직하다는 견해에 찬성한다면서 가능한 한 만족스러운 공동성명이 되도록 이승만의 동의를 얻는 노력을 기울이라고 지시했다. 그리고 발표 시간 이전에 공동성명 문안을 국무부에 보고해서 홍보 면에서 조정이 되도록 하라고 덧붙였다. 또한 덜레스는 이승만 대통령의 한미상호방위조약 초안에 관해서는 국무부가 즉각 주의 깊은 검토에 착수할 것이며, 휴전에 뒤이어 그와의 고위급 회담을 갖고 협상을 마무리하도록 준비할 것이라고 통고하도록 로버트슨에게 지시했다.[28]

7월 10일 워싱턴에서는 약간 특이한 국무부와 합참 연석회의가 열렸다. 이승만 대통령이 공산 측과의 판문점 휴전회담에 한국 정부가 참여하겠다는 통고를 해옴에 따른 문제를 이날 아침 일본 도쿄의 클라크 유엔군 사령관이 문의해왔기 때문이었다. 회의가 시작되자 콜린스 육군참모총장이 판문점에서 공산 측에 한국이 휴전협정을 준수할 것이라는 점과 만약 한국 측이 휴전협정을 위반하는 경우 유엔군사령부가 한국군에 대한 병참 지원을 중단하겠다는 것을 말해도 좋은지 훈령을 내려달라고 클라크 장군이 요청해 왔다고 보고했다.

이에 대해 존슨 국무부 극동담당 부차관보는 첫째 문의에 대해서는 유엔군 측의 행동의 자유를 제한할 우려가 있고, 둘째 문의에 대해서는 공산 측이 이를 왜곡한 형태로 누설할 우려가 있기 때문에 두 가지 다 허용해서는 안 된다고 답변했다. 이에 다시 콜린스 장군은 자신이 지난번 한국 방문에 앞서 덜레스 국무장관을 만났더니 그는 병참 지원 중단 문제는 신중히 결정할 문제라고 말하면서 2차 대전 때 러시아군이 폴란드 지하저항군에게 병참 지원을 중단했다가 여론이 악화된 전례가 있다고 설명하더라고 말했다. 결국 유엔사는 클라크에게 공산 측이 이 문제를 문의해 오면 한국군 부대가 휴전협정을 위반해서 공격 작전을 하는 경우에는 유엔사가 지원하지 않겠다는 일반적인 답변을 하도록 지시했다.[29]

판문점 휴전회담에서의 한국의 역할에 대한 유엔군의 입장 표명은 뒤에서 설명하는 바와 같이 유엔군 측 수석대표인 해리슨 소장이 7월 19일 판문점에서 열린 제36차 휴전회담에서 행한 발언으로 논란이 빚어지게 된다.

9. 회담 마무리―이승만, 휴전에 협력 약속

제12차 이승만·로버트슨 회담은 7월 11일 정오 조금 넘어 약 20분간 경무대에서 열렸다. 로버트슨 특사가 한국을 떠나기 바로 전날 열린 마지막 한미 협상이자 그 동안의 교착 상태에 돌파구를 여는 회의였다. 한국 측에서는 이승만 대통령, 백두진 총리, 변영태 외무장관이, 미국 측에서는 로버트슨 특사, 브릭스 주한 미국 대사, 영 국무부 북동아국장이 각각 참석했다.

한국 언론이 보도한 바에 의하면, 이날 오후 회담이 끝난 다음 로버트슨 특사는 자신과 이승만 대통령이 휴전협상에 관해 양국이 의견 일치를 보았다는 공동성명을 발표하기로 합의했다고 말했다. 그러나 그는 한미 양국이 한미상호방위협정 내용에 관해 의견 접근을 보았는지에 대해서는 명확히 하지 않았다고 한다. 이날 한국의 외교 소식통은 포로 교환 및 정치회담에서 야기될 문제, 그리고 한국의 자유 통일을 조속히 실현시키기 위한 공동 노력 등에 관해 광범위한 합의를 이룬 것으로 전했다고 한국 언론은 보도했다.[30]

이승만 대통령은 11일 오전 경무대에서 전 국무위원이 참석한 가운데 정례 국무회의를 연 데 이어 이날 오후에는 중앙청 국무회의실에서 이를 속개하고 일반 국정 현안과 함께 그동안의 한미 협상 경과를 설명하면서 회담이 진전되고 있음을 명백히 했다.[31] 이 자리에서 이승만 대통령이 보고한 바는 자신과 로버트슨 간의 길고도 지루한 협상 끝에 최종적으로 합의된 사항은 다음과 같다고 했다. 즉, ① 미국은 정치회담 기간을 90일로 하자는 이 대통령의 요구를 수락하고, 만일 정치회담이 실패했을 때 전투 재개 문제는 한국과 미국이 협의해서 결정한다, ② 한국과 미국은 휴전 성립 후 양국 간의 상호방위협정을 조속히 체결하도록 최선의 노력을 한다, ③ 미국은 한국이 석방한 2만 7천명의 반공 포로를 묵인하는 대신 한국은 현재 억류중인 8,500명의 포로는 휴전협정 체결에 따라 동일 보조를 취한다는 것이다.[32]

이 대통령은 이날 서울 미8군 사령부에서 거행된 유엔군 유공자들에 대한 표창장 수여식에 참석해 "미국과 다른 연합국들의 군대가 대한민국을 구한 것을 한국 국민들은 영원히 잊지 않을 것"이라고 말했다. 그는 또한 "유엔이 그 동안 한국에 제공한 군사 원조에 대해 감사의 뜻을 표하고 대한민국은 통일이 되지 않으면 위험 속에 남겨질 것"이라고 경고했다.[33] 이와 때를 같이 해 판문점에서는 10일과 11일 이틀 동안 휴전회담 본회의를 열고 휴전협정 조인을 위한 최종 준비 작업에 들어갔다.[34]

로버트슨 자신이 11일 국무부에 보고한 바에 의하면, 그가 이날 회의에서 이승만 대통령과 광범위한 영역에서 합의에 도달했으므로 워싱턴으로 돌아가 아이젠하워 대통령과 덜레스 국무장관에게 그 결과를 보고하는 것이 최선이라고 생각한다고 발언한데 대한 이승만의 반응을 기록하고 있다. 자신의 말은 들은 이승만은 "좋은 생각"이라고 말하면서 로버트슨이 귀국하면 상원 지도자들도 방문해 한미 양국이 아직 최종적으로 합의하지 못한 몇 가지 문제에 관해 입장을 분명히 할 것을 권했다고 한다.

이 자리에서 미국 측 제안으로 양측은 합의 사항에 관한 공동성명을 발표하기로 합의했다. 이승만도 단일의 공동성명을 발표하는 것이 "가장 중요하다"고 즉각 동의했다. 그는 로버트슨이 미국 정부 입장을 미국 국민들에게 설명하는 데 어려움이 있다는 것을 알고 있다고 밝힌 다음 한국 국민들에게도 너무 많이, 또는 너무 적게 설명하는 데에 어려움이 있을 것으로 안다고 로버트슨에게 말했다. 이승만은 양측이 발표하는 것이 일치해야 하며 서울에서 말하는 것과 워싱턴에서 말하는 것이 통일되어야 한다고 강조하면서 자신도 같은 생각이 들어 그날 아침에 이미 공동성명 작성을 위해 쪽지에 초안을 적어놓았다고 말했다.

그러자 로버트슨은 미국 측 공동성명 초안을 이승만과 한국 각료들에게 건넸다. 이승만은 이 초안을 자신의 생각과 비교하면서 읽어본 다음 그날 중으로 공동성명에 반영하도록 하겠다고 말했다. 그러자 로버트슨은 그의 편지 한 통을 이승만 대통령에게 수교했다. 이승만은 이를 크게 읽은 다음 로버트슨에게 편지를 주어 감사하다는 말 이외는 아무런 논평도 하지 않았다. 이승만은 그에게 언제 출국하느냐고 물었다. 그가 다음날 떠난다고 답하자 이승만은 고개를 끄덕이면서 '공식적이 아닌, 완전히 개인적인 친근한 자세로' 그를 향해 그의 한국 방문과 이승만 자신 및 로버트슨이 똑 같이 원했던 상호 이해에 도달하기 위해 그처럼 열심히, 그리고 인내를 갖고 노력한 데 대해 감사한다고 말했다. 이승만은 이어서 이렇게 말했다.

로버트슨 씨, 당신은 우리를 제압(conquer)했어요. 나는 당신이 한 일을 승인할 수가 없어요. 그렇지만 나는 저항하지 않을 겁니다. 나는 공산주의자들이 나의 반대를 알기를 원하지 않아요. 그들은 그저 추측이나 계속 하겠지요. 그 대신 나는 도랑에 빠진 신세가 되었으니 당신이 나를 끄집어 내주어야 합니다. 워싱턴에 돌아가거든 대통령과 국무장관, 그리고 상원의원들에게 우리가 토의한 모든 것들을 이야기하세요. 이승만이 미국과 협력하기를 원하고 있다고 그들에게 말하세요.

로버트슨의 평가에 의하면 이날 회합은 미국 측에 대한 이승만 쪽의 완전히 개인적인 우정 어린 분위기 속에서 끝났다고 한다.[35]

10. 이승만, 아이젠하워와 덜레스에 간곡한 친서

이승만 대통령은 7월 11일, 로버트슨 특사의 귀국을 앞두고 아이젠하워 대통령에게 친서를 보내고 로버트슨과의 협상이 유익했다고 사의를 표한 다음 그와의 협상에서 미 합의된 사항에 대해서는 한국 측에 유리한 해결책이 나오기를 간절하게 바란다고 요망했다.

그는 아이젠하워에게 한미 양국이 이번 협상에서 충분히 과시한 상호주의 정신에 입각해 앞으로의 협상을 계속할 수 있는 한 우호 관계에 입각해서 양국의 이익과 극동의 평화와 안전에 도움이 되도록 해결을 할 수 없는 문제는 제기되지 않을 것으로 확신하고 있다고 밝혔다. 이승만은 태평양 정책에 있어서의 한국의 전략적 중요성을 감안해 대한민국을 전략적 힘의 중심지이자 충성스럽고 능률적인 미국의 동맹국으로 삼아 아시아와 미국의 관계의 장래 진로에 총체적 변화를 이룩할 것을 촉구했다. 그는 이렇게 주장했다.

> 본인이 가장 진심으로 추천하고 싶은 것은… 과거 미국은 일본을 동북아 정책의 주춧돌로 삼았으나 아이젠하워 행정부는 한미 양국 간 상호 의존의 밀접성과 상호 가치를 과시해 주기를 바랍니다…
>
> 통일되고 재건된 한국은 일본만큼 강하게 될 수 있으며 일본보다 더 높은 수준의 번영을 누릴 수 있습니다… 우리의 전략적 위치는 우리가 명백하고 의문의 여지없이 강하지 않으면 항상 러시아, 일본, 중국에게 타국에 대한 침략의

통로로서 우리를 공격하고 싶은 유혹을 느끼게 하고 있습니다. 아시아를 위한 순수한 안보 제도가 한국의 독립과 한국의 국력이라는 강력한 기초 위에 입각하지 않으면 안 된다는 결론에 도달하게 되는 것입니다.[36]

이승만은 같은 날(7월11일) 덜레스 국무장관에게도 친서를 보냈다. 이 친서는 아이젠하워에게 보낸 그것보다 거의 3배 가까이 긴 자세한 것이었다. 그 내용은 단순한 사무적인 연락이 아니라 정치회담에 대한 비관적인 견해와 막대하고 처절한 피해만 입고 통일의 희망을 버리고 억지로 미봉책인 휴전을 해야 하는 대한민국이 처한 어려운 상황을 설명한 다음 한국과 미국의 공산주의에 대한 바람직한 대책을 논하는 절절한 것이었다. 1953년 7월 현재의 한반도 상황에서 만약 이승만이 아닌, 다른 사람이 대한민국 지도자였다면 이 같은 글을 당당하게 쓸 수 있었을까 의문이 들 정도의 명문이다. 이승만의 친서는 서두에서 이렇게 시작된다.

사람들(그들은 본인을 고집이 센 사람이라고 부릅니다)은 지난 몇 주간의 이 끔찍한 시기에 본인이 감내해온 고뇌나 여러 가지 문제와 결정을 위해 본인이 바친 기도의 시간들을 이해하지 못합니다. 본인이 지난 6월 22일자 귀하의 서신에 대해 즉시 해답을 하지 않았다면 그것은, 본인이 아무 말도 하지 않는 동시에 우리 두 사람 사이의 따뜻한 우정의 유대를 약화시킬 어떤 조치도 자제함이 갖는 압도적 중요성을 깨닫게 한 본인의 느낌 때문이었다는 사실을 귀하께서 이해해 주시기를 바랍니다. 우리의 전우애는 잃어버리기에는 너무도 귀중한 것입니다.

이승만은 이어 그 동안 로버트슨 특사와의 회담에서 자신이 취한 기본 입장이 한국인들의 '장래를 위한 진정한 희망'을 실현하기 위해서였다고 다음과 같이 설명했다.

친애하는 덜레스 씨. 우리들의 나라와 국민들이 친구인 것처럼 귀하와 본인도 친구입니다. (중략) 본인의 사무실 창문을 통해 서울의 황폐한 잔해들 위로 바깥을 바라보면서, 그리고 수백만 명의 피난 민들과 (전쟁으로) 사망한 수십만 명의 우리 국민들을 회상할 때 우리나라가 공산 독재에 대항하는 공동 투쟁에서 (미국의) 값진 동맹국으로 바로서려는 우리 국민 자신들이 노력하는 과정에서 치른 그 어마어마한 대가를 귀하께서 모르시리라고는 생각할 수 없습니다. (중략)

우리들의 의도는 평화를 반대하는 데 있지 않고, 이를 성취시키기 위해 노력하는 데 있습니다. 본인의 가장 엄숙한 확신은 귀하와 아이젠하워 대통령이 공산주의자들의 더 이상의 전진과 궁극적인 세계 대전을 막을 억제로서 한국에서 제한적이지만 결정적인 군사적 승리를 위해 압박을 가하지 않은 점을 머지않아 후회하게 될지 모른다는 점입니다. (중략)

이제 휴전협정은 곧 조인될 것입니다. 본인은 본인의 예측이 빗나가서 진정한 평화가 오기를 하나님께 기도합니다. 만약 그렇게 되지 않을 경우 세계대전이라는 최후의 참화를 뒤로 미루거나 제거할 제한된 승리를 얻을 수 있는 기회를 다시 한 번 가지려고 노력함에 있어서 우리가 미국 편에 서듯 미국도 우리 편에 서주기를 희망합니다.[37]

11. 이승만-로버트슨 공동성명 발표

마침내 7월 12일 오전 10시를 기해 이승만 대통령과 로버트슨 특사는 16일간의 긴 협상을 마무리하는 공동성명을 발표했다.[38]

6월 25일 밤 입국한 로버트슨은 그 동안 이승만 대통령과 모두 12회의 회담을 가졌었다. 그가 이끈 로버트슨 사절단은 서울로 출발하기 전 미국에서의 준비 기간까지 넣으면 실제로는 6월 22일부터 7월 12일까지 약 20일간 활동한 셈이다.

공동성명은 이날 서울과 워싱턴에서 동시에 발표되었다. 공동성명의 골자는 포로들의 자유 귀환 보장, 정치회담에 연관된 상호 이해 성취, 상호방위조약 체결 합의, 정치·경제·국방 정책 노선의 협력, 한국의 자유·독립·통일 실현을 위한 공동 노력 등을 다지는 것이었다. 그 전문은 다음과 같다.

과거 2주일간 우리들은 여러 가지로 솔직하고 예의 바르게 의견을 교환하여 대한민국과 미국과의 사이에 존재하고 있는 우의를 강화해 왔으며, 휴전 준비, 포로 교환 그리고 휴전 후 개최되는 정치회담에 관련해 야기될 곤란한 문제에 대하여 상당한 상호 이해를 성취하여 왔다. 이러한 토의는 우리들이 계속해서 휴전기간 중에도 우리들의 공동 목적을 위해 긴밀히 합력하고자 하는 우리들의 결의를 공고히 하였으며 3년 전 공산 침략이 개시된 이래 우리들의 관계를 돈독하게 하는 것이다.

전쟁 포로에 관하여서 우리들은 어느 포로도 강요를 받지 않을 것이며 특정한 기간까지 공산 지역에 귀환할 것을 기피하는 모든 포로는 대한민국에서 석방되거나 반공 중공 포로의 경우와 같이 그들이 선택하는 목적지로 돌아갈 수 있다는 우리들의 결의를 재강조하였다.

우리들의 두 정부는 상호방위조약 체결에 관하여 합의를 보아 현재 그 협상이 진행 중에 있다. 우리들은 같은 방식으로 정치 경제, 그리고 방위 노선에 따라서 협력할 것을 토의하여 왔으며 우리들의 토론은 이러한 문제에 관련하여 광범위한 합의를 보았다. 특히 우리는 가장 조속하고 실질적인 시일 안에 우리의 공동 목표인 한국의 자유 독립 통일을 실현시키기 위하여 공동으로 노력하겠다는 우리의 결심을 강조하고자 한다. 우리는 우리들의 회담이 진전하는 과정에서 교화(敎化)의 정신과 그 동안 발전된 광범위한 합의가 계속적인 상호 배려와 지속적인 화해 정신을 촉진시킬 것이며, 또한 그것이 극동지역의 안전 보장과 항구적인 평화를 지향하는 우리의 심려한 목표를 가장 틀림없이 달성하리라는 것을 확신하는 바이다.[39]

로버트슨 특사는 예정대로 12일 서울을 떠났다. 그는 이날 오전 9시 서울 여의도 비행장에서 출발해 귀국하는 도중 오전 10시 30분경 부산 수영 공항에 착륙, 유엔묘지를 참배하고 병기재생청을 시찰했다. 그의 부산 방문에는 백선엽 육군참모총장과 브릭스 주한 미국 대사가 함께 했다. 그는 이날 오후 4시 부산 시내에서 간단한 환송 파티에 참석하고 5시에 내외 귀빈들의 환송을 받으면서 수영 공항에서 일본 도쿄를 향해 이륙했다. 그는 18일 후에 덜레스 국무장관을 수행해 한미공동방위조약의 최종 마무리 작업을 위해 다시 서울에 오게 된다.

로버트슨은 7월 12일 한국을 떠나면서 부산에서 "한미상호방위협정 및 휴전에 관계되는 사항들에 대해서는 양국 관리들 간에 계속적인 협상이 서울에서 있을 것"이라고 밝혔다고 부산발 로이터 통신이 보도했다.[40] 이날 자 《뉴욕타임스》는 "로버트슨, 이승만의 약속 언급"이라는 제목 아래 "로버트슨 특사가 한국을 떠나면서 휴전협정 준수에 대한 보장을 받았다고 발표했다"고 보도했다.[41] 로버트슨과 함께 이승만 대통령과 힘겨운 협상을 벌이는 데 참여한 클라크 유엔군 사령관은 나중에 "로버트슨 사절단의 중요성은 전 세계가 한국이 괴뢰국가가 아니라는 것을 인정한 데 있다"라고 회고했다.[42]

12. 이승만, 3개월간 휴전 협력 별도 발표

이승만 대통령은 공동성명 발표 당일인 12일 "한국은 휴전을 수락하지 않지만 적어도 3개월간은 휴전에 방해를 하지 않기로 동의했다. 미군은 3개월 이내에 한국을 통일하고 중공군은 한국으로부터 철퇴시킬 수 있다고 생각하고 있는데 우리들은 그렇게 생각하지 않고 있다"고 말한 것으로 《스크립스하워드》 계열 신문들이 보도했다. 이에 대해 서울발 AP통신은 "로버트슨 특사가 이 대통령이 어떤 미국 기자에게 한국은 다만 90일 동안만 휴전을 반대하지 않겠다는 데에 동의하였다고 언명했다는 소식을 듣고 당황했다고 말한 것"으로 보도했다. 이 기사는 로버트슨이 이승만 대통령이 한국은 3개월간만 휴전을 방해하지 않겠다고 말한 데 대한 논평을 요구받고 이를 거부했다고 보도했다.[43] 이것은 쌍방 간에 공동성명에 발표된 이외의 사실에 대해서는 일체 회의 내용에 관해서 언급하지 말자는 약속이 있었음을 시사한다.

이승만 대통령은 공동성명 발표 다음날인 13일 공보처를 통해 발표한 성명에서 "우리는 현 시기에 발표해야 할 바를 명명백백하게 한 것이다. 그런데 다른 양국 정부 수준에서는 앞으로 연구를 요하는 문제가 약간 있다"고 전제하고 "이러한 문제가 최종적으로 결정될 때까지 우리는 공동성명에 포함되어 있는 것으로써 만족하지 않으면 아니 된다. 그러한 검토가 끝나게 되는 동안 나는 나에게 강력한 지지의 서한과 전보를 보내준 미국과 기타 자유세계 각지의 수천 명의 사람들에게 심심한 사의를 표하고자 한다. 이들 친구는 내가 지금까지 전 한국의 재통일과 독립을 위하여, 또한 공산 침략의 좌절을 위하여 지켜온 입장을 오늘날에도 견지하고 있다는 것을 이해함에 틀림없을 것이다. 방법의 변경은 있을지 모르나 목적의 변경은 결코 있을 수 없을 것이다"라고 말했다.[44]

이승만 대통령이 대국민 성명을 낸 13일 작성한 장문의 비망록은 한미 상호방위조약 체결에 관련된 그의 철학과 소신을 자세하게 밝힌 내용이다. 이 비망록은 약간 길기는 하지만 조약이 체결된 지 70년이 다 된 현재도 여전히 대한민국이 국가안보의 기둥이자 외교 정책의 기조로 삼고 있는 한미동맹 체제의 기본 이론이므로 그 전문을 여기에 번역한다.

이승만·로버트슨 담판에서 이루어진 가장 중요한 조항은 한미상호방위조약을 곧 조인하기로 양해에 도달한 점이다. 이 조약 체결에 간섭하는 어떤 시도도 용인되어서는 안 된다. 대한민국은 이제 휴전을 방해하지 않기로 동의해 휴전의 길이 열리자 여러 부류의 친일적인 미국 관리들과 언론인들이 한미방위조약 체결 계획을 취소해야 한다는 떠들썩한 주장을 만들어내어 조약 체결에 대한 온갖 방해공작의 소리를 낼 것이다. 그러나 분명히 알아두어야 할 것은 이 조약 체결의 확약이 이승만·로버트슨 합의의 바로 기초이자 토대라는 점이다.

이승만·로버트슨 협상 종결 때 발표된 공동성명의 조문들을 주의 깊게 검토해 보면 "특히 우리는 우리들의 공통의 목표, 즉 자유롭고 독립되고 통일된 한국을 최단 시간 안에 달성하고자 노력하겠다는 결의를 강조하고자 한다"라는 구절이 있는 것에 주목해야 할 것이다. 이 문장은 유엔 밖에서 한국을 재통일하려는 한미 공동의 노력을 위한 방법을 열어줄 것이라는 사실에 주목하는 것이 중요하다. 더욱이 이 구절은 시간 요소를 강조하고 통일 노력을 반드시 '평화적 수단을 위한 노력'에 국한시키지 않는다. 이 같은 사실들에 대해서는 비록 당분간은 공식적인 대한민국 대변인보다는 신문기자와 라디오 해설가들이 토론하고 강조하는 것이 더 좋겠지만 대중적인 분석에서 토의하고 강조하는 것이 더 좋을 것이다.

 일반 원칙의 문제로서 우리는 양보하고, 휴전이나 정치회담을 방해하지 않겠다고 약속했기 때문에 대한민국이 한국의 분단으로 종식시키는 방식인 유엔의 '정치 회의' 실패를 초래했다고 비난받게 하는 어떤 일도 말하거나 행하지 않도록 아주 조심하기를 바란다. 진짜 실패의 책임은 원래의 책임자들—즉 공산 침략과 이들을 다루는 유엔의 단점으로 돌리도록 하자.

가장 엄밀한 신뢰의 바탕 위에서 미국과 대한민국은 정치회담이 90일간의 회기 말에 이르러 한국의 통일을 달성하는 것이 불가능하다는 사실이 입증되는 경우 함께 철수하기로 합의했다. 그 후에 어떤 일이 일어날지는 아직 결정된 바 없다. 아마도 미국은 실행 가능한 계획을 마련할 것이며 우리는 아마도 이 문제에 있어서 우리 고유의 정책을 추구하지 않으면 안 될 것이다.

 한편 가장 현실적이고 가장 도움이 될 방위조약이 최단 순간 안에 체결되고 비준되도록 모든 우리의 친구들이 어떤 노력이든 하지 않으면 안 된다. 정치회의가 실패하는 경우 대한민국으로 하여금 어떤 다른 조건을 수락하도록 강제하기 위한 수단으로 방위조약 체결을 하나의 미끼 또는 '위협'의 수단으로 계속 이용하려는 미국 행정부가 고의적으로 조약의 체결을 지연시킬 수도 있을 것이다.

이것은 로버트슨 씨와 우리의 양해를 배반하는 것이며 그런 일이 일어나도록 용인해서는 안 된다. 우리는 미국의 진정성, 호의, 그리고 우정에 크게 의지하고 있다. 만약 이러한 의존이 근거가 있는 것으로 판명되면 우리는 장기간의 상호 이익을 위한 긴밀한 협력을 기대할 수 있을 것이다.

우리가 마음속에 가장 크게 지니고 있는 한 가지 기본적인 목표는 아이젠하워 대통령이 태평양지역의 모든 미국의 계획을 일본 중심으로 집중시키려는 낡은 미국의 정책을 포기하도록 설득하는 것이다. 우리는 한국이 강하고 독립하지 않고는 중국, 러시아 일본 모두가 북부아시아에서 평화를 유지할 수 없다는 사실을 못 알아보는 일이 없도록 아이젠하워가 한국의 전략적 중요성을 이해하기를 원한다.

우리는 또한 그가 한국의 경제적 재건이 공산주의를 반대하는 모든 아시아인들을 격려할 것이라는 사실을 이해하기를 바란다. 한국을 적절하게 경제적으로 지원하는 데 실패하면 모든 나라들을 실망시킬 것이다. 이들 나라는 그렇게 되지 않으면 모두가 친미적이 될 나라들이다.

우리가 가장 열성적으로 노력해온 것은 한국의 주권 정부가 아시아 문제를 다룸에 있어서 동등한 반려국이자 동맹국으로 대우받아, 더 이상 보잘것없는 존재로 무시당하지 않는 데 있다. 만약 우리가 우리 고유의 노선을 확고하게 지키고 우리가 약속한 모든 것을 완수하되 우리가 적절하다고 간주하는 고유의 국가 이익을 추구할 주권적 권리를 항상 유보한다는 것을 명확히 함으로써 우리는 현재 획득한 이익을 보존하고 증진시킬 수 있을 것이다. 우리는 모든 태평양지역에서 금후에 회의가 개최되어 한국 대표가 참석하도록 해서 한국의 이익이 충분한 고려 대상이 되도록 해야 한다는 사실에서 눈을 돌려서는 안 된다.

한국에 대한 경제 원조 문제에 관해서는 외국의 경제 전문가와 정치인들이 우리가 자금을 어떻게 사용해야 할지 우리에게 가르쳐주던 시대는 지나갔다. 우리는 '한국 원조'로 책정된 자금으로 일본 기업을 재건하려는 어떤 계획도 용인하지 않을 것이다. 만약 원조 자금이 우리의 장기적인 문제 해결을 위해 진짜로 사용되지 못하도록 제한되어 있다면 우리는 이들 자금의 수령을 거부하고 그 대신 우리가 희망하는 만큼 쓸 수 있는 차관을 도입하도록 노력해야 할 것이다.

군사 문제에 관해서는 우리의 목표는 우리 고유의 군사력, 특히 해군력과 공군력을 한층 강화해서 독자적인 정책을 수행할 수 있는 내실을 확보해야 한다.

이상은 로버트슨 씨와의 회담에서 이룩한 합의 사항의 중요성을 강조하는 몇 가지 간단한 지표들이다. 그는 우리들의 과제들과 목표들을 보다 더 잘 이해하고 한국을 떠났다. 그는 우리가 할 수 있는 것과 우리가 필요한 경우에 하려는 것을 존중한다. 동시에 우리가 우리의 동맹국들과 충분하게, 그리고 상호 이해 속에 활동하기를 원하는 합리적인 국민이라는 것을 배웠다. 협력은 양방향의 길이라는 사실이 워싱턴의 관리들에게 더욱 많이 명백해지고 있다.

유엔과는 골치 아픈 문제들이 여전히 많이 남아 있다. 우리의 과제들이 모두 해결되지는 못했다. 그러나 우리가 미래에 해결책을 찾을 적절한 기초는 마련되어 있다. 이것은 아주 많은 대가와 오로지 커다란 어려움 속에서 성취될 것이다. 우리는 우리가 그처럼 고통스럽게 쟁취한 미래에 길을 잃지 않도록 크게 조심해야 할 것이다.[45]

로버트슨 특사가 귀국한 지 10일이 경과한 7월 21일 백두진 국무총리가 브릭스 주한미국 대사를 초치해 회담을 가졌다. 이 자리에는 변영태 외무장관도 동석했다. 한국 정부는 유엔군 측 수석대표인 윌리엄 해리슨2세 소장이 7월 19일 판문점에서 열린 제36차 휴전회담에서 공산 측에게 한국이 휴전협정에 협력하지 않더라도 유엔군 측은 휴전협정을 준수하겠다고 발언한 것을 추궁하기 위해서 브릭스를 부른 것이다. 해리슨의 이 발언은 정치회담이 실패하는 경우 한국 측은 통일을 위해 독자적인 군사 행동을 재개할 것이며 미국은 이를 도의적으로 물질적으로 도와달라는 한국의 입장을 비난하는 것이 된다. 해리슨은 합참이 클라크 유엔군 사령관에게 보낸 지시에 따라 한국군이 휴전협정을 위반한 경우에는 유엔군 사령부가 한국군에 대한 모든 지원을 중단하겠다고 발언한 것이다. 백두진은 이 발언이 '모든 사항 중에서 가장 중요한 점'이라고 지적하고 유엔군 측 휴전회담 대표 해리슨 소장이 만족할 만한 해명을 하지않으면 한국 정부는 이승만·로버트슨 합의를 파기하겠다고 경고했다.

이 자리에서 백두진은 한미상호방위조약 문제도 제기했다. 그는 로버트슨이 이 조약의 '이승만 초안'을 미국이 수용할 것인가 여부를 곧 결정하겠다고 약속한 사실을 환기시켰다. 브릭스는 이에 대해 로버트슨 특사의 7월 11일자 서한에 첨부된 비망록에서 밝힌 바와 같이 이미 미국 측이 상원 지도자들의 지지를 얻어 한국 측에 제시한 원안이 있으므로 이를 한국 측이 받아들이는 것이 좋겠다고 강조했다. 그러나 백두진과 변영태는 이승만 대통령이 자신의 초안을 선호하고 있으니 워싱턴에서 더 토의해서 좋은 결과를 냄으로써 이승만을 격려해 주기를 바란다고 요청했다.[46]

이에 대해 덜레스 국무장관은 같은 날(21일) 브릭스에게 훈령을 보내고 다음과 같은 4개항의 자신 및 로버트슨 차관보의 개인적 메시지를 이승만 대통령에게 전달하라고 지시했다. 그내용은 ① 해리슨 소장의 발언은 휴전협정을 준비하는 유엔군 사령부를 대표해서 행한 것이며 그에게 미국 정부

의 장래 정책을 언급할 권한은 없고, ② 국가안보회의(NSC) 기획처가 한
국에 대한 경제 원조 문제를 다룬 타스카 보고서의 검토를 완료했기 때문
에 며칠 안에 NSC의 승인이 날 수 있을 것이며, ③ 한미상호방위조약에 관
해서는 그 동안 로버트슨 차관보가 상원 지도자들과 충분한 협의를 가졌고
미일안보조약 제1조와 같은 조문을 한미방위조약에 넣는 문제를 고려할 수
있기는 하지만 원칙적으로 국무부가 사전에 상원 지도자들과 협의해서 7월
4일 한국 정부 측에 전달한 원안에 가깝도록 합의하는 것이 좋겠으며, ④
휴전협정 체결 직후, 그리고 가급적이면 유엔총회 개막 이전에 덜레스 장관
이 한국을 방문해 이승만 대통령과 한미 양국의 공동정책을 추진하는 데 필
요한 정책과 전술을 협의할 준비를 갖추고 있고, 덜레스가 한국을 방문할
때 (미국 정부의) 아시아에서의 강력한 반공적 외교 노선에 동조하는 알렉
산더 스미스와 존 스파크먼 같은 상원의원 2명을 동반할 예정이라고 밝혔
다.[47]

13. 덜레스 장관, 한국의 일방적 군사 행동 때 지원 거부 통고

미국 정부는 이튿날(22일) 아침 덜레스-로버트슨 메시지를 브릭스 주한
미국 대사를 통해 이승만 대통령에게 전달했다. 이 자리에는 백두진 총리와
변영태 외무장관도 동석하고 있었다. 이 대통령은 이 메시지를 받고 크게
실망했다. 그는 정치회담이 실패할 경우 한국이 통일 전쟁을 위해 단독으로
전투 재개에 돌입하는 경우 미국이 한국에 동조하는 것을 약속하기를 거부
하는 명분으로 미국 행정부에는 선전포고권이 없다는 점을 들면서 유사시
에 '도의적 물질적 지원'마저 거부한 데 대해 특히 실망했다.[48]

미 국무부는 이 보다 하루 앞선 7월 21일 워싱턴 주재 영국, 캐나다, 오스

트레일리아, 뉴질랜드 4개국 영연방(英聯邦) 대사들을 초치해 덜레스 장관, 로버트슨 차관보, 알렉시스 존슨 극동담당 부차관보 등이 동석한 가운데 일본에 주둔하는 영연방(英聯邦)군의 지위에 관한 협의를 가진 다음 한국에서 휴전이 성립된 직후 신속하게 '한국 휴전에 관한 합동정책선언'을 발표하기로 결의했다. 이것은 통일을 협의하는 정치회담이 실패하는 경우 이승만 대통령이 독자적인 행동을 취하는 것을 국무부가 우려했기 때문이다. 이 선언의 요지는 만약 한국군이 정치회담 실패 시 전투를 재개한다면 이로 인해 벌어질 무력 충돌이 한반도에 국한된다는 보장이 없기 때문에 한국의 휴전협정 체결이 아시아의 다른 지역 평화 회복과 평화 보장을 방해하는 결과를 초래하지 않아야 한다는 것이다.[49]

1953년 7월 29일의 휴전협정 조인을 5일 앞둔 24일, 이승만 대통령은 덜레스 국무장관에게 친서를 보내고 한미상호방위조약 체결과 관련해서 2가지 중요한 질문을 했다. 첫째는 대한민국이 외부의 적으로부터 공격을 받았을 때 즉각적이고 자동적인 군사 지원을 받는다는 조항이 이 조약에 포함되는 것으로 믿어도 되는가라는 질문이고, 둘째는 정치회담이 90일 이전에 실패할 경우 중공군 침략자들을 한국 영토에서 추방하기 위해 한국이 군사적 노력을 재개할 경우 미국은 이에 동참할 것으로 믿어도 되는가, 그리고 우리의 공동 목표를 달성하기 위한 이 같은 공동 노력을 약속하기에는 미국의 현재 능력으로 불가능할 경우 한국으로부터 우리의 적을 내쫓으려는 한국 자체의 군사적 노력을 돕기 위해 미국의 일반적인 경제적 지원과 함께 도덕적 물질적 지원을 우리가 믿어도 되는가라는 질문이다.

이승만은 그의 친서에서 "로버트슨 특사와 본인과의 대화에서 그는 워싱턴으로 돌아간 다음 이들 질문에 대한 회답을 보내주기로 본인에게 약속했으나 아직까지 우리는 이들 문제에 대한 어떤 보장도 받지 못했다"고 쓴 다음 "이들 질문에 대한 귀하의 답변을 들은 다음 우리는 휴전에 관련된 우리 정부의 정책을 완전히 수립할 있을 것"이라고 매듭지었다.[50]

덜레스는 이승만의 친서를 받고 즉시 아이젠하워 대통령에게 전화를 걸고 이 대통령의 친서를 그에게 낭독해 주었다. 아이젠하워는 첫째 질문에 대한 답변은 우리 자신이 명백히 침략을 당한 경우라는 사실을 아는 한 예스라고 말했다. 덜레스는 이 말을 듣고 모든 조약들, 예컨대 북대서양조약의 경우 이 점과 관련해서 우리의 행동을 헌법 절차에 따라서 취하도록 되어 있다고 말했다. 이에 대해 아이젠하워는 물론 우리는 이 점을 언급해야 되는 것으로 알고 있다고 답변했다. 그러자 덜레스는 실제로 북한을 대상으로 하는 '제재강화 협정'의 해당 조항에는 이런 규정을 두지 않고 있다고 말했다. 이에 대해 아이젠하워는 우리의 행동에 소요될 날자 수에 일방적 또는 고정적 제한을 두는 것은 바보짓이라고 말했다. 덜레스는 다시 의회의 행동 없이 행정부가 어떤 장래의 약속을 할 수는 없다고 말하고 그에게는 이승만이 최종 순간에 우리에게 행한 약속으로부터 빠져나가려는 것이 아닌가 보인다고 덧붙였다.

아이젠하워는 이 말을 듣고 "그동안 일어난 여러 가지 사건들로 미루어 보면 이승만이 그런 질문을 제기한 데 대해 우리는 놀랐다고 회답에서 쓰고, 그의 편지를 인용해야 한다. 이것은 우리가 할 수 없는 일이며 우리는 헌법상으로 이를 넘어서 나아갈 수는 없다"고 말했다. 아이젠하워는 또한 "나는 국방관계 회의 참석을 위해 콴티코(Quantico, Virginia 주 소재 해병대 기지)에 갈 계획이었는데 만약 내가 워싱턴에 있어야 될 일이 있으면 취소할 수도 있으므로 그 곳으로 떠나기 전에 상황이 어떨지 덜레스 장관에게

전화를 걸겠다"고 말했다.[51]

덜레스 국무장관은 같은 날(7월 24일) 이승만의 질문에 답하는 장문의 서한을 보냈다. 그 내용은 다음과 같다.

친애하는 이 대통령님. 본인은 7월 24일자 메시지를 받고 이를 아이젠하워 대통령에게 읽어드렸습니다. 아이젠하워 대통령과 본인은 "우리 정부의 입장을 결정하기에 앞서 현재까지 불확실한 상태로 남아 있는 두 가지 중대한 문제에 대한 귀하의 답변을 듣는 것이 극히 중요합니다"라는 대통령님의 언급에 놀랐습니다. 우리의 놀라움은 두 갈래입니다. 우리는 각하께서 이미 결정했다고 생각했으며 우리는 대통령님이 이미 회답을 갖고 계신다고 생각했습니다.

첫째, 아이젠하워 대통령과 본인에게 보내주신 각하의 1953년 7월 11일자 친서에서 각하는 귀 정부의 입장에 관해 분명한 보장을 주셨습니다. 각하는 아이젠하워 대통령에게 보낸 친서에서 "각하도 알다시피 본인은 각하의 요구를 존중해 어떠한 방식으로든 합의 사항의 이행을 방해하지 않기로 결정했습니다"라고 하셨습니다. 그리고 본인에게 보내신 친서에서는 휴전에 관련해서 "본인에 요청된 거의 모든 요구사항을 응낙했습니다. 본인의 오직 한 가지 조건은 귀하가 선택한 수단이 성공적이 아닌 것이 증명될 경우 우리는 우리의 동맹국들이 전쟁을 통해 성취하기를 자제해온 것을 공산주의자들이 평화 상태에서 용인하기를 거부할 때에 존재할 어떤 상황으로부터 우리나라를 구하기 위해 우리가 할 수 있는 일을 수행하는 최종적 권리가 허용되어야 한다는 것입니다. 휴전협정은 이제 곧 조인될 것입니다. 우리는 유엔에 정치 협상의 방법으로 시도해 볼 다른 기회를 주기로 한 우리의 합의를 준수할 것입니다"라고 말씀하셨습니다.

각하께서 언급하신 '오직 하나의 조건'은 인정되었습니다. 따라서 우리는 귀국 정부의 휴전에 대한 태도는 이미 결정된 것으로 우리는 믿었고, 또한 우리에게 는 확실히 믿을 만한 자격이 있습니다. 둘째, 각하의 질문에 대한 우리 정부의 입장은 로버트슨 차관보의 7월 2일자 비망록에 나와 있습니다. 그는 워싱턴에 돌아오자마자 아이젠하워 대통령과 본인 자신, 그리고 의회의 해당 위원회와 두 가지 문제를 토의했으며 본인이 대사관을 통해 7월 21일자로 교신할 때와 로버트슨 차관보가 같은 경로로 각하에게 개인적 서한을 드릴 때 알려드렸습 니다.

휴전협정에 위반해 대한민국이 도발하지 않는 공격을 받았을 경우 귀국은 당 연히 우리의 즉각적이고 자동적인 군사적 대응을 믿어도 좋습니다. 그 같은 공 격은 비단 대한민국에 대한 공격일 뿐 아니라 유엔군 사령부와 사령부에 속한 미국 군대에 대한 공격입니다.

군사적 안전조약에 관해서는 로버트슨 차관보가 서울에서 각하에게 설명 드렸 고, 또한 앞에서 언급한 2건의 7월 21일자 통신 교환에서 확인된 바와 같이 이 조약은 우리 의견으로는 비준을 획득하기 위해 7월 4일자로 각하에게 수교하 고 또한 당시에 말씀 드린 바와 같이 의회 지도자들과 토의했던 그 초안에 가 까운 것이 바람직합니다. 이 초안은 우리의 행동이 우리의 헌법 절차에 따르도 록 규정하고 있습니다. 물론 대통령은 그의 행정권 범위 안에서 우리와 안보 조약을 맺고 있고 도발 받지 않은 침략의 희생이 된 우방을 즉각 도울 수 있습 니다. 그러나 우리 헌법 아래서는 오직 의회만이 선전 포고를 할 수가 있습니 다. 우리는 귀국이 우리가 제안한 조약이 침략을 저지할 것을 확신할 수 있다 고 믿습니다.

정치회담 결렬 이후 뒤따를 수 있는 귀국의 군사적 노력에 대한 도덕적 물질적 지원에 관한 질문에 관해 말씀 드리자면 그것은 대통령이 사전에 어떤 백지 위임을 할 수 있는 그런 사항이 아닙니다. 로버트슨 차관보의 7월 21일자 서한에서 지적한 바와 같이 대통령은 당시에 존재하는 어떤 조건에 의해 결정될 어떤 단계의 행동을 취할 행동의 자유를 제약받기를 원하지 않습니다. 그러나 로버트슨이 각하에게 보낸 그의 서한에서 말한 것처럼 그의 7월 2일자 비망록에서 밝힌 상황 아래서 정치회담으로부터 미국이 철수한다는 약속은 여전히 유효합니다.

본인은 휴전협정 조인 즉시 정치회담에 관련해 공통 정책을 세우기 위해 한국을 방문해 각하와 회담할 것을 각하에게 약속드립니다. 본인은 각하를 다시 뵙게 되기를 열망하고 있으며 우리가 귀국의 통일을 이룩할 영예로운 모든 수단을 실현할 합의된 계획을 도출할 수 있으리라는 충분한 확신을 갖고 있습니다. 본인은 각하에게 약속드린 우리 정부의 한계선에까지 이르게 된 많은 협력에 관한 보장들이 우리들의 목적의 신뢰성과 우리들의 결의가 지닌 힘을 과시하는 완전한 전시라고 믿습니다. 미국은 전체 역사상 귀국에처럼 타국에 많은 것을 제공한 적이 없습니다. 최근 며칠 동안 여러 사람과 여러 나라들이 각하를 비방하고 있으며 각하가 아이젠하워 대통령과 본인에게 행한 약속이 믿을 바가 못 된다고 중상하고 있습니다. 우리는 단호하게 그 같은 모략을 거부해 왔으며 우리는 각하가 우리들에게 알려주신 입장에 충실할 것이라는 완전한 신뢰를 갖고 있다고 주장했습니다. 본인이 그저께 공식 발표에서 말한 바와 같이 지금은 우리가 우리의 친구들에게 신뢰를 가져야 하고 우리 친구들은 우리에게 신뢰를 가질 시기입니다. 본인의 마지막 기원은 각하께서도 이 같은 감정에 공감하시리라는 점입니다. 각하께서는 과거에 이것이 부족하다는 것을 발견하지 못했으며 본인이 믿건대 각하는 미래에 본인을 신뢰할 수 있을 것입니다.

대통령님의 친한 친구로부터.

포스터 덜레스.[52]

14. 이승만, 미국–필리핀 수준 방위조약에 반대

이승만 대통령은 7월 25일 덜레스 국무장관에게 친서를 보낸다(이 친서는 앞의 덜레스 서한에 대한 답신이 아니고 그 답신은 26일 따로 보낸다). 휴전협정 체결을 앞두고 한미 간에벌어진 사실상 마지막 최고위급 담판이기 때문에 그로서는 그만큼 미국 측에 할 이야기가 많았던 것이다.

그는 이 친서의 서두에서 한미 양국이 마련한 공동 계획의 완전한 성공은 높은 수준의 신뢰의 유지에 달렸다고 전제한 다음 판문점 휴전회담에서 행한 유엔군 측 대표 해리슨 중장의 발언이 한미 양국 정부를 구속하는 정치적 발언이 아니라고 덜레스가 해명한 것에 대해 납득이 잘 가지 않는다고 유감을 표명했다. 그는 이어 그 동안 자신이 미국 측에 약속한 사항들은 반드시 준수할 것이라고 거듭 다짐하고는 아이젠하워 행정부가 추진 중인 타스카 보고에 관해 언급했다. 이승만 대통령은 타스카 보고서에 기초한 1954~57 회계 연도까지 모두 4년간 합계 8억 9,500만 달러 내지 11억 9,500만 달러 규모의 대한 경제 원조 계획을 세운 미국 정부와 국민들의 '위대한 인도주의적 정신'에 깊은 감사를 표명한다고 밝힌 다음, 이를 효율적으로 집행할 양국 공동의 기구를 만들자고 제안했다.

이승만은 한미상호방위조약 문제에 대해서는 미국이 필리핀과 체결한 것과 비슷한 조약으로는 대규모 중공군 병력이 이미 한국 국토 안에 들어온 상황에서는 충분하지 않다고 지적했다. 만약 제2의 한국전쟁이 일어난다면 그 때보다 훨씬 더 많은 중공군 지상병력과 휴전협정에 따라 건설이 허용된 공군기지를 갖춘 상당한 규모의 공군력이 뒷받침될 것이라고 경고했다. 이런 경우 모든 것이 시간문제로 결정되기 때문에 한미 양국 간의 협의나 미국 상원에서 토론을 할 시간이 없다고 지적했다. 또한 일본은 한국에 대한 제국주의적 야망을 결코 포기하지 않았다고 주장했다. 이승만은 마지막으로 정치회담과 여타 문제에 대해 한미 양국이 정책을 조절하기 위해 서울에서 그와 회담을 갖기를 제안했다.[53]

이승만은 7월 26일에는 덜레스 서한에 대한 답신을 따로 보냈다. 그는 덜레스 서한이 그에게 안심을 시키는 동시에 약간 불안하게 하는 양면성을 지녔다고 평가하면서 자신이 아이젠하워 대통령과 덜레스로 하여금 자신의 다짐에 관해 일정 정도의 의문을 품게 한 점에 대해 사과했다. 이승만은 "본인은 자신의 말을 지키는 사람"이라는 점을 덜레스가 알아줄 것은 물론이고 아이젠하워 대통령에게도 전달해 달라고 부탁했다. 그는 본론에 들어가서 한국이 도발하지 않은 무력 공격을 받았을 경우 미국이 즉각적이고 자동적인 군사적 반응을 보일 것이라는 덜레스의 답변에 만족을 표명하면서 이 원칙이 일본이나 다른 외부 세력에 의한 공격의 경우에도 확대 적용될 것으로 믿는다고 말했다.

이승만은 정치회담이 실패해 한국이 통일을 위해 군사 행동에 나설 경우 미국의 군대가 한국군에 합류하거나 도덕적 물질적 지원을 제공할 것이냐는 문제에 관해 "우리 양측이 한국의 자유화와 통일이라는 공통의 목표 달성을 위해 상호 합의하는 계획을 마련할 수 있다는 덜레스의 확신 표명에 충심으로 동의하는 바"라고 밝혔다. 그는 마지막으로 자신의 동기와 입장을 일부 정부와 일부 언론 보도에서 최악의 수준에서 곡해하고 있는 사실을 슬프게도 잘 알고 있다고 밝히고 아이젠하워 대통령과 덜레스 장관이 이 같은 유해한 반응에 맞서온 사실과 두 사람 자신이 그들의 영향을 조금이라도 받기를 거부하고 있다는 것을 잘 알고 있다고 사의를 표명했다.[54]

휴전협정이 판문점에서 조인된 1953년 7월 27일 아침 일찍 클라크 유엔군 사령관은 테일러 8군사령관을 대동하고 브릭스 주한 미국 대사와 함께 경무대로 이승만 대통령을 예방했다. 이날 오전 10시 10분 휴전협정이 해리슨 유엔군 측 대표와 남일 공산군 측 대표 사이에 조인된다는 사실을 사전에 통보하기 위해서였다. 클라크 장군 일행이 청와대를 방문해 회담하는 자리에는 백두진 총리와 변영태 외무장관도 동석했다. 이 대통령은 수많은 곡절 끝에 마침내 휴전협정이 조인되게 된 데 대해 클라크 장군에게 축하했다. 클라크 장군은 이 자리에서 식량 1만 톤을 한국 국민들 용으로 인도하라는 지시를 아이젠하워 대통령으로부터 받았다고 이승만 대통령에게 전하고, 아직 식량의 종류가 결정되지 않았으나 자신은 C-레이션으로 하고 싶기 때문에 워싱턴의 승인을 요청했다고 밝혔다. 이승만은 이에 대해 만족을 표시하고 아울러 미국 정부가 곧 한국에 2억 달러의 경제 원조를 제공하기로 한 데 대해 큰 관심을 표시했다고 클라크는 본국에 보고했다.[55]

15. 아이젠하워, 이승만에 감사 친서

기분이 좋아진 이승만 대통령은 이날 아이젠하워 대통령에게 친서를 보내고 지난 주 아이젠하워가 미국 의회에 2억 달러 원조 자금을 즉각 배정하는 안을 서둘러 제안한 데 대해 사의를 표명했다. 그는 이날 아이젠하워 대통령에게 보낸 친서 서두에서 "본인은 각하에게 감사할 것이 많으며, 이 절망적인 시기에 사면초가에 몰린 우리나라가 아주 좋은 친구를 발견한 데 대해 기뻐할 충분한 이유가 있습니다"라고 썼다. 그는 또한 "무엇보다도 대통령님이 강대국과 우리 약소국 관계를 정직한 상호주의와 양방향 협력의 기본 원칙에서 정립한 정치가다운 비전에 축하를 드린다"고 치하했다.[56]

이에 대해 아이젠하워 대통령은 같은 날(7월 27일) 이승만 대통령에게 감사하는 답신을 보냈다. 그는 친서 서두에서 이 대통령이 휴전협정의 최종적인 결과에 대해 불안감을 갖고 있음에도 불구하고 휴전협정의 이행을 방해하지 않기로 동의한 것에 대해 깊이 감사한다고 밝혔다. 그는 이어 곧 방한할 덜레스 국무장관을 소개하면서 그가 자신의 완전한 신뢰를 받고 있다고 소개하고, 한국 정부와 국민들을 즉각 도울 방법의 개요를 설명할 수 있을 것이며 개인적으로 이승만에 대한 자신이 느끼고 있는 존경심과 경의의 감정을 잘 이해하고 있을 것으로 본다고 말했다.[57]

이승만의 감사 친서에 기분이 좋아진 아이젠하워는 즉일로 덜레스에게 각서를 내리고 앞으로 몇 달 안에 실시할 한국에 대한 경제 원조를 위한 상세한 지침을 하달했다. 그는 미국 정부가 최소한 4개 사단을 훈련하고 무장시키고 조직하는 것을 돕기로 한 정책을 약속했다고 밝히고 한국에 대한 경제 지원과 전후 복구에 주한미군도 참여시킬 것을 지시하면서 범정부적 협력을 위해 국무장관과 국방장관, 국가예산국장 등의 연석회의를 개최할 것을 지시했다.[58]

로버트슨은 7월 29일 국가예산국이 한국에 대한 현재 및 장래의 경제 지원을 위한 효율적인 행정을 위한 조직의 설치 계획을 마련해 28일자로 대통령에게 제출했다고 덜레스에게 보고했다. 이 보고서가 건의한 행정 조직으로는 한국에 대한 원조 책임을 맡은 기관은 수도 워싱턴에서는 해외 활동

처로 하고 현장에서는 유엔군 사령관으로 정하며 해외 활동처에 그 대표를
파견하기로 했다.[59]

chapter6
·

이승만–덜레스 협상과
조약 가조인

Ⅵ. 이승만—덜레스 협상과 조약 가조인

1. 이승만 대통령의 비망록

1953년 8월 3일 이승만 대통령이 직접 만든 것으로 보이는 이승만·덜레스 협상에 대비한 비망록은 휴전에 관련한 한미 양국 간에 도달한 양해 사항을 평가함에 있어서 다음 10개 요소가 절대적으로 중요하다고 강조하고 있다.

① 대한민국의 원래 결심은 중공군이 한국에 주둔하고 있는 한 휴전이나 정전을 수락하지 않는다는 것이었다.

② 로버트슨 씨와의 회담에서 이승만 대통령은 다음과 같은 조건 아래서 예정된 정치회담을 최대한 90일의 기간 동안 허용할 수 있도록 자신의 전쟁 계속 방침을 연기하겠다고 제의했다.

ⓐ 미국이 정치회담이 통일을 달성하는 데 실패하는 경우 또는 최소한 대한민국의 일방적 군사적 노력을 돕기 위한 도덕적, 물질적 지원을 제공하겠다는 것을 약속하는 경우에 한국과 합동으로 전투를 재개하는 데 동의하

는 때

(b) 미국이 한국의 노출된 상황에 적잖은 보장을 포함한 대한민국과의 상호방위조약을 협상할 때

③ 로버트슨 씨는 이 같은 두 가지 경우를 허용할 권한을 부여받지 못했으나 워싱턴에서 토의한 다음 이승만 대통령에게 그곳에서의 검토 결과를 통지하겠다고 답변했다. 그는 상호방위조약에 대한 상원의 지지를 얻는 데 자신이 있다고 말했다.

④ 로버트슨 씨가 한국에서 출발할 때 그는 이승만 대통령이 그에게 완전히 항복했다고 말한 것으로 언론에 보도되었으나 상기 제2항에 인용된 두 가지 조건들에 관해서 그로부터 아무 말도 없다.

⑤ 7월 27일 휴전협정이 서명될 것 같이 보였을 때 이승만 대통령은 서신으로 덜레스 장관에게 제2항의 두 가지 조건에 대한 보장을 요구함과 아울러 그 회답 여하에 따라 휴전에 관한 대한민국의 입장이 결정될 것이라는 점을 알렸다.

⑥ 7월 25일 덜레스 장관은 대답하기를 "만약 (제3국이) 휴전협정을 위반하여 대한민국에 도발 받지 않는 공격을 개시한다면 한국은 우리들의 즉각적이고 자동적인 군사적 대응을 받게 될 것"이라고 회답했다.

⑦ 그러나 8월 1일 미국 국무부는 미국은 정치회담이 중공군의 철수를 확정하는 데 실패하는 경우 우리와 함께 군사 행동에 같이 나설 것을 다짐하는 것을 고려하지 않고 있다는 사실을 명확히 하는 메시지를 보내왔다. 우리 자신의 노력에 대한 도덕적 물질적 지원의 부여에 관한 우리의 질문에도 여전히 회답을 하지 않고 있다.

⑧ 우리들은 우리가 요구한 두 가지 조건이 거부되었고 우리나라의 분단

문제를 해결하는데 우리를 도우는 데 충분한 군사적 지원을 자신할 수 없는 상태임을 가정하지 않으면 안 되기 때문에 우리는 우리나라의 안녕을 위한 필수 조건으로 보이는 어떤 행동도 취할 수 있는 완전한 행동의 자유를 되찾아야 한다고 느낀다. 우리는 우리에게 대신 부여될 것을 요구한 양보가 주어진다는 아무 보장도 없이 휴전이 가능하도록 우리 자신이 양보를 하면서 먼 길을 걸어왔다. 그러나 어느 누구도 휴전 조항을 준수하겠다는 우리의 약속이 우리가 붙인 조건이 없지 않다는 것을 의미하는 결과를 제대로 해석해 주지 않는다.

⑨ 미소 양국의 합의로 야기된 한국 분단의 기본적 사정은 상존하고 있으며 한국의 오래되고 본질적인 통일이 성취될 때까지 계속 미국의 명예에 부담이 될 것이다.

⑩ 그 대신 한국은 이미 한국 국민들로 하여금 현대에 들어와 최악의 파괴를 감내하도록 만든 반공, 친민주, 그리고 친미적 정책의 지속에 스스로 충실할 것을 맹세하고 있다. 미래에도 과거처럼 한국은 북아시아에서 자유와 민주주의의 믿을 만한 요새가 되고 자유세계의 방위를 위한 초석이 되도록 노력할 것이다. 미국의 동맹국으로서의 우리의 가치는 가장 빠른 실제적 시간 내에 달성되는 우리 민족의 통일의 확보와 민주주의, 그리고 독립에 의해 증진될 것이다.[1]

2. 미 국무부–합참 합동 회의, 덜레스 방한 전략 협의

한미 간의 협상을 마무리하기 위한 덜레스 국무장관의 방한을 앞두고 7월 31일 국무부–합참 합동회의가 로버트슨 주도로 진행되었다. 회의 모두에 그 동안 아이젠하워 대통령의 특사로 한국을 방문해 휴전협정 체결 문제를 위해 이승만 대통령과 직접 담판을 벌인 로버트슨이 경과보고를 했다. 그는 "중요한 것은 우리가 이승만 대통령에게 건넨 7월 2일자 비망록에서 밝힌 (미국 정부의) 입장에서 후퇴하거나 추가한 것이 전혀 없다는 점"이라고 밝혔다. 이 비망록의 골자는 이미 앞에서 자세하게 설명한 바와 같이 한미상호방위조약의 체결, 한국군의 전투 능력을 보강하기 위한 국군 20개 사단 증설, 한국에 대한 대규모 경제 지원, 휴전협정 발효 후 한국의 통일 문제를 논의하기 위한 공산 측과의 정치회담에서의 한미 양국의 긴밀한 정책 협력, 정치회담이 90일이 지나도 공산군 측의 지연 책동으로 성과가 없을 경우 한미 양국 대표의 공동 철수 등이다. 그는 이어 이들 문제들 이외에 공산군 포로들 중 반공 포로의 석방에 따른 문제들은 다른 의제들과 뒤섞여 한미 교섭에 지장을 줄 우려가 있어 자신이 손을 떼고 클라크 유엔군 사령관이 이승만 대통령과 개별적으로 논의했다고 밝혔다.

로버트슨은 이어 "대체적으로 한국인들은 휴전협정에 대해 완전히 불신하고 있으며, 현재의 휴전협정 조항들 아래서는 포로들의 궁극적인 운명에 대해서도 불신하고 있다고 지적하는 것이 공정하다고 주장한다"고 설명했다. 그는 계속 이렇게 말했다. "언론에 보도된 성명들에 비추어 볼 때 이미 참석자 여러분들이 읽어보신 문서들(의 내용)을 넘어서 우리가 한국인들에게 어떤 공약을 했거나 (어떤 방향으로) 유도한 적도 없다는 점을 명백히 하지 않으면 안 됩니다. 이승만 대통령은 만약 정치회담이 실패하는 경우 우리가 전투를 재개하거나, 그것이 불가능하면 남한에 대해 도덕적 군사적 지원을 제공하겠다고 약속하라고 계속 우리를 압박했습니다. 그러나 본인은 설사 아이젠하워 대통령이 그렇게 하고 싶더라도 미국으로 하여금 전투를 재개하도록 할 수는 없다고 이승만 대통령에게 반복적으로 설명했습니다.

이것은 의회의 행동을 요합니다. 본인은 만약 정치회담이 성공하지 못하면 우리가 무엇을 할지에 완전한 행동의 자유를 확보하지 않으면 안 된다고 이승만 대통령에게 반복해서 설명했습니다. 이승만은 본인이 귀국하면 그의 견해를 아이젠하워 대통령에게 보고하라고 요구했습니다. 본인은 그렇게 했지요. 본인은 대통령과 국무장관과 상원외교위원회에 이승만의 견해를 설명했습니다. 그리고는 본인의 설명을 들은 분들 모두는 본인이 이미 이승만 대통령에게 설명한 입장을 지지했다는 사실을 전보로 이 대통령에게 전했습니다. (그러나) 이 대통령은 언론과의 회견에서 상당한 혼선이 일게 했습니다."

　로버트슨의 이야기가 끝나자 브래들리 합참의장이 이승만 대통령에게 중립화를 통한 한국 통일을 이루는 문제를 이야기해 보았느냐고 물었다. 로버트슨은 이에 대해 "놀랜드 상원의원이 상원에서의 질문에서 한국 중립화가 바람직한가에 관해 성명을 내자 이승만 대통령은 대단히 언짢아했습니다. 그러나 본인이 이 문제를 그에게 물어본 적은 없습니다"라고 대답했다. 브래들리는 다시 "그 문제가 정치회담에 올라올까요?" 하고 물었다. 로버트슨은 이에 대해 "거의 모든 것이 정치회담에 올 수 있다"고 대답했다. 이어 존슨 국무부 부차관보가 나서서 "국무장관은 정치회담에 관한 우리 생각을 동맹국들과 계속 토의해 왔습니다. 장관은 바로 내일 아침에 참전 16개국 대표들과 회의를 할 예정입니다. (중략) 그의 느낌으로 중요한 것은 한국의 중립화 통일보다 더 언짢은 반격거리를 가지고 공산 측과 대면하는 일입니다. 우리의 반격 자료는 주한 미군, 대한민국 군의 군사력, 중공에 가할 경제적 제재, 그리고 중공이 유엔에 들어오고 싶어 한다는 사실입니다. 이 말은 중공의 유엔 가입 문제를 어떤 흥정거리로 삼자는 의미는 아닙니다. 국무장관은 이 점을 명확히 했습니다. 그러나 중공이 유엔에 들어오고자 하는 열망은 우리 편에서는 하나의 압점(壓点)입니다. 우리의 느낌으로는 한국의 중립화 문제가 정치회담 마지막 단계에 나오거나 아니면 이번 정치회담에서는 아예 제기되지 않고 외교 경로를 통해 토의될지 모릅니다. 우리들이 흥정하려는 입장을 유지하는 문제와 관련해 본인이 그동안 별로 주의를 기울지 않았던 문제, 즉 미군을 유엔군사령부에서 한반도의 내륙에 재배치할 가능성을 언급한 클라크 장군의 전보를 받았습니다. 이 시점에서 미군을 철수할 의향이 있습니까?" 하고 물었다.

이에 대해 합참부의장 존 헐 장군이 나서서 "클라크 사령관은 만약 미군을 재배치하라는 명령을 받을 경우에 대비해서 계획을 토의해 보는 것입니다. 현 시점에서 미군을 철수할 계획은 없습니다. 우리의 일반 계획은 정치적 해결이 이루어질 때까지 군대의 철수는 요청하지 않는 것입니다"라고 말했다. 이에 페츠틀러(William N. Fechteler) 해군참모총장이 "사실의 문제로서 제3해병사단이 지금 나가기 때문에 우리는 재배치보다는 병력을 증강하고 있습니다"라고 말하자 존슨 국무부 부차관보는 "본인이 지금 확실히 해야 할 점은 우리가 동맹국들에 병력을 철수하지 않도록 압력을 가하고 있기 때문에 그 말씀은 옳다는 것을 확실히 해두고 싶습니다"라고 강조했다. 그러자 헐 합참차장은 한국과 일본에 주둔하고 있는 병력의 재조정은 있겠지만 그 규모는 상대적으로 작을 것이라고 언명했다. 이때 내시(Frank C. Nash) 국방부 국제안보담당차관보가 "이와 관련해서 내가 말할 수 있는 것은 윌슨 국방장관이 말하기를 어제 대통령이 나토에 대한 미국의 공약을 토의하는 과정에서 해병을 그곳으로 배치하는 경우 한국으로부터 1개 육군사단을 귀국시킬 가능성 같은 것을 언급했다고 합니다"라고 말했다. 이에 브래들리 합참의장과 헐 합참차장은 "그것은 우리에게 뉴스인데요. 대통령은 클라크 사령관의 유엔군 사령부에 여분의 병력을 배치하는 데 가장 열성적인 분이었습니다. 우리는 어느 사단을 귀국시킬 가능성에 관해 아무 이야기도 듣지 못했습니다"라고 말했다.

로버트슨은 "우리 장관은 공산군의 휴전협정 위반에 관해 항의를 하는 것은 누구의 책임인가를 물은 일이 있습니다"라고 말하고 "이 문제는 공산군이 항공기를 한반도에 이동시킴으로써 휴전협정을 위반했다는 보도와 관련해서 제기되었습니다"라고 말하자 브래들리 합참의장은 "이미 우리는 항공기 문제에 관한 질문을 보냈습니다. 우리의 항의는 군사정전위원회의 선임위원을 통해 전달되어야 한다고 나는 생각합니다"라고 대답했다.[2]

덜레스 국무장관은 8월 3일 한국으로 출발하기 이틀 앞선 1일 워싱턴 주재 6·25전쟁 참전국 대사들을 초치해 방한 목적을 설명했다. 16개 참전국들 중 룩셈부르크를 제외한 15개국 대표가 참석했다. 덜레스는 한국의 휴전 협상은 40년간 이상에 달하는 그의 국제 문제 처리 경험 중 가장 어려운 것이었다고 털어놓고 공산국들과 대한민국을 상대로 한 협상이 상황을 극히 곤란하게 만들었다고 털어 놓았다. 그는 이어 세계는 한국 휴전협정을 기뻐하지만 이 같은 협상 과정에서 미국은 상당한 희생을 감수했으며 휴전 협상에 대한 이승만 대통령의 동의를 얻기 위해 ① 기왕의 MSP(Mutual Security Program, 상호안보계획)에 의한 경제 원조에 추가해 상당 규모의 특별 원조의 첫 회 배정분 2억 달러 지원안을 의회에서 곧 가결할 것이며, '타스카 보고서'에 근거한 3~4년에 걸친 8억~9억 달러 규모의 경제 재건 지원 원조도 제공할 것이며, ② 자신이 이번에 한국을 방문해 미국과 필리핀 상호방위조약 또는 ANZUS(오스트레일리아·뉴질랜드–미국) 상호방위조약에 준하는 조약을 한국과 체결하고, ③ 장차 개최되는 정치회담에서 양국의 긴밀한 사전 협의를 갖기로 약속했다고 밝혔다.

덜레스는 미국은 한국의 경제 재건이 비단 아시아 지역 뿐 아니라 전 세계에 인상적인 것이 되도록 아주 열망하고 있으며, 아이젠하워 대통령이 특히 이 문제에 관해 관심을 많이 갖고 있다고 밝혔다. 이 때문에 아이젠하워 대통령은 미군 병사들을 한국의 교량과 도로와 병원과 공장과 학교 등등을 짓는 경제 선교사들로 봉사하도록 이용할 계획을 하고 있다고 밝혔다. 덜레스는 또한 한국 문제의 성격은 장차 군사적이기보다는 정치적인 것이 될 것이며, 유엔과 긴밀한 관계를 지닐 것이라고 말하고, 미국 정부는 뉴욕의 유엔대표부를 통해 관계국들과 협의하게 될 것이라고 밝혔다. 그러면서 미국은 휴전 성립 이후에도 전쟁 재개 가능성에 대비한 경계 상태를 계속할 것이므로 다른 참전국들도 군대를 남겨놓기를 바란다고 밝혔다.[3]

제1차 이승만–덜레스 회담

3. 휴전 후 정치 회의 개최 일정 합의

덜레스는 이튿날인 8월 2일 헨리 롯지 주 유엔 대사, 로버트슨 및 칼 맥카들 두 국무부 차관보, 아서 딘 장관자문관, 로더릭 장관보좌관, 영 북동아국장, 로버트 스티븐스 육군장관 등을 대동하고 워싱턴의 내셔널공항을 떠나 8월 4일 밤 서울에 도착했다. 덜레스는 당초 공화당의 윌리엄 놀랜드, 알렉산더 스미스, 민주당의 린든 존슨, 리처드 러셀 등 네 상원의원을 동반하고 방한할 예정이었으나 의회의 사정상 계획이 불발했다.[4]

덜레스는 도착 성명에서 "나는 상호 존경과 상호 협조의 기반 위에 개최되는 금번 회담이 전 한국을 위해 명예롭고 영속적인 평화로 이끄는 데 도

움이 될 것이라고 희망하며 또한 믿고있다"고 말했다.[5]

그는 미8군 영빈관에서 내한 첫 밤을 보낸 후 5일 오전 9시 57분경 일행과 함께 경무대로 이승만 대통령을 예방하고 "이번 전쟁 발발 전야에 제가 다녀간 1950년 6월 당시의 번영 이상의 번영한 나라로 하루 속히 이루어지기를 바란다"고 말했다. 그는 이 자리에서 아이젠하워 대통령의 친서를 이승만 대통령에게 전달했다. 아이젠하워는 이 친서에서 한국이 당면한 문제들, 즉 한미방위조약 체결, 남북 통일 방안 및 미국의 대한 경제 원조 문제에 있어서 한국 측과 최대한 협력을 아끼지 않을 것이라고 다짐했다.

그는 뒤이어 경무대 회의실에서 열린 약 1시간 반 동안의 제1차 회담에 참석했다. 참석자는 한국 측에서 이 대통령, 백두진 국무총리, 변영태 외무장관, 손원일 국방장관, 김용식 주일공사가, 미국 측에서는 덜레스 국무장관, 롯지 주 유엔 대사, 브릭스 주한 미국 대사, 로버트슨 국무부 차관보, 맥카들 공보담당 차관보, 딘 국무부 자문관, 영 국무부 북동아국장, 본드(Niles Bond) 주한 미대사관 참사관 등이다.[6]

이날 첫 회의에서는 한미방위조약 체결 문제, 정치회담 대책, 한국 경제원조 문제 등 원칙적인 문제에 관해 심도 있는 의견 교환을 한 것으로 전해졌다. 회의가 끝난 다음 김용식 공사가 조약 체결에는 앞으로 1차의 회합만 더 가지면 충분할 것이라고 말했다. 또한 정치회담 개최는 10월 제2주 중에 시작되어야 한다는 데 이승만 대통령과 덜레스 장관이 합의했다고 한국 언론이 보도했다. 덜레스 일행은 이날 오전 11시 50분 경무대를 떠났다.[7]

미국의 외교 문서에 의하면 이날 1차 회담에서 먼저 발언을 한 덜레스는 자신이 "한국으로 다시 돌아와 대단히 기쁘다"고 말하고 그가 "동료들과 함께 한국에 온 것은 미국(국무장관)이 중요한 한국 문제에 관해 다른 나라들과 협의하기 전에 대한민국과 협의를 하는 첫 기회이기 때문에 중요한 새 사건"이라고 말했다. 그는 이어서 그의 대표단이 일본 상공을 비행해 한국에 온 사실의 중요성을 지적했다. 이승만 대통령은 이에 대해 자기와 한국 국민들은 자신과 관계 장관들과의 협의를 위해 덜레스 장관이 한국을 방문한 데 대해 최고로 감사하게 생각하고 있다고 답변했다. 이승만은 또한 덜레스의 일본 상공 비행에 관해 "한국 국민들은 그 일 때문에 장관을 좋아할 것이다. 일본 상공 비행은 한국 국민들에게 엄청난 의미를 지니고 있다"고 말했다.[8]

덜레스는 아이젠하워 대통령의 안부를 이승만에게 전하고, 이승만도 덜레스에게 아이젠하워 대통령에게 안부를 전해달라고 부탁했다. 본격적인 회담에 들어가 이승만은 "미국은 최 약소국을 포함한 아시아의 모든 나라들을 위해 자유와 해방의 편에 서왔다"고 말했다. 이승만은 이어서 "100년간의 서양 제국주의와 서방세계를 헐뜯은 공산주의자들의 선전 활동이 아시아에서 백인들의 입장을 해치는 데 많은 기여를 했다"고 강조했다. 그는 또한 "미국은 (아시아에서) 영토나 특수 이권을 추구하지 않았다"고 말했다. 덜레스는 자신과 한국 국민들이 공산주주의자들이 아시아에서 퍼뜨린 미국의 잘못된 인상을 시정하는 것이 필요하다고 느낀다고 말했다. 그는 이 같은 메시지를 중국어, 러시아어, 일본어 및 기타 언어로 전파할 수 있는 강력한 무선라디오 송신기를 설치하기를 바란다고 말했다.[9]

덜레스는 이승만에게 회의를 어떻게 진행시키기를 원하며, 이날 아침 브릭스 대사가 보낸 의제 목록에 대해 어떤 의견이 있느냐고 물었다. 이승만은 이에 대해 자신은 회의 절차에 관해서 아무 것도 작정한 생각이 없다고 답하고, 미국 측이 제안한 의제가 잘 짜였기 때문에 아무 것도 첨가할 것이 없다고 말했다. 덜레스는 이해관계를 가진 다른 국가들과의 토론을 위해 미국과 한국의 공동 의사의 기초를 마련하기 위해 미국 측 생각을 이승만의 그것과 조화시키기를 희망한다고 말했다. 그는 말하기를 정치회담이든 세계 여론이든 그 어느 것에 관한 그들의 생각도 무시해서는 안 된다고 했다. 이 때문에 미국과 대한민국은 정치회담에 관해서 최종적인 발언권을 행사한다고 보는 것은 옳지 않다고 자기는 생각한다고 말했다.[10]

이승만과 덜레스는 토론할 의제의 대강을 수용한 다음 아래와 같이 정치회담에 관한 5개 사항을 토의했다.

① 개회 일자. 미 국무장관은 가능한 회의 개회 일자를 10월 15일로 제안했다. 그는 휴전협정조인 후 약 80일간으로 하고 3개월간의 기간 만료 이전에 (회의가) 지연될 경우 추가로 10일간을 연장할 수 있게 하자고 말했다. 이에 대해 이 대통령은 회의 개회를 80일간보다 이르게 해야 한다고 주장했다. 그는 공산주의자들은 회의를 지연시키려 할 것이기 때문에 우리 측은 개회 일자를 앞당겨야 한다고 주장했다. 이에 롯지 대사가 개회 일자를 10월 1일로 하자고 제안해 이 대통령이 좋다고 말했다. 덜레스 장관은 우리 측은 10월 1일을 목표로 하되 다른 나라 정부가 실제 개회 일자를 10월 15일까지 지연시킬 수 있는 다른 계획들을 갖고 있을 수 있다고 말했다. 이에 대해 이 대통령은 수락했다.

② 개최 장소. 덜레스는 이 대통령에게 회담 개최 장소에 관해 어떤 생각이 있느냐고 물었다. 이승만은 이에 대해 자신은 미국에서 개최하는 것이 좋겠다고 답하면서 호놀룰루를 시사했다. 이에 대해 공산주의자들이 보다 중립적인 곳을 선호할 것이므로 아마도 호놀룰루나 미국의 어느 곳도 그리고 필리핀도 반대할 것이라고 말했다. 이에 롯지 대사가 리우데자네이루 같

은 라틴아메리카의 어느 곳을 좋아할 가능성을 비추자 이승만은 이 역시 좋다고 답했다. 이승만은 또한 마닐라나 덴마크의 병원선 주트란디어호를 암시하면서 실론은 그가 받아들일 수 없다고 밝혔다. 그 이유는 회의에 미칠 영국이나 인도의 영향력을 피하기 위해서라고 했다. 그는 또한 싱가포르 역시 같은 이유로 받아들일 수 없다고 밝혔다. 이에 대해 덜레스는 실론은 아주 좋은 장소는 아니지만 나쁜 장소도 아니라고 말하면서 대일본강화회의에 참석한 실론 대표는 아시아에서 가장 강력한 반공적 대표단이었다고 주장했다. 이승만은 이에 대해 방콕을 고려했느냐고 묻고 거기는 아주 조용한 곳이 아닌가라고 물었다.

그러자 덜레스는 타일랜드는 특히 공산군이 건기에 인도차이나 반도에 공세를 하는 경우 약간 걱정되는 곳이라고 말하고 자신은 반둥과 자바도 생각해 보았지만 현재의 인도네시아 정부 안에 강력한 공산당의 영향력이 존재하고 있으므로 모두 적당치 않다고 이승만에게 전했다. 이승만은 샌프란시스코를 고려할 것을 주장하면서 그 곳을 받아들일 수 없다면 남미의 어느 곳으로 하자고 제의했다. 이에 덜레스와 롯지는 대체로 그런 선에서 개최 장소를 선택하자고 암시했는데 이승만은 최종적으로 중국의 베이징에서 개최하는 것에 대한 한국 정부의 반대 입장에는 어떤 양보도 없을 것이라고 밝혔다.

③ 의제. 덜레스는 정치회담의 의제는 한국 문제에 국한되어야 한다고 밝혔다. 그는 프랑스가 인도차이나 문제를 포함시키기를 희망할지 모르며 그렇게 되면 새로운 참석자 집단을 필요로 할지 모른다고 말하고, 한국 문제 이외의 문제를 들고 나오는 것이 유용하다고 보인다면 별도의 회의를 갖는 것이 필요하다고 강조했다. 그러나 덜레스는 두 가지를 혼합시키기를 원하

지 않고 있다고 밝혔다. 이승만은 이에 대해 한국전쟁은 국지화되었기 때문에 우리는 정치 문제도 국지화해야 한다고 주장했다. 따라서 그는 회의를 한국 문제로 제한하는 것이 공정한 것으로 느끼고 있다고 밝혔다.

④ 참석 국가. 이승만 대통령의 최초 제안은 참석국을 미국, 대한민국, 중공, 북한으로 제한하자는 것이다. 그는 또 유엔군 측에는 미국, 대한민국과 다른 15개 참전국이 포함될 수 있다고 밝혔다. 그러나 그는 모든 15개국이 너무 많은 집단이기 때문에 이들을 모두 포함시키는 것은 불가능하다고 주장했다. 이승만은 인도와 어쩌면 체코슬로바키아를 포함한 모든 나라들이 회의에 참가하기를 희망하고 있으나 그는 이들을 강력하게 반대한다고 밝혔다. 이에 대해 덜레스는 가능한 한 참석국 수를 줄이도록 노력해야 한다고 말했다. 그러나 그는 공산 국가들의 참가 문제는 전적으로 그들 자신의 문제이기 때문에 미국은 공산 국가들 편의 참가 국가 수를 제한할 수는 없다고 밝혔다. 그는 이어 유엔군 측 참석국은 미국, 대한민국과 15개 참전국 중 몇 개 국가로 제한해야 한다고 주장했다. 그러나 공산 측이 소련을 초청한다면 미국은 이것을 막을 수가 없다고 밝혔다. 이에 대해 이승만은 소련이 공산군 측 참석국들을 통제하듯이 미국도 유엔군 측 참석국들을 통제해야 한다고 주장했다. 그러나 그는 그것이 민주원칙에 위배되는 것은 아니라고 생각한다고 주장했다. 그는 전장에서 그러했듯이 회담장에도 단일의 사령탑이 필요하다고 말했다. 그러면서 이승만은 인도 같은 친 공산 국가 또는 위성국이 유엔군 측 참가 국가로 들어와서는 안 된다고 주장했다. 이에 대해 덜레스는 반대 입장을 취하면서 인도는 반공 국가이며 국내에서 공산주의의 심각한 위협에 당면해 있다고 주장했다. 이승만은 덜레스가 사물의 일방만 보고 있다고 지적하고 인도가 반공 포로들을 공산국 측에 인도하려

고 공작하고 있다고 지적하면서 인도의 정치회담 참가 문제를 둘러싼 이승만과 덜레스의 서로 반대되는 주장은 서로 양보하지 않고 논쟁이 계속되어 이날 끝내 타협점을 찾지 못했다.

⑤ 개최 기간. 덜레스는 회담 기간을 최소한 90일로 하자고 주장한 데 반해 이승만은 고개를 끄덕이면서 수락하고 아무 논평도 하지 않았다.[11]

4. 이승만, "우리의 생명과 희망이 상호방위조약에 달려"

덜레스 장관은 이날 회의에서 정치회담 문제 협상이 끝난 다음 이승만 대통령에게 한미상호방위조약의 초안을 토의하기를 희망하느냐고 물었다. 이승만은 이에 대해 "우리의 모든 생명과 희망이 이 문제에 달려 있다"고 답했다. 그러면서 그는 상원의원들이 함께 오지 않은 것에 대해 유감이라고 말했다. 덜레스 장관은 상원의원들이 임석하지 않은 상태에서는 자신이 조약에 관해 결정적으로 밀고나갈 입장에 있지 않다고 말했다. 그러나 그의 방한 기간 중 조약에 가서명하는 것은 가능하며, 조약의 기초를 추진하기 위해 이승만 대통령과 자신이 실무 그룹을 설립하자고 제의했다. 덜레스는 미국 측 대표로 딘 국무부 자문관과 영 국무부 북동아국장을 선정했다. 이승만은 변영태 외무장관과 김용식 주일 공사를 한국 측 실무 그룹 대표로 선정했다.[12]

이승만 대통령은 토론에 들어가 한미방위조약에 대해 "모든 것은 이 조약에 달려 있다"고 말했다. 그는 자신과 관계 각료들이 생각하기에 제법 괜찮은 초안을 로버트슨 특사에게 수교했다고 언급했다. 이에 대해 덜레스 장관은 만약 조약의 정신이 사라지고 없어지게 되면 멋진 단어들만으로는 관계 정부를 구속할 수 없기 때문에 조약의 힘은 그 뒤에 있는 정신에 있다고 자세하게 설명했다. 그는 이승만이 보다 더 강한 용어들을 사용할 것을 주장했을 때 미국과 한국 간의 조약의 힘은 사용되는 단어에 있지 않고 두 나라의 정신에 들어 있다는 사실을 명심하라고 자세하게 답변했다. 그는 이어 "무릇 조약은 오직 진실한 것만 규정해야 하기 때문에 이 조약을 어쨌건 장차 일어날 상황에 따르도록 기초하지 않으면 안 된다"라고 강조했다. 그리고 미국은 이미 오스트레일리아, 뉴질랜드, 그리고 필리핀과 조약을 맺고 있다. 대한민국과의 조약에도 다를 것이 전혀 없다고 말했다. 세계는 만약 소련이 이들 나라 가운데 어느 나라를 공격하면 미국이 그 나라 편을 들 것을 알 것이고, 이 조약은 한국 역시 홀로 있지 않을 것이라는 사실을 기록할 것이며, 적에게 미국이 할 일을 할 것이라는 명백한 통고를 하는 것이라고 덜레스는 말했다. 그리고 한미상호방위조약의 목적은 그 사실을, 즉 한국이 이 지역에서 자유의 최전선이기 때문에 한미 양국이 협력해서 같이 일하는 한 세계를 향해 발표하는 데 있다고 덜레스는 밝혔다. 덜레스는 이와 함께 상원이 거부하는 조약을 기초하는 것은 의미가 없기 때문에 한미 대표단 양측은 비준을 받을 수 있는 조약을 기초하지 않으면 안 된다고 강조했다. 덜레스는 이어 만약 상원이 비준을 거부한다면 그것은 미국 국민들이 대한민국과 단절하는 것으로 비추어지기 때문에 비극이라고 언명했다. 덜레스는 상원의 압도적인 동의를 받을 수 있는 조약 작성의 중요성을 인식해 줄 것을 이승만 대통령에게 요구하면서, 대한민국의 안전에 진정으로 보탬이 되지 않고 상원과 말썽만 일으킬 수 있는 자구를 추가하라고 미국에 압박을 가하지 말라고 요구했다.[13]

이승만 대통령은 이에 대해 한국을 돕자는 감정이 미국에서 얼마나 강한지를 잘 알고 있다고 말하고, 몇 가지 점에 관해 덜레스 장관에게 말하고 싶다고 운을 뗐다. 그는 말하기를 첫째, 자신은 한국 국민들에게 그들의 대통령으로서 미국의 태도가 한국 국민들이 따르기에 충분히 강력하고 정의롭다고 말할 필요가 있다는 것이다. 둘째, 1950년 공산주의자들의 침략이 있기 전 '워싱턴의 어느 저명한 신사'가 한국은 전략적 가치가 없으며 미국은 한국에 관심이 없다고 말했다. 이 성명들은 전쟁 도발자들에게 엄청난 영향을 주었다. 셋째, 한국 국민들은 소련보다 일본에 대해 더 많이 우려하고 있다. 미국인들은 일본의 복면한 얼굴을 별로 알지 못한다. 현재 일본은 마스크를 쓰지 않고 말하기를 민주적이라고 말한다. 이 말은 큰 의미를 지니고 있다. 한국 국민들의 두려움은 일본이 과거의 식민주의적 계획을 목표로 하고 있다는 사실이다. 이승만에 의하면, 일본은 현재 한국에서의 '특수이익'을 내걸고 정치회담에 참석하려 한다는 것이다. 만약 미국이 한국은 어떤 침략으로부터도 방어될 것이라고 말한다면 그 말은 한국 국민들에게 많은 의미가 있다. 따라서 이승만은 조약의 이빨을 내세우자고 주장하는 것이다. 동시에 그는 만약 대한민국이 침략전쟁을 개시한다면 미국에게 한국을 보호해 달라고 요구하지 않을 것이라고 밝혔다. 이승만은 계속하기를 어떤 사람들은 일본에 우호적이어서 일본은 많은 것을 가지고 많은 원조를 받아야 한다고 주장하지만 자기 생각으로는 일본을 군사적으로나 경제적으로 일으켜 세우는 것은 현명하지 않으며 일본이 한국을 점령할 생각을 포기하도록 강제해야 한다고 느낀다고 말했다.[14]

5. 덜레스, "방위조약 일본도 적용 대상"

이들 질문에 대해 덜레스는 조약은 대한민국을 소련과 똑같이 일본으로부터도 방위하는 이득을 갖고 있다고 답했다. 일본에 관해서는 덜레스는 미국도 한국처럼 일본이 다시 지배적인 국가가 되는 것을 원하지 않는다고 이승만에게 보장했다. 일본의 국내 안보를 위해 고안된 최대의 군사적 계획은 10개 사단을 예상하고 있고, 일본의 군사력이 그런 규모에 이르는 데는 장기간이 걸릴 것이며, 현재는 부분적으로 무장한 4개 사단만 보유하고 있다고 밝혔다. 덜레스는 이어 서태평양의 안전을 위해서는 한국과 일본의 긴밀하고 협력적 관계가 필요하며 공산주의자들이 뒷문을 통해 침투하는 것을 막기 위해 한반도와 인도차이나 두 반도의 중요성을 강조했다. 이에 대해 이승만은 일본인들은 서양인들의 심리를 다루는데 극히 현명하다고 말하고 일본인들은 일본이 한국을 다시 차지하기를 원한다고 미국인들을 설득할 것이라고 주장해 미국에서 일본에 대한 동정심을 일어나게 할 것이라고 주장했다.[15]

이승만과 덜레스는 공식적인 1차 양국 회담을 마치고 두 사람만 경무대 별실에서 한국의 통일 문제에 관해 단독 회담을 가졌다. 덜레스가 나중에 작성한 대화록 초본에 따르면 그는 이승만에게 정치회담에서 한국의 통일을 이룩하려면 한미 양국의 합치된 전술을 써야 한다면서 통일을 위해 한반도 북단에 비무장 지대를 설치하는 방안을 제시했다. 덜레스는 소련과 중국은 한반도가 통일되면 블라디보스토크와 여순이 통일 한국의 공격 가능성-경우에 따라서는 미국과 연합해서-에 중대한 위협을 느껴 통일 자체를 반대할 것이므로 이에 대한 대비책으로 이 방안을 제안한 것이다. 이에 대해 이승만은 이런 사실을 인정하면서 만약 비무장 지대를 설치한다면 중국 국경 지대 일부도 함께 포함되어야 한다고 주장했다.[16]

덜레스 장관은 이날 오후 1시 스티븐스(Robert T. Stevens) 육군장관, 로버트슨 국무부 차관보, 브릭스 주한 미 대사, 그리고 테일러 미8군 사령관을 대동하고 백선엽 육군참모총장의 안내로 약 30분간 전쟁 포로 교환이 개시되는 휴전선 부근의 평화촌의 귀환용사 인수처리본부를 시찰하고 귀환 용사들이 치료하고 있는 천막 속까지 들어가 이들 및 수행 취재 기자들과 대화를 나누었다. 덜레스 일행은 이어 이날 오후 3시 50분부터는 서부전선의 한국군 제1사단을 시찰하고 장병들을 격려했다.[17]

제 2차 이승만-덜레스 회담

6. 이승만, 미국 원조 자금 효율적 배정 요구

제2차 이승만-덜레스 본회담은 8월 6일 오전 10시부터 11시 50분까지 경무대에서 열렸다. 이날 배석자는 한국 측에서 변영태 외무장관과 김용식 주일 공사 이외에 전날 급거 일시 귀국한 임병직 주 유엔 대사가 합류하고, 미국 측에서는 테일러 8군 사령관 겸 유엔군 사령관대행이 추가된 것 이외 는 제1차 회의 때와 같았다. 경무대 본회담에 이어 이날 오후에는 중앙청에 서 2개의 분과위원회가 열렸다. 그 하나는 오후 2시 반부터 3시 반까지 약 1시간 동안 국무총리실에서 백두진 총리와 손원일 국방장관 외 3군 총참모 장, 그리고 미국 측에서 스티븐스 육군장관 외 4명이 참석한 가운데 열린 대한 경제 원조 문제 및 육해공 3군의 군사력 강화 문제에 관한 세목의 토 의였다. 백 총리는 회의가 끝난 다음 기자들의 질문에 "모든 문제는 순조롭 게 진척되고 있다"고 말했다. 다른 하나는 국무회의실에서 오후 3시부터 4 시 25분까지 변 외무장관, 임 유엔 대표부 대표, 김 주일 공사, 미국 측에서 딘 국무장관고문, 영 국무부 북동아국장, 본드 주한 미대사관 참사관 등이 참석한 가운데 열린 한미방위조약 분과위였다. 이 분과 회담은 조약의 전문 을 모두 토의했기 때문에 정식 조인만을 기다리게 된 상태라고 유력한 옵서

버가 전했다. 이 옵서버에 의하면 앞으로 남아 있는 다소간의 문구 수정만을 완료하면 고위층의 최종적인 조인을 기다릴 뿐이라고 했다.[18]

이날 오후 중앙청에서 2개의 분과위가 끝난 다음 백 총리, 변 외무, 손 국방 두 장관 및 임병직 대사 및 김용식 공사는 경무대의 연락을 받고 이 대통령을 방문해 분과위 회의 내용을 보고하고 요담했다.[19] 이날 회담 내용은 한국 신문의 제1면을 거의 다 차지할 정도로 자세하게 보도되었다. 이날 보도 중 가장 크게 취급된 기사는 덜레스 장관의 회담 진행 결과에 관한 긍정적인 언급 기사였다. 그는 이날도 전날에 이어 "회담이 잘 되고 있다"고 기자단에 밝혔다. 그에 의하면 대한 경제 원조에 관한 이날 회담은 대부분 스티븐스 미 육군장관이 담당했는데 그는 아이젠하워 대통령이 보낸 구호식품 1만 톤이 이미 한국에 도착했으며 1953회계연도에 한국의 부흥을 위해 2억 달러의 원조가 책정되었다고 말했다.[20] 덜레스는 국회에서 할당한 2억 달러의 자금은 국방부 예산에서 배정받았다고 밝혔다. 덜레스는 또한 미국이 일본을 경제적으로 지원하는 것은 일본의 공산화를 막기 위한 것이라고 해명했다.[21] 덜레스의 한국 관련 언급을 국내 언론이 대서특필한 것은 3년간의 전란으로 피폐해진 국민들이 당시의 이승만-덜레스 회담을 기대 반, 우려 반의 심경으로 지켜보고 있는 불안한 사회상을 반영한 것이라고 해야 할 것이다.

이날 회담장 밖에서는 국회의 덜레스 국무장관 환영위원회 일행이 5일 부산으로부터 입경해서 6일 "정치회담은 참전 국가로 구성하고 3개월간 기한부로 할 것과 남북 통일 방안은 대한민국 주권을 토대로 할 것"을 요청하는 국회 메시지를 국회 박종만 사무총장을 통해 덜레스에게 전달했다. 이날 오후 5시부터는 서울 조선호텔에서 변 외무장관이 주최한 덜레스 일행 초청 만찬회가 개최되었다.[22] 이날 두 번째 날 회담이 순조롭게 진행된 탓으로 이날 오후에는 이승만 대통령은 덜레스 국무장관과 로버트슨 차관보를 대동하고 승용차로 경무대를 출발해 경복궁 내 경회루와 창덕궁을 거쳐 약 1시간 동안 서울 시내를 드라이브 했다는 기사가 이날 신문에 실렸다.[23]

한편 미국 외교 문서에 기록된 바에 의하면 이날 둘째 날 회담이 시작되자 먼저 덜레스 장관이 스티븐스 육군장관에게 대한민국에 대한 경제 지원 문제에 대한 미국의 관점을 설명하도록 요청했다. 스티븐스는 아이젠하워 대통령이 한국의 경제 사정에 관해 깊게, 그리고 개인적으로 관심을 갖고 있으며, 아이젠하워 대통령의 한국 경제 문제 담당 특별대표인 헨리 타스카 박사를 한국에 파견해 종합적인 경제 보고서를 제출하도록 했다고 말했다. 그는 이어 미 육군이 이미 한국의 각종 민간 건설 계획을 지원하기 위해 3억 내지 4억 달러를 지출했다고 설명했다.[24]

이에 대해 이승만 대통령은 미국과 한국의 공동 이익을 위해 미국이 전선에서 싸운 것처럼 경제적인 방법으로 한국을 강화하기 위해 인력을 사용하고 있다고 논평했다. 그는 이어 미국 의회가 다음 회기에 타스카 박사의 건의를 실행하기 위해 필요한 자금을 배정할 것인가 물었다. 스티븐스 장관은 한국의 휴전이 시작 되자마자 의회가 조기·휴회로 들어가 배정이 약간 어려워졌으나 한국에서 휴전협정 발효로 전투가 중지되어 사용 안 된 군사 예산을 타스카 계획의 출범에 전용하도록 국방부가 의회의 승인을 받으려고 노력하고 있다고 설명했다. 이승만은 미국 원조가 관련 집행 기관의 난립으로 비효율적이 되어 ECA(Economic CooperationAgenccy, 경제협력처)가 1949년과 1950년에 원조 자금을 미국에 반납하는가 하면 ECA 계획의 반 이상 자금이 일본에 남아 있다고 지적하고 미국 정부가 이 자금이 일본의 재건을 위해 일하는 사람들 손에 들어가는 것을 막아달라고 요구했다. 이승만은 또한 UNKRA (UnitedNations Korea Rehabilitation Administration, 유엔한국재건처)는 간접비에만 예산 19%를 사용했다고 지적하고, 미국 납세자의 돈이 오직 최선의 목적을 위해서만 쓰이기를 바란다고 요청했다. 그는 이어서 한국에 대한 경제 원조 행정을 다룰 최고계획기구로 양국 공동의 CEB(Combined Economic Board, 합동경제처)의 설립을 미국 측에 요청해 스티븐스로부터 긍정적인 반응을 얻었다.[25]

제 3차 이승만–덜레스 회담

7. 이승만, 12개 요구 사항 제기 – "한국 중립화 불가"

이승만–덜레스 간의 제3차 한미 고위급 회담은 8월 7일 오전 10시20분부터 11시 50분경까지 경무대에서 열렸다. 한국 측에서 임병직 유엔대표부 대사가, 미국 측에서 스티븐스 육군장관과 테일러 8군 사령관이 빠지고 나일스 본드 주한 미국 대사관 참사관이 각각 새로 참석했다. 이날 회의에서는 한국통일 문제 및 정치회담에 임할 한미 공동 정책, 8월 17일경 소집되는 유엔총회대책 등이 논의되었다.[26]

이승만 대통령이 남긴 이날 회담 기록에 의하면 그는 덜레스에게 방위조약에서 한국이 침략을 당할 경우 '즉각적이고 자동적인 군사 지원' 조약의 수준을 필리핀이 아닌 일본 수준으로 하고, 한국 육군을 20개 사단으로 증강하며, 정치회담 실패 시 한국 통일을 위해 미국은 한국에 도덕적 물리적 지원을 하며, 경제 원조의 효율화를 위해 모든 경제 기획과 행정을 중앙집권화해 단일 기관(CEB)을 설립하고, 한국에 대한 경제 원조를 강화해 한국을 '민주주의의 쇼룸'으로 만들고 한국의 중립화는 불가하며, 미국 측은 한국을 '가치 있는 동맹국'이라고 전 세계에 선언하고 미국은 정치회담이 개최 90일 이후 실패하는 경우 한국과 함께 철수하며 중공을 휴전협정 이전에 한반도에서 축출해야 한다는 요구를 연기할 것 등 12개 항의 요구 조건을 제시했다.[27]

이 대통령은 특히 한국의 중립화를 절대로 받아들일 수 없다고 말하고 그 이유는 중립의 개념은 원래 전쟁을 자주 치른 유럽에서 나왔으며 유럽과 사정이 다른 아시아에서는 수백 년 동안 받아들여지지 않았다고 했다. 이승만은 또한 한국과 미국은 두 개 큰 동맹국인데 한국은 생존을 위해 투쟁하고 있으나 한반도 북부에 중공군 백여만 명이 잔류하고 있어서는 생존할 수가 없을 것이라고 말했다. 중공군이 한국에 남아 있는 한 세계 문제는 쉽게 해결될 수 없을 것이므로 중공군은 어떤 수단을 써서라도 이 땅에서 내보내야 하며, 한국인들은 이 문제에 관해 중공이 어떤 입장에 있는지 알고 싶어 한다고 말했다. 덜레스 장관은 미국은 이 세상에 있는 불의를 제거하기 위해 모든 전쟁을 할 수는 없다고 말하면서 "그러나 미국이 중공군을 한국으로부터 내보내고 또한 한국이 평화적 수단으로 나라의 통일을 달성하는 노력을 돕는 데 최선을 다하도록 아이젠하워 대통령에게 건의하겠다"고 답변했다.[28]

이승만은 10억 달러 원조 문제로 옮겨 덜레스 장관에게 자금 배정 기간이 자신은 3년이면 좋겠는데 미국 측 방침은 얼마나 되느냐고 물었다. 덜레스는 자신도 3년이 되도록 노력하겠지만 안 되더라도 4년은 되어야 한다고 말했다. 따라서 앞으로 이 대통령과 자신의 공동성명에서는 그 기간을 3~4년간으로 할 필요가 있다고 말했다. 방위조약 초안 문제에 관해서 덜레스 장관은 한국 측 초안 제3조의 마지막 구절에 들어 있는 '효과적으로'라는 단어를 삭제해야 한다고 주장했다. 그는 미-필리핀 방위조약 제3조에는 동일한 표현이 안 들어가 있기 때문에 한국과의 조약에만 들어가게 되면 필리핀과의 조약이 비효율적인 것처럼 암시한다는 것이다. 회의는 오전 11시 50분경 휴회에 들어가 오후 3시 30분부터 제4차 회의가 열렸다.[29]

미국 측 외교 문서에 기록된 바에 의하면 이승만 대통령은 이날 회담에서도 한국의 중립화 제안에 대해 극동 정세가 안정될 때까지는 절대로 이를 받아들일 수 없다고 단정적으로 밝혔다. 이승만은 정치회담에 관해 만약 유엔이 정치회담에서 지도적 역할을 하려 한다면 혼선이 생기므로 미국이 유엔의 역할을 맡고 다른 자유 진영 국가들이 돕고 협력할 것을 주장했다. 그는 또한 정치회담에서 자유 진영의 민주주의 국가들 측과 공산 진영의 위성국들 측을 각각 대변하는 평등한 투표 절차가 마련되어야 한다고 주장했다. 이승만은 또한 덜레스에게 한국의 입장을 이해해 줄 것을 호소했다.[30]

덜레스는 이에 대해 이승만의 주장이 대부분 옳다고 대답하고 정치회담이 미국의 지도아래 진행되고 대한민국과 긴밀한 협력을 하는 그런 자리 되기를 바란다고 말했다. 이승만은 공산 측이 그들 편에 많은 표들을 줄 세우기 때문에 '우리, 우리 측'은 유엔에서 공산국들과 비교하면 약하게 느낀다고 말했다. 인도와 영국은 유엔에서 굉장한 영향력을 갖고 있어 '우리 편'이 상대적으로 약하다고 말했다. 그는 유엔군 측 국가들이 위성국들처럼 뭉치기보다 공동 원칙을 존중하자고 호소했다. 이승만은 유엔군 측 정부들이 그들의 위상을 강화하기 위해 이런 원칙에 충실하도록 격려해주어야 한다고 주장했다.[31]

이승만 대통령은 덜레스에게 대한민국 국군과 유엔군 사령부의 관계에 관해 언급, 자신이 클라크 유엔군 사령관에게 대한민국 국군을 유엔사 아래 남겨두지 않을 이유가 없다고 말했다고 전하면서 정치회담 도중이나 그 이후에도 한국에 있는 모든 군대에는 한 사람의 사령관이 있어야 한다고 말했다. 그는 그러나 유엔군 사령관과 대한민국 정부가 동일한 목적을 따르지 않을 경우에는 대한민국 정부는 국군을 유엔군 사령부에서 철수할 것이라고 말했다. 그는 덜레스에게 정치회담 개최 90일 안에 한국 통일(의 방안을 찾는 데)에 실패할 경우 "무슨 일이 일어날 것인가?"를 물었다. 이승만은 이 문제에 관해 극도로 우려하기 때문에 보다 분명한 무엇이 필요하다고 말하면서 현재 한국에는 많은 수의 침략군이 남아 있는데 한미상호방위조약의 초안에는 외부의 적이 대한민국을 침범할 때의 규정은 있으나 침략군의 계속 잔류에 대한 규정은 없다고 지적했다. 이승만은 이어 미국은 정치회담이 실패할 경우 한국과 함께 전투를 재개하든지 그렇지 않으면 대한민국이 통일을 달성할 때까지 한국군에 도덕적 물질적 지원을 하기를 바란다고 덜레스에게 말했다. 만약 그 같은 보장이 없다면 그는 한국 국민들에게 할 말이 없다고 말했다. 이에 대해 덜레스는 미국이 6개월 후에 한국과 함께 전쟁을 할 것이라는 공약을 할 수는 없다고 단호하게 말하고, 자신은 대통령과 국무장관이 나아갈 수 있는 데까지만 나아간다고 밝혔다. 그는 이어 미국에서는 상원이나 하원이 받아들이지 않기 때문에 대통령이나 국무장관이 넘어갈 수 없는 지점이 있다고 설명했다. 덜레스는 자신이 이승만이나 대한민국에 해가 되는 일을 하고 있다고 상상하지 말라고 요구했다. 이승만은 "그런 생각은 않고 있다"고 답했다. 덜레스는 "이승만 대통령이나 대한민국을 오도하고 싶지 않다"고 강조하고 현재 미국 상원의원들은 미국이 아시아 대륙에 (방위) 공약을 확대하는 것을 우려하기 시작했으며, 특히 민주당 상원의원들은 곧 체결될 한미상호방위조약에 대해서도 만족스러워 하지 않고

있다고 강조했다.[32)]

덜레스는 이어서 자신은 대한민국을 돕는 데 가능하다고 믿는 제한선까지 나아가고 있다고 설명하고 미국 정부가 한국에 대한 모든 지원 계획을 좌절시키고 망칠 어느 지점은 넘지 않으려 하고 있다고 강조했다. "미국은 이미 필리핀과 체결한 방위조약을 넘어서 아시아 대륙에 대한 방위공약은 할 수 없으며, 우리가 만약 그 선을 넘으려다가 상원에서 패배하는 경우 그 것은 전 세계, 특히 공산주의자들에게 우리가 진정으로 한국을 걱정하지 않는다는 것을 고지하는 것이 된다"고 덜레스는 말했다. 그는 다시 강조하기를, "진정으로 중요한 것은 조약의 정신"이라고 했다. "미국과 한국은 동맹국이자 긴밀한 동반자가 되어 누구든 한국을 건드리면 미국을 건드리는 것이 된다는 것을 세계가 알도록 해야 한다. 이 공식을 넘어가면 재앙이 있을 뿐"이라고 덜레스는 강조했다.[33)]

이에 대해 이승만 대통령은 상당히 길게 자신의 주장을 개진했다. 그는 중공군이 철수하지 않고 몇 년간 한국 영토에 머물고 있으면 자유 한국은 생명을 잃을 것이라고 말하고 "한국의 운명은 세계의 문제이며 한국을 공산주의자들에게 잃으면 다른 나라들도 그 뒤를 따를 것"이라고 강조했다. 이승만은 이에 따라 장래에 미국이 취할 행동에 관한 확실한 약속을 덜레스에게 요구하면서, 몇 마일 밖에 위치한 압도적인 공산군의 끊임없는 위협과 즉각적인 공격의 대상이 되고 있는 한국의 상황과 바다에 둘러싸여 보호 받고 있는 필리핀과는 전혀 다르다고 강조했다. 그는 만약 미국이 안전보장을 해주지 않는다면 한국을 잃을 것이며, 따라서 미국은 정치회담 종료 후 한국을 지지한다는 성명을 발표해달라고 이승만은 요구했다. 그는 만약 미국이 그렇게 할 수 없다면 대한민국이 어디에 서 있는지 알 수 있도록 분명하게 "그렇다"고 밝힐 것을 요구했다. 비록 한국은 자유 독립국가로 살고 싶지만 남한이 하나의 국가로서 죽어간다면 미국의 모든 원조와 도움은 소용없는 것이 될 것이라고 이승만은 역설했다. 그는 이어 "북쪽에 중공이 있고, 북한은 공산당 지배아래 놓여 있어 대한민국은 통일을 하지 않으면 계속 생존할 수가 없다. 만약 미국이 한국 통일을 위한 싸움을 지원하기를 원하지 않는다면 그렇다고 말해야 한다. 대한민국이 할 수 있는 일을 할 수 있게 해달라는 것이 지금 이승만이 요구하고 있는 전부"라고 강조했다.[34]

이승만 대통령이 미국은 한국을 분단한 두 나라 중 하나라고 지적하고 정치회담 실패의 경우 통일전쟁의 당위성을 인정하고 이를 미국이 지원해야 할 것이라고 강조하자, 덜레스는 이승만에게 미국이 독일 통일을 위해 전쟁을 해야 한다고 생각하느냐고 반문하기까지 하면서 이승만이 요구한 한국의 통일 전쟁에 대한 미국의 지원 약속을 거부했다. 이렇게 되자 이승만은 덜레스가 그에게 보낸 7월 24일자 서한에서 미국은 한국 피침 때 '즉각적이고 자동적인 행동'을 하겠다고 약속한 것보다 '뒤로 물러난 것'이라고 지적하면서 유감을 표했다. 수세에 몰린 덜레스는 "미국이 할 일은 미국 정부가 결정할 것이지, 이승만 대통령이나 한국 정부가 결정하도록 하거나 미국의 판단을 뒤집게 할 수는 없다"고 반박했다. 그는 "미국이 무슨 행동을 할 것을 결정하는 것은 한국의 책임이 아니라, 미국의 책임이기 때문"이라고 했다. 덜레스는 심지어 이승만이 미국을 떠난 지 오래 되어 미국 내의 여론과 그 추이에 대한 전문가다운 이해가 부족하다고까지 주장했다.[35]

8. 방위조약 초안 내용 싸고 이견

덜레스의 이 같은 어조로 비추어 보면 이날 회의 분위기가 상당히 고조되었다는 것을 짐작할 수 있다. 덜레스는 결론적으로 "우리는 우리가 할 수 있는 만큼 했다"고 강조하면서 이승만에게 "미국의 신의(信義)를 받아들이고, 미국의 책임을 인정해 달라"고 계속 요구했다.

한국의 장래 문제를 둘러싼 토의가 끝나자 이승만과 덜레스는 양국 간의 상호방위조약 체결 문제로 주제를 바꾸었다. 이승만 대통령은 한국 측의 새로운 초안을 참석자들에게 돌렸다. 참석자들이 읽어본 다음 덜레스 장관은 한국 측 새 초안의 전문 가운데 조약의 체결경위를 설명한 네 번째 절이 바람직하지 않으며 이를 본조약의 조문 대신 서한 또는 각서 같은 다른 형식의 문서에 넣는 것이 좋겠다고 주장했다. 덜레스는 이처럼 공동성명 전문에서 다룰 어떤 상황은 조약이 발효될 때—아마 내주 금요일이 될 것 같지만—가 되면 이미 지나간 일이 되어버리고 말 것이라고 지적했다. 이승만 대통령은 이것을 공동성명이나 서한에 포함시키는데 동의했다.

덜레스는 이어서 이승만에게 한국 측 초안의 제3조에 '효율적으로' 라는 단어를 추가한 것은 미국의 다른 조약 어디에도 없는 표현이기 때문에 삭제되어야 한다고 주장했다. 덜레스는 만약 미국이 제3조의 문구를 다른 조약에 쓰인 방식을 변경하려 한다면 다른 조약의 서명자들은 그 조약의 비슷한 규정이 상정하는 행동이 효과적이지 못하다는 것을 암시하게 될 것이라고 말했다. 따라서 이들 나라는 그들의 조약을 개정하려 할지 모르며, 만약 이것이 대한민국과의 조약에 들어간다면 그들 나라들과 미국의 관계를 복잡하게 말들 것이라고 주장했다. 이승만 대통령은 이에 대답하기를 그가 로버트슨 특사에게 자신이 상호방위조약에서 바라는 것이 무엇인가를 설명하기 위해 워싱턴으로 돌아가라고 요구했다고 설명하면서 로버트슨에게 한국 측 조약초안을 건넸지만 미국 정부가 이를 수용하기를 거부했다고 말했다. 이승만은 "이제야 이를 이해하게 되었다"고 말하고 제3조로부터 '효율적으로' 라는 단어를 삭제하는 데 동의했다.

백두진 국무총리는 덜레스를 향해 아이젠하워 대통령이 그의 7월 6일자 친서에서 대한민국과의 조약은 필리핀과의 조약보다 더 강할 것이라고 약속했다고 말했다. 덜레스는 이에 대해 그의 친서에는 그런 해석이 가능한 것이 들어 있지 않다고 답변했다. 그러나 백 총리는 계속 주장을 굽히지 않았다. 이렇게 되자 이승만 대통령이 백 총리에게 그 문제를 철회하라고 손짓했다(친서가 무엇을 지적하는지 찾아보라고 백 총리에게 건네자 그가 문장을 잘못 해석한 것으로 드러났다. 그 조문에는 대한민국과의 조약은 태평양에서의 종합적인 안보체제를 향한 '더 먼 방향으로 향한 첫걸음'이라고 언급했다. 백두진은 '더 먼'이라는 단어를 대한민국과의 조약이 필리핀과의 조약보다 한층 강화되고, 따라서 다르고, 더 강력한 것을 의미하는 것으로 해석했다. 명백하게 이것은 완전하고 진정으로 잘못된 해석이었다).

한국 측 초안의 제6조는 조약의 무제한적인 유효 기간을 규정해 미·필리핀상호방위조약의 상응하는 조문과 다르게 되었기 때문에 덜레스는 이승만에게 이 조문은 필리핀과의 조약과 동일한 용어를 쓰기를 요구했다. 덜레스는 대한민국과의 조약은 무기한 계속될 것으로 기대될 수 있으나 필리핀과의 조약과 동일한 종료 자구를 사용해야 한다고 강조했다. 이에 대해 이승만은 그가 이제야 자신이 어디에 서 있고 얼마나 멀리 미국이 갈 것인지를 알게 되었다고 응수했다. 이승만은 자신이 사소한 것을 다투는 '중국인 상점주인'처럼 보이기를 원하지 않는다고 설명하고, 한국 국민들에게 미국이 무엇은 할 수 있고 무엇은 할 수 없는지를 설명하려 한다고 선언했다. 덜레스는 양국의 자문관들이 공동성명의 기초를 위해 함께 모이도록 하자고 제

안했다.[36)]

9. 미군의 자동 개입 조항 거부

이승만 대통령과 덜레스 미 국무장관의 마지막 담판인 제4차 경무대 회담은 7일 오후 3시 반부터 5시 10분까지 개최되었다. 배석자들은 한국 측에서 새로 이승만 대통령의 미국인 개인고문인 올리버(Oliver) 박사가 추가되었고, 미국 측 참석자는 테일러 8군 사령관과 로버트슨 국무부 차관보 뿐이었다. 한국 언론 보도에 의하면, 이날 회담에서는 전날(6일) 오후에 열린 양측 소위원회에서 검토를 완료한 한미공동방위조약 및 경제 원조에 관한 세목 내용, 그리고 한국군 강화와 군사 원조 문제 등을 중심으로 재검토해서 합의를 보았다.[37)]

변 외무장관은 이날 밤 이승만 대통령과 덜레스 장관이 이튿날(8일) 오전 10시에 한미상호방위조약에 서명할 것이라고 언명했다. 그는 또한 이 조약은 미국 의회에서 무난히 통과될 것이라고 부언하고, 이 조약이 미국과 일본 및 필리핀 간에 조인된 안전보장조약으로부터 요점을 발췌한 것이라고 밝혔다고 한다. 손원일 국방장관도 자신은 이 조약 내용에 만족했다고 표명했다는 것이다. 덜레스 장관 일행의 귀국을 하루 앞둔 이날 오후 두 차례에 걸쳐 조선호텔에서 그를 위한 만찬회가 개최되었는데 내용인즉, 이날 오후 5시부터는 덜레스 장관 자신이 한미 고위층을 초청했으며, 7시부터는 테일러 미8군 사령관이 덜레스 일행 및 정부 고위층을 초청해 친선 교환이 있었다는 것이다.[38)]

이승만 대통령이 남긴 이날 회담 기록에 따르면 이 대통령과 덜레스 장관은 회담 종결에 즈음해 공동성명을 발표하기로 합의했다. 이날 오후 회담에서도 이승만 대통령은 정치회담에서 한국의 중립화를 절대로 수용하지 않으며 또한 한반도 북반부에 1백만 명의 중공군이 잔류하는 것을 결코 용인할 수 없다고 밝혔다. 이에 대해 덜레스가 중공군 철수를 위해 최선을 다하겠다고 약속하고 미국이 3~4년에 걸쳐 10억 달러의 원조를 제공할 것을 공동성명에 포함시키기로 동의했다. 방위조약의 가조인은 이튿날 오전 10시 가조인하고 오전 4시에 공동성명을 발표하기로 합의했다.[39]

　미국 측 외교 문서에 의하면 이날 오후의 4차 회담에서 덜레스 장관은 회의 종결에 즈음해 발표할 공동성명 초안을 한국 측에 제시했다. 그는 한국 측에서 초안을 검토하는 사이에 미국 참석자들은 퇴실해 달라고 요청했다. 약 30분 후 미국 측 참석자들이 회의장으로 불려 들어왔다. 변영태 외무장관이 제안한 공동성명문의 사소한 수정 요구를 토론 없이 미국 측이 받아들였다. 그러자 변 외무장관은 대한민국은 한국 영토로부터 중공군 침략자들을 축출할 권리를 포함한 국내 문제에 관한 완전한 주권을 보유하고 있다는 사실이 합의되었다는 취지의 한 구절을 추가하기를 제안했다. 덜레스 장관은 그것은 초기에 미국이 유엔의 행동을 촉구할 때 취한 입장을 위반한 것이므로 그 같은 구절을 넣는 것은 일관성이 없는 것이라고 반대했다. 즉, 공산군의 남한 침공은 국내적 내전이 아니라 세계평화를 위협하는 공산주의들의 국제적 침략 전쟁이라는 것이 당시 미국의 입장이었다는 것이다. 한국에서 발발한 전쟁은 유엔에 아무 관계가 없는 순전한 국내 문제라는 소련 진영의 주장에 근거한 공산 측의 반대를 물리치고 유엔이 (한국전쟁에) 개입한 것은 바로 이 같은 근거에서였다는 것이다.

　덜레스 장관의 상호방위조약 초안은 마지막 토론에 붙여져 최종적인 논란과 이승만 대통령의 자동 군사 행동 조항 삽입 호소에도 불구하고 미세한 자구 수정 끝에 채택되었다.[40]

10. 한미상호방위조약 가조인

7일 오후 마지막으로 열린 제4차 회담이 끝난 다음 덜레스 장관과 그의 수행원들은 이승만 대통령과의 최종 면담을 위해 이튿날인 8일 아침 10시 경무대에 도착했다. 면담 자리에 나온 한국 측 관계자들은 백 총리, 변 외무장관, 손 국방장관, 김 문교장관과 임 유엔대표부 대표이고, 미국 측에서는 스티븐스 육군장관, 롯지 주 유엔 대사, 브릭스 주한대사, 테일러 8군 사령관 겸 유엔군총사령관 대행, 로버트슨 차관보, 맥카들 차관보, 딘 국무부 자문관, 영 국무부 북동아국장, 설리번 국방부 정책국장, 본드 주한 미국 대사관 참사관이다.[41]

경무대 도착 즉시 덜레스 장관은 이승만 대통령에게 공동성명의 원본 두 통 중 하나를 건넸다. 두 사람은 이를 읽은 다음 각자 원본에 서명했다. 그후 덜레스 장관과 변 외무장관은 상호방위조약 가조인식이 거행되는 경무대 홀에 입장했다. 국회의 조봉암, 윤치영 두 민의원부의장과 외무분과위원 등 국회 대표 10명과 각료 전원 및 덜레스 장관 일행 및 브릭스 주한 미국 대사, 그리고 취재 기자들과 사진 기자들이 참관하는 가운데 덜레스 장관과 변 장관은 오전 10시 6분부터 약 30초 동안 '대한민국과 미합중국 간의 상호방위조약(조약 전문 부록 자료2-1/2)' 문서에 각각 사인을 한 다음 이를 서로 교환함으로써 가조인 절차를 끝냈다. 가조인식이 끝난 다음 이승만 대통령과 덜레스 국무장관은 환담을 위해 거실로 되돌아왔다.[42]

이승만 대통령과 덜레스 장관은 조약 가조인 후 공동성명을 발표하고 그

동안의 회담의 경과와 성과를 종합한 다음 "한미 양국의 목적은 자유·독립·통일 한국의 평화적 실현에 있다"고 밝혔다. 이 성명은 또한 정치회담 개최 후 90일 이내에 이들의 목적을 달성하려는 노력이 보이지 않을 때는 정치회담에서 퇴장할 것을 강조함과 동시에 한국은 유엔군 사령부의 지휘 하에 있어 일방적 행동을 취하지 않을 것에 동의했음을 밝혔다. 그 대신 공산군이 휴전협정을 위반하여 한국에 무력 침공을 가할 경우에는 미국은 즉시, 그리고 자동적으로 공격 격퇴할 것을 지적하여 공산군에게 경고했다. 또한 미국 정부는 7일 한국전 파병 16개국이 한국과 새로운 공격에 대하여 즉시 반격을 서약한 제재강화공동선언에 서명했다고 발표했다. 이 선언문은 7월 27일 워싱턴에서 서명된 것이다.[43]

덜레스 장관은 이 대통령과 변 장관에게 한미상호방위조약의 가조인은 한미 양국 간의 진정으로 효율적인 미래 관계의 근거를 마련했다고 말했다. 그는 또한 이승만 대통령에게 미국을 방문해 국회 상하원 합동회의에서 연설을 할 것을 권유했다. 그는 이승만의 연설이 의회의 조약 비준과 이에 대한 일반 여론에 상당한 긍정적 효과를 가질 것으로 믿는다고 말했다. 이에 대해 이승만은 그의 미국 방문 가능성을 마음속에 간직하겠다고 대답했다. 이승만 대통령은 덜레스, 그리고 그를 통해 아이젠하워 대통령에게 그들의 한국에 대한 관심과 한미상호방위조약의 가조인을 갖게 한 선도적 역할에 대해 감사를 표했다. 이승만은 조약의 가조인은 대한민국 국민들에게 그만큼 큰 의미를 지닌다고 말했다. 이날 행사에 어울리는 축배와 양측 대표 간의 인사 교환이 있은 다음 덜레스 장관과 그의 보좌진은 경무대를 떠났다.[44] 이승만 대통령은 이날 오후 특별담화를 발표하고 "우리는 앞으로 여러 세대에 걸쳐 혜택을 받게 될 것이다. 이 조약이 있기 때문에 우리는 앞으

로 번영을 누릴 것이며…우리의 안보를 확보해 줄 것이다"라고 말했다.[45]

덜레스는 귀국 후 8월 10일 롯지 대사와 로버트슨 차관보를 대동하고 덴버에서 휴가 중인 아이젠하워 대통령을 방문해 가조인된 한미상호방위조약 문서를 펼쳐 보이면서 서울에서의 가조인 경과를 보고했다. 덜레스는 이 자리에서 조약 내용은 모든 측면에서 사전에 상원 지도자들에게 설명하고 토론한 바와 일치한다고 말했다. 그는 이어 서울에서 미국 측이 반대할 만하거나 미국의 책임을 확대시키는 내용들을 포함시키려는 이승만 대통령의 노력에 성공적으로 저항했다고 보고했다. 아이젠하워 대통령은 조약이 상원의원들이 불참한 가운데 가조인 되기는 했지만 그 내용은 이미 그들이 읽어본 바이기 때문에 상원의 비준에 대해서는 별로 걱정하지 않는다고 밝혔다.[46]

아이젠하워는 덜레스에게 주한미군을 한국 경제 복구 작업에 동원하는 문제에 대한 테일러 8군 사령관의 태도가 어떻더냐고 물었다. 덜레스는 그와 이 문제를 특별히 논의하지는 않았지만 테일러 장군의 브리핑에서 미 육군이 휴전협정에 따라 방어선을 2km 후퇴함으로써 포기된 지역을 대체할 방어 위치를 재구축하는 데 몇 달간 동원되어야 할 것이라고 보고했다고 전했다. 아이젠하워 대통령은 육군이 '평화를 쟁취'하는 데 큰 역할을 해야 한다는 그의 신념을 재 강조했다.[47]

11. 조선조 말 이후 70년 만에 이룩된 연미(聯美)

이승만이 덜레스와 한미상호방위조약을 체결한 것은 조선조(朝鮮朝) 말기 고종 당시인 1880년 10월 중신회의(重臣會議)에서 '연미'(聯美)노선을 채택한 지 73년만이다. 이것은 영의정 이최응(李最應)이 그 전 해에 미국의 개항 요구를 거부한 것을 크게 후회해서 정부 차원에서 정책 전환을 결정하게 된 것이다. 이에 따라 조선왕국은 이듬해 특사를 청국(淸國)에 파견해 교섭을 요청한 끝에 1882년 5월 마침내 제물포에서 미국과 수호통상조약을 체결하게 되었다.[48] 이 조약은 제1조에서 체약국 중 어느 한쪽이 제3국으로부터 "불공경모"(不公輕侮, deal unjustly or oppressively), 즉 부당한 처사나 모욕 또는 위협을 당했을 경우에는 다른 일방이 중재(仲裁, good office)에 나서기로 규정했다.

그러나 미국은 1905년 일본이 대한제국을 보호국으로 만들 때 미국의 필리핀 지배를 일본이 묵인하는 조건으로 일본의 한반도 지배를 양해함으로써 조미수호통상조약 제1조를 완전히 위반했다. 앞에서 자세하게 설명한바와 같이 2차 대전 후에는 한반도의 남쪽에 진주했던 미군이 대한민국에아무 방어조치도 하지 않고 철수해 버려 1년 후 북한의 6·2남침전쟁이 일어나게 만들었다. 이 같은 민족적 비극과 국가적 위기를 몸소 겪은 이승만으로서는 한미상호방위조약 체결로 한미동맹을 탄생시킨 것은 일생일대의 큰보람이었다.

chapter 7

.

조약 발효까지의
험난한 여정

Ⅶ. 조약 발효까지의 험난한 여정

1. 방위조약 가조인 이후에도 북진 통일 계속 주장

그런데 이승만 대통령은 한미상호방위조약이 가조인된 1주일 후인 1953년 8월 15일 광복절 제5주년을 맞아 그의 북진 통일 결의가 변하지 않았다고 발표해 미국을 긴장시켰다. 그는 이날 성명을 발표하고 "본인은 잠시 한국을 무력으로 통일하려는 계획을 연기하기로 결정하고, 협상에 의해서 해결하려는 유엔 방안을 시험할 것"이라고 언명한 다음 "한국은 가급적 최단시일 내에 북한까지 진격할 의망을 가지고 있으며 또한 그것을 결심하고 있다"고 밝혔다.[1]

그는 "한국전쟁은 바야흐로 군사적인 국면으로부터 정치적인 국면으로 전환되었다. 그러나 새로운 세계 대전을 회피하려는 참혹한 투쟁은 아직도 계속되고 있다. 나는 자유 제국과 긴밀히 협력하려고 최선을 다할 작정이다. 한국은 우호 제국과 그들의 지지에 결코 배반할 수는 없는 것이다. 왜 그러냐하면 자유 국가로서 한국의 존재는 민주 세계의 안전 보장 유지상 불가피적으로 기대되고 있기 때문이다. 가급적 단시일 내로 북한으로 진격하여 북한 동포들이 직면하고 있는 죽음으로부터 그들을 해방시키는 것은 우리의 소망이며 또한 결심인 것이다. 한국전쟁에서 승리할 수 없었다는 것은 유엔이 그 목표를 포기한 것이다"라고 비판했다.[2]

가조인된 한미상호방위조약은 그해 10월 1일 워싱턴에서 변영태 외무장관과 덜레스 국무장관에 의해 정식 조인되었다. 10월 5일 아이젠하워 대통령은 백악관으로 그를 예방한 변영태 외무장관을 접견한 자리에서 덜레스 미 국무장관도 배석한 가운데 변 장관에게 양국 간의 계속적인 협력을 위해 노력하는 이승만 대통령에게 안부를 전해 달라고 인사를 한 다음, "그런데 한국 관리 중에 전쟁을 이야기하는 명백한 경향이 있어 불안하다"고 간접적으로 한국 정부의 북진 통일론에 대한 우려를 표명했다. 아이젠하워는 이어서 "세계는 평화를 원하고 있으며 호전적인 성명들에 대해 강력하게 반대하고 있다"고 말하면서 "이 같은 성명들은 대한민국을 고립시키며 한국을 방어하고 편들려는 미국을 어렵게 한다"고 말했다. 그는 특히 포로 송환에 관여하고 있는 인도군에 대해 무력 사용을 경고한 조정환 외무장관 대행의 10월 3일자 성명을 언급했다. 변 장관은 아이젠하워 대통령의 언급을 이 대통령에게 보고하겠다고 답했다.[3]

2. 미 군부, 긴급 사태 대비책을 다시 수립

1953년 10월 들어 아이젠하워 행정부는 북진 통일을 계속 주장하는 이승만 대통령에 대해 강제 수단을 검토하기에 이르렀다. 대통령 직속의 국가안보회의 계획처는 10월 22일자로 한국에서 수락할 만한 정치적 해결책이 나오지 않을 경우 미국의 상세한 행동 계획을 입안해 국가안보회의에 올렸다.

이 보고서는 휴전 후 열리는 정치회담이 실패하거나 무기한 연기될 경우 이것이 공산주의자들이 북한에 대한 헤게모니 또는 어떠한 방법에 의해서든 전체 한반도의 지배권을 획득하려는 기본적 목표를 포기하지 않으려는 것을 강력하게 암시했을 때 발생할 수 있는 긴급 사태에 NSC(국가안보회의)가 취할 대응책을 마련한 것이다.[4]

이 계획은 또한 미국 정부가 대한민국 정부에 대해 일방적 전투 재개 시 병참 지원을 하겠다는 사전 약속을 거부하고 힘에 의한 한국 통일을 추구하는 것을 반대하는 것을 전제로 하여 다음과 같은 세 가지 긴급 사태를 전제로 하고 있다. 그 세 가지는 ① 공산군이 한국에서 적대 행위의 재개를 선제적으로 행하는 경우, ② 공산군 측과 대한민국이 계속 휴전협정을 준수해 어느 쪽으로부터도 적대 행위의 재발이 없는 경우, ③ 대한민국이 일방적으로 적대 행위의 재개를 선도하거나 그럴 의도를 갖는 경우이다. 그런데 공산군 측 또는 대한민국은 적대 행위를 재개하는 경우 그 책임을 혼동시키는 것을 추구할 수 있으므로 미국은 신속하게 그 책임 소재를 규명할 수 있어야 한다고 촉구했다.[5]

이 계획은 (a) 첫 번째 2종의 긴급 사태 발생 때는 미국은 종합 정책 선언을 활용해 1953년 5월 20일 채택된 NSC 행동 제794호에 규정된 군사적 외교적 조치를 취하고, (b) 어느 편으로부터도 적대 행위의 재개가 없는 경우 미국은 당분간 계속해서 한국에 대한 정책의 재검토에 따라 NSC 154/1과 156/1, 그리고 157/1 및 1953년 7월 17일자 NSC를 위한 메모인 '한국을 위한 유엔군 추가'에 규정된 조치를 계속 취한다. 그리고 (c) 제3의 긴급 사태, 즉 대한민국이 우리들의 노력에도 불구하고 일방적인 적대 행위 재개 행위를 취했거나 명백히 그런 의도를 가졌을 경우 미국으로서는 4가지 행동 노선 대안이 가능하다. 즉 대안 A-한국에 대한 모든 경제적 군사적 지원을 중단하고 대한민국 군에 대한 병참 지원 또는 기타 지원을 중단하고 유엔군 사령부의 위상을 유지하고 유엔군사는 휴전협정을 준수할 것이라고 공산군 측에 발표하며 어떤 공산군의 공격에 대해서도 유엔군 사령부 소속 군대를 방어하며 대한민국에 대한 공산군 측의 반격에 유엔군의 안전을 위한 필요한 조치를 취할 준비를 한다. 대안 B-대안 A에서처럼 한국군에 대한 원조를 중단하고 지원을 거부하며 부산 부근의 해안으로 또는 한국으로부터 완전히 미국 민간인들을 소개하고 유엔군 병력의 철수를 개시한다. 오직 대한민국이 그 정책을 번복했을 경우에는 철수를 중지하고 철수하는 유엔군의 안전이 위협당할 경우에 한해 전반적인 적대 행위를 재개한다. 대안 C- 삭제, 대안 D-가장 유리한 시점에 적대 행위의 재개와 무력에 의한 한국 통일을 위한 공동 행동 전략을 짜는 데 대한민국과의 정책 조정 계획을 수락한다는 것이다.[6]

아이젠하워 대통령은 10월 23일 덜레스 국무장관에게 닉슨 부통령이 한국을 방문할 때 미국의 한국에서의 미래 행동에 관련된 문제들에 대한 의문이 이승만 대통령의 마음속에 남지 않도록 하기를 닉슨에게 조심스럽게 경고할 것을 지시했다. 아이젠하워는 이승만 대통령이 한국에서 일방적인 적대 행위를 재개할 경우 미국이 취할 군사적 방안에 대해 국방부 간부들이 연구 중인 바 만약 이승만이 그 같은 비정상적이고 바보스러운 행동을 취한다면 미국이 개입되지 않아야 한다는 우리의 결의에는 의견 차이가 없는 것으로 인식하고 있다고 밝혔다.[7]

이승만 대통령의 전투 재개에 대비한 미국 행정부의 대비책은 여러 수준에서 계속 마련되었다. 10월 27일에는 합참에서 국방장관에게 비슷한 보고서가 올라갔고, 이튿날에는 NSC(국가안전보장회의) 기획처장과 같은 NSC 행정비서실장의 각서가 각각 국무장관에게 올라갔다. 29일에는 NSC 168차 회의에서 이 문제를 토의해 각서를 대통령에게 올렸다. 그리고 NSC 회의 결과는 31일 헐 유엔군 사령관에게 하달되고, 또한 11월 2일에는 국무·국방 양부가 중앙정보국의 지원을 받아 마련한 보고서가 NSC에 제출되었다. 또한 4일에는 합참본부가 윌슨 국방장관에게 각서를 올렸다. 5일에는 NSC 제169차 회의에서 토의 결과를 각서로 만들어 아이젠하워에게 상신했다. 그리고 9일에는 NSC 소속 국가안전계획처가 보고서를 연속으로 NSC에 제출했다.

3. 에버레디 계획 2차 수정안 마련

이들 대책 중에서 10월 28일의 NSC 각서가 바로 에버레디 계획 수정안(Revised Plan Ever Ready)이다. 에버레디 계획은 원래 1953년 5월 4일 입안되었다가 그해 6월 8일 수정안이 나왔으므로 이날 자 수정안은 실제로는 제2차 수정안(계획 전문 부록 자료2-8)인 셈이다.[8]

제2차 수정안은 제1차 수정안과 내용이 본질적으로 같으나 유엔군 사령부가 취할 조치와 8군 사령관의 조치를 나눈 것이 특색이다. 즉, 유엔사의 임무는 ① 대한민국 육군참모총장에게 유엔의 대항 조치를 지시할 것, ② 충성스럽지 않은 대한민국 사령관들을 해임할 것, ③ 모든 병참 지원을 철회하고 대한민국 육군의 증강을 지연시킬 것, ④ 예정된 공중 지원, 대한민국 공군기의 착륙을 금하고 대한민국 탄약 보급 지점을 폭격할 것, ⑤ 반항적인 군부 및 민간 지도자들의 구금을 단행할 것, ⑥ 한국의 교통과 전기시설에 대한 통제를 확보할 것 등 6개 항이다.[9]

제8군 사령관의 임무는 유엔군 사령관에게 다음 7개 항의 건의를 올리도록 한 점이다. 즉, ① 이승만에게 유엔군사령부의 정책 선언을 따르고 이 결정을 대한민국 육군에게 전파하도록 요구할 것, ② 한국에 대한 군사적 경제적 원조를 감액할 것, ③ 이승만 정부의 승인을 취소하고 대한민국 군을 유엔사에서 축출할 것, ④ 해상 봉쇄를 실시할 것, ⑤ 대한민국의 달러 및 스털링 계좌를 봉쇄할 것, ⑥ 반 이승만 홍보 운동을 주도할 것, ⑦ 계엄령을 선포할 것 등 7개 항이다.[10]

이 대통령의 북진 통일 주장에 대해 미국 측이 우려를 해소하지 못한 가운데 한미방위조약의 비준도 지연되었다. 조약의 비준을 지연시킨 근본 원인은 휴전협정 제4조에 따라 개최된 정치회담의 난항이다. 이승만 대통령은 로버트슨 특사와 정치회담이 개최된 후 90일이 되어도 구체적인 성과를 거두지 못할 경우 한미 양국은 정치회담에서 탈퇴하고 한국 통일을 위한 장래의 행동을 협의한다고 합의했기 때문이다. 그러나 막상 정치회담 개최를 위한 유엔군과 공산군 측의 예비회담이 휴전협정 체결 3개월 후인 1953년 10월에 열렸으나 참석국가에 어느 나라를 포함시키느냐 등 절차 문제로 두 달 만인 12월 12일 무기 휴회로 들어가게 됨으로써 정치회담 본회담은 말할 것도 없고 예비회담 자체도 장래가 불투명하게 되었다.

이런 상황에서 양국 간 가파른 대결 국면에서 돌파구를 연 것이 닉슨 부통령의 11월 12일부터 15일까지 4일간의 한국 방문이었다. 닉슨의 방한을 앞둔 같은 달 2일 서울 동대문 소재 서울운동장에서는 서울시와 서울시동연합회 공동 주최로 이승만 대통령과 브릭스미국 대사, 테일러 미8군 사령관 등이 참석한 가운데 한미방위협정 체결 경축 서울시민대회가 열렸다.[11] 아이젠하워 대통령의 지시에 따라 한국을 방문한 그는 서울 도착 당일 오후 경무대로 이승만 대통령을 예방하고 아이젠하워의 11월 4일자 친서를 전달했다. 한국 정부는 친서 내용을 공개했는데 그 골자는 이승만에 대한 안부와 함께 "그(닉슨)가 미국과 대한민국 사이의 친선과 우의를 더욱 증진케 하는 기회를 가지게 된 것을 기뻐하는바"라고 밝혔다는 것이다. 그러나 미국 외교 문서에 실린 친서의 내용은 단도직입적으로 아이젠하워가 만약 이승만이 단독으로 전쟁을 재발시킨다면 "자신은 한미상호방위조약의 비준을 상원에 요구할 수 없다"는 통고였다.[12]

닉슨은 13일 경무대에서 열린 국무회의장을 방문해 이승만 대통령의 소개로 국무위원들과 개별적으로 인사를 나누고 국무위원들에게 "미국은 한국의 재건에 최선을 다하여 협조할 것"이라고 말했다. 그는 이날 정오에는 국회에서 30분간 연설을 하면서 "미국은 한국 통일을 적극 돕겠다"고 강조했다.[13] 이승만 대통령은 이날 닉슨을 수행해 온 기자 3명과 회견을 갖고 "자신은 여전히 정치회담에 그리 큰 기대를 갖고 있지 않다"고 밝히고 "정치회담의 마감일은 공산 측이 정치적 협상에서 불성실하다고 한국 측에서 결정하는 경우에 어떤 행동을 취할지 결정하는 날이 될 것"이라고 말했다.[14] 닉슨 부통령은 방한 마지막 날인 15일 아침 이승만 대통령을 귀국 인사차 경무대로 방문하고 장시간 요담한 다음 기자 회견을 갖고 "공산주의 침략을 타도하기 위해 한미 양국은 공동 매진해야 한다"고 강조하면서 "무의미한 대공 유화 정책은 있을 수 없다"고 말했다.[15]

이승만은 닉슨이 한국을 떠난 다음 일본 방문을 위해 도쿄에 머물고 있는 그에게 16일 아이젠하워에게 가는 회신을 보내고 휴전에 협력하겠다고 다짐하는 입장을 천명했다.[16] 이에 아이젠하워는 이듬해 1월 2일 이승만에게 친서로 "이 대통령께서 닉슨 부통령과 우호적이고 솔직한 토의를 가졌다는 말을 듣고 본인은 아주 흐뭇했다"고 밝히고 "본인에게 전하라고 닉슨에게 요청한 친서에 있는 성명에서 '일방적 군사 행동을 사전에 본인에게 말하지 않고 취하지 않겠다'고 약속한 데 대해 환영한다"고 밝혔다. 그러면서 그는 한미상호방위조약의 의회 비준을 약속했다.[17]

4. 방위조약 양국 국회 비준

그 결과 한미상호방위조약의 비준은 1954년 1월 한미 양국 국회에서 각각 이루어졌다. 한국 국회는 이달 15일, 미국 상원은 이달 28일 차례로 비준안을 통과시켰다. 서울의 국회 본회의에서는 이날 비준안이 신익희 의장 사회아래 정부 측 제안 설명만 듣고 질문 없이 기립 표결을 실시해 한 사람의 반대나 기권 없이 만장일치로 통과되었으며, 미국 상원에서는 비준안이 공청회를 거쳐 이날 찬성 80표 대 반대 6표로 통과되었다.[18] 2월 1일 한국의 집권 여당인 자유당은 양국 국회에서 조약을 비준한 것에 대해 진심으로 환영한다는 성명을 발표했다.[19]

그러나 양국 국회의 조약 비준으로 한미 양국 정상들이 한숨을 돌린 것도 잠시, 곧 양국 간에 새로운 첨예한 의견 대립이 되살아나 조약의 효력 발생에 필요한 마지막 수순인 비준서 교환이 쉽사리 이루어지지 않았다. 원래 조약은 비준이 끝났으면 바로 비준서를 교환해 효력을 발생시키는 것이 원칙인데도 한미 간에 계속적으로 마찰이 생겨나 비준서 교환이 지연되었다. 그 원인을 분석하자면, 정치회담과 제네바 회의의 실패, 이로 인해 이승만 대통령이 줄기차게 제기한 통일을 위한 단독 행동 주장과 이를 둘러싼 미국 측 반발, 그리고 조약의 해지를 규정한 조약 제6조에 대한 한국 측 불만과 미국 측이 막판에 제기한 합의 의사록 서명 문제 등이 차례로 걸림돌로 등장한 것이다. 이들 문제를 차례로 간단히 살펴보자.

한미 간 마찰은 양국 국회가 각각 조약을 비준한 직후에 아이젠하워에게 보낸 이승만 대통령의 친서로 인해 다시 빚어졌다. 이승만은 1954년 2월 4일, 아이젠하워의 1월 2일자 서한에 대한 회신을 보내면서 그가 닉슨에게 말한 사전 동의 없는 일방적 군사 행동을 안 하겠다고 약속한 것을 확대 해석해서 그의 지론인 '북진 포기'로 아이젠하워가 오해한 데 대해 격분했다. 그는 먼저 아이젠하워가 서한에서 약속한 경제 원조와 방위조약 비준 건에 관해 감사를 표한 다음, 1백만 명 이상의 중공군을 한반도에 머물게 하는 어떤 평화도 받아들일 수 없다면서 그것은 대한민국을 자유중국이 걸은 길로 이끄는 것이라고 지적했다. 또한 북한에서는 7백만 명의 인구 중 3백만명 이외는 기아와 추위와 질병, 그리고 살인으로 죽어가고 있다는 보고서를 8개월 전에 받았다고 설명하면서 "그런데도 우리는 한가하고 무의미한 평화 회담에 매달려 있다"고 비판했다.

이 대통령은 이 서한에서 전례 없이 격분한 어조로 "우리가 한국의 생존을 2차적으로 중요하게 간주하는 사람과 어떻게 협력할 수 있느냐?"고 묻고 "우리 우방의 누구도 중공군을 불필요한 지체 없이 한국에서 철수하는데 무관심한 상황에서 어떻게 우리가 전쟁을 재개하지 않겠다고 약속할 수 있느냐?"고 물었다. 그는 이어 전년 연말의 미군 2개 사단 철수를 언급하면서 공산주의에 대한 우리의 투쟁은 비단 한국이 자유와 독립 뿐 아니라 미국과 기타 자유 국가들의 자유와 안전도 위한 것인데 우리의 우방들이 이같은 믿음을 같이하지 않는다면 어떻게 그들이 전쟁을 막고 평화를 유지할 수 있을 것인가 하고 반문했다. 이승만은 또한 미국이 일본의 과거를 무시하고 경제적으로 군사적으로 일본을 재건하려 하고 있다고 비판하고, 일본

재건 계획이 한국 국민들을 신경질적으로 만들고 있다고 비판했다. 그는 자신이 미국 전문가로부터 들었다면서 ECA와 UNKRA를 통해 한국에 배정된 5억 1,500만 달러가 일본의 소비재와 구식 내지 폐기된 모델의 기계류 수입에 사용되었고, 일본은 이를 미국과 독일제로 대체하고 있다고 지적하면서 미국의 한국에 대한 원조가 한국보다 일본을 위해 사용되고 있다고 비판했다. 그는 또한 ECA가 첫해에 3,000만 달러, 이듬해에 6,000만 달러의 원조 기금을 미국 재무부에 반환한 이유도 일본 측이 한국에 수출할 제품이 없었기 때문이었다고 주장하면서 "이런 상황 아래서 우리는 미국 정부에 희망을 볼 수가 없다"고 비판했다. 그는 한국이 미국과 계속 협력하다가는 제2의 중국이 되거나 일제 시기 한국으로 다시 되돌아 갈 것이라면서 "우리는 그 어느 쪽 적에게 팔리기보다는 차라리 싸우겠다"고 다짐했다. 그는 마지막으로 "우리가 미국과 다른 유엔 회원 국가들에게 큰 골칫거리가 된 데 대해 자신은 크게 유감으로 생각한다면서 한국 통일에 관한 귀하의 현재 정책이 무엇인지를 솔직하게 말해 달라"고 서한을 끝맺었다.[20]

이승만의 이 서한은 주미대사관을 통해 미 국무부에 전달되었다. 미국 외교 문서에 의하면 2월 9일 주미 대사관 한표욱 참사관이 국무부로 로버트슨 차관보를 방문해 두 장의 봉함된 서신을 건넸다. 당시 양유찬 대사는 워싱턴에 없었다. 서신 중 한 통은 아이젠하워 대통령에게, 다른 한 통은 로버트슨에게 가는 것이었다. 로버트슨은 자기 앞으로 된 서신을 주의 깊게 읽어 보고 깜짝 놀라 자신은 이런 서신을 대통령에게 전달해 달라는 요구를 받아 괴롭다고 밝힌 다음, 이 서신은 내용에 있어서 진실하지 않은 주장을 담았을 뿐 아니라 어조에 있어서도 공격적이므로 아이젠하워 대통령은 이런 편지를 받고 충격을 받을 것이라고 말했다. 로버트슨은 이 서한의 철회를 암시했다. 한표욱은 이에 대해 아무 논평도 없었다. 이튿날 스미스 국무 차관이 아이젠하워에게 이 서한의 접수를 거부했다고 보고하면서 그 사본을 그에게 전송했다. 아이젠하워가 왜 이런 편지를 이승만이 썼느냐고 묻자 스미스는 밤잠 못자기, 초과 근무, 그리고 노령으로 인해 이승만이 이 같은 신경질적이고 모욕적이며 혹평하는 편지를 쓴 것 같다고 보고했다.[21]

당시 워싱턴에 없었던 양유찬 대사는 그로부터 6일 후인 2월 15일 국무부를 방문했다. 로버트슨은 자기의 한국과의 우정과 자신이 알고 있는 아이젠하워 대통령이 한국에 대해 갖고 있는 우정 때문에 이 서한을 아이젠하워에게 전달하지 않은 책임을 개인적으로 부담했다고 양유찬에게 설명했다. 그는 이 서한이 한미 관계를 심각하게 해칠 우려가 있다고 믿었기 때문에 전달을 자제했다고 말했다. 양유찬은 자신이 방금 워싱턴으로 돌아왔기 때문에 그 서신을 아직 보지 못했다고 답변했다. 그는 이 대통령의 의도가 무엇이었건 간에 이 서한은 모욕적일 뿐 아니라 미국이 그처럼 많은 것을 해준 나라의 국가 원수 서한이라고는 믿기 어려운 것이라고 주장했다. 양유찬은 "솔직히 자신의 느낌도 대체로 로버트슨과 같지만 이 대통령의 긴장과 절망감도 이해할 수 있다"고 밝힌 다음 이 대통령은 한국이 영구 분단 상태로 남는 것을 우려하고 있다고 말했다. 그러면서도 그는 로버트슨이 서신을 보류한 것을 기뻐한다고 말한 다음 서한이 재검토되기를 바라는 마음에서 이날의 모든 대화 내용을 솔직하게 이 대통령에게 보고하겠다고 말했다. 덜레스는 24일, 아이젠하워 대통령에게 이승만 대통령이 서한을 철회했다고 보고했다.[22]

5. 독자 행동 암시로 비준서 교환 지연

이승만 대통령이 아이젠하워에게 보낸 3월 6일자 다른 서한 역시 미국 측을 자극했다. 이승만은 이 서한에서 통일을 위해 대한민국은 독자적인 행동을 취할 수도 있다고 다시 주장했다. 그는 이 서한에서 "만약 미국이 군사적 노력으로 한국의 통일을 지원하거나 한국군을 증강하는 데 동의한다면, 한국 정부는 제네바정치회의에 참가할 용의가 있다"고 밝혔다. 이처럼 이승만 대통령이 '협상'이 아닌, '무력'을 통한 통일을 내세우면서 '즉각적인' 군사력 증강을 요구하자 덜레스 국무장관은 3월 18일로 예정되어 있던 한미상호방위조약의 비준서 교환을 3월 16일 돌연 무기한 연기시키고 한국 측에는 그 사유를 설명하지 않았다.[23] 이 무렵에는 미국 측도 한국 측에 압력을 넣기 위해 비준서 교환을 지연시키고 있다고 솔직히 시인했다. 즉, 3월 26일 국가안보회의에 제출된 산하 작전조정처의 보고서가 한국의 보다 많은 협력을 다짐받기 위해 비준서 교환을 의도적으로 지연시키고 있다고 밝히고 있다.[24]

얼마 후에는 조약 제6조에 규정된 "본 조약은 무기한으로 유효하다. 어느 당사국이든지 타 당사국에 통고한 후 1년 후에 본 조약을 종지시킬 수 있다"는 조문의 해석 문제가 말썽거리로 등장했다. 당시 한국 언론에서는 이 제6조를 '말문조항'(末文條項)이라고 불렀는데 국내 일부에서는 이 조항을 수정하지 않으면 조약의 비준서 교환을 거부해야 한다는 여론이 일기도 했다. 이 때문에 이승만 대통령은 5월 26일 미국 측 정치회담 대표인 딘에게 일본과의 조약보다 차별적인 한미상호방위조약의 종결 조항과 침략자 조항의 수정을 제의했다. 그러나 덜레스 장관은 이튿날 브릭스대사에게 보낸 훈령에서 이 같은 조약 수정은 미국 측 부담을 증가시키는 것이어서 아이젠하

워 대통령도 허락하지 않을 것이며 상원 역시 응하지 않을 것이라고 대답했다.[25]

그해 7월 최종적으로 결렬된 제네바정치 회의 결과는 협상을 통한 한국 통일 문제의 해결 가능성을 비현실적인 것으로 만들어 이승만 대통령의 단독 행동 주장을 정당화하는 듯 함으로써 한미 간에 미묘한 영향을 주었다. 휴전 후 열리도록 된 정치회담이 무산되자 1954년 2월 18일 미국, 영국, 프랑스, 소련 등 4개국 외상들이 독일 문제 협의를 위해 베를린 회담을 갖고 토의를 마친 다음 공동성명을 통해 아시아 문제를 다루기 위한 회의를 그해 4월 26일 열기로 함으로써 제네바정치회의의 개최가 확정되었다. 그러나 이 회의가 소련을 비롯한 공산 측에 악용되어 북한이나 중국의 선전무대가 되는 것을 우려한 대한민국은 당연히 회담 참가에 소극적이었다.[26] 이에 대해 미국 측은 대한민국이 한반도 문제의 평화적 해결을 스스로 거부하는 인상을 줄 우려가 있다는 이유로 참석을 권유해 대한민국은 변영태 외무장관을 수석으로 하는 10명의 대표단을 파견하게 되었다. 그러나 예상대로 회의는 남북한 동시선거 문제로 공전을 거듭하던 끝에 회의 의장이 한국전쟁 참전 16개국 공동선언을 낭독하고 회의 결렬의 책임을 공산 측에 있다고 비난하면서 회담의 중단을 선언하고 말았다. 이로써 제네바 평화회의는 첫 번째 의제인 한국 문제의 해결에 실패하고 그해 7월 1일, 50여일 만에 막을 내리고 말았다. 제네바 회의 역시 판문점 예비회담처럼 한미 양국의 공동 탈퇴 운운할 것도 없이 자체 소멸하고 말았다. 이 때문에 이승만의 북진 통일론은 나름대로 더욱 힘을 받게 되었다.

이 바람에 아이젠하워 정부는 이승만 대통령의 일방적인 전투 재개 가능성을 더욱 우려하게 된 것이다. 로버트슨이 나중에 회고한 대로 미국으로서는 한국군이 전체 전선(前線)의 3분의 2를 맡아 있다는 것이 가장 불안한 요소였다.[27] 결과적으로 한미상호방위조약은 아이젠하워 행정부가 체결 방침을 세운 날(1953. 5. 30)부터 정식 조인된 날(1953. 10. 1)까지는 4개월여 밖에 안 걸린 것이 앞으로 설명하는 바와 같이 정식 조인부터 비준서 교환(1954. 11. 17. 발효)까지는 1년 1개월여나 소요되었다.

6. 이승만, "저런 고얀 사람이 있나"

앞에서 언급한 미국 측이 요구한 한미합의의사록(韓美合意議事錄, Agreed Minutes between the Government of the United States and the Republic of Korea)이란 이승만이 아이젠하워 대통령의 공식 초청을 받고 워싱턴을 방문하던 기간 중 제3일째인 1954년 7월 28일 미국 측이 그 초안을 전달해서 양국 간에 상당 기간 논란이 발생한 한미상호방위조약 부속 문서이다. 같은 날 저녁 미국 측은 한국 측에 주한 미군 6개 사단 중 4개 사단의 철수를 일방적으로 통보해 이승만에게 충격을 주었다. 이 문제를 살피기 전에 우선 이승만 대통령이 미국 방문 동안 가진 아이젠하워 대통령과의 회담을 비롯한 대미 외교 활동 상황을 먼저 살피기로 하자.

이승만은 7월 26일부터 30일까지 4박5일간 워싱턴에서의 공식 일정을 포함해 8월 12일 귀국을 위해 하와이를 출발할 때까지 모두 17일간 미국의 워싱턴, 뉴욕, 시카고, 로스앤젤리스, 호놀룰루 등지를 순방했다. 그는 한미 수뇌 회담 4회, 국회 상하 양원 합동 회의에서의 연설과 화려한 뉴욕 시내 카퍼레이드 등 다양한 활동을 벌였다. 그가 가진 4차례의 양국 수뇌 회담은 2회는 아이젠하워와의 정상 회담이고, 나머지 2회는 덜레스 국무장관과의 양국 수뇌 회담이었다.

이 과정에서 7월 28일 국무부의 케넷 영 북동아국장이 한국 대표단에 제시한 '한미합의의사록' 초안이 말썽을 빚었다. 이로 인한 일어난 한미 간의 이견으로 인해 한미상호방위조약의 발효는 더욱 늦어지게 되었다. 합의의 사록 중에는 미국이 모든 평화적 수단에 의한 한국 통일을 지지한다는 조항이 들어 있었다. 이 조항은 사전에 조율되지 않은 것이어서 북진 통일 신봉자인 이승만의 불만을 샀다. 뿐만 아니라 30일 백악관에서 열린 제2차 정상 회담은 이승만과 아이젠하워 두 대통령이 한일 관계 때문에 감정이 폭발해서 회담이 중도에 결렬되고 말았다. 그 경위는 당시 주미 대사관 참사관이었던 한표욱의 회고에 의하면 다음과 같다.

미 국무부의 퍼스 의전장이 불쑥 정상 회담 1시간 전에 공동성명 미국 측 초안을 이승만의 숙소인 블레어하우스로 들고 왔다. 초안 3항에 "한국과 일본과의 관계에 있어서 우호적이고…" 운운하는 표현이 들어 있었다. 이 대통령은 "이 친구들이 나를 불러놓고 올가미를 씌우려는 작전을 드디어 펴는 모양인데, 이런 형편이라면 다시 아이젠하워 대통령을 만날 이유가 없지 않느냐?"고 크게 화를 냈다. 그는 백악관에 갈 시간이 되었는데도 일어설 생각을 하지 않았다. 백악관 측으로부터 "왜 안 오느냐" "무슨 일이 있느냐?"는 문의 전화가 왔다. 수행단원인 백두진·손원일 양씨가 "각하, 가셔야 합니다. 가셔서 싫다고 말해야지 안 가시면 걷잡을 수 없는 일이 벌어집니다"라고 건의했다. 결국 이 대통령은 회담 예정 시간보다 6~7분 정도 늦었다. 아이젠하워 대통령과 덜레스 국무장관은 언짢아했지만 이승만은 "미안하다"는 말을 하기는커녕 되레 차갑고 딱딱한 표정을 지었다. 결국 회담이 시작되자마자 두 정상 간에 시비가 벌어져 양측 배석자들은 두 정상의 표정만 살피는 어색한 상황이 되었다. 아이젠하워가 먼저 말문을 열고 "어제 귀국의 헌병 사령관인 원용덕 장군이 정전협정에 따라 나와 있는 공산 측 정전 감시단의 체코와 폴란드 대표를 추방했다는데 대체 왜 그랬습니까?" 하고 물었다. 이승만은 기다렸다는 듯이 "그들은 스파이입니다. 우리 군사 기밀을 정탐하는 데만 활동을 집중하고 있습니다"라고 답변한 다음 잠시 후한층 톤을 높여서 "더구나 걱정스러운 것은 이들은 미국이 제공한 헬리콥터를 타고 우리나라 방방곡곡을 다니고 있을 뿐 아니라 미8군의 시설까지 정탐하고 있습니다"라고 말했다.

아이젠하워는 놀라는 표정으로 동석한 헐 유엔군 사령관에게 "그게 사실이냐?"고 물었다. 헐 장군이 "그렇다"고 대답하자 아이젠하워는 잠시 말문이 막혔다. 아이젠하워는 의제를 한일 문제로 돌려 이승만에게 한일 국교 정상화를 촉구했다. 이승만은 일본의 조선 식민 통치가 조선인들에게 유익했다는 '구보타(久保田) 망언'을 들어 "그런 일본과 어떻게 국교를 정상화할 수 있겠느냐?"고 답변했다. 아이젠하워는 옆에 앉아 있던 덜레스에게 "그게 사실이냐?"고 물었다. 덜레스로부터 "사실이다"라는 말을 들은 아이젠하워는 "과거 일이야 어떻든 국교 정상화는 꼭 필요하다"고 강조했다. 화가 난 이승만은 "내가 있는 한 일본과는 상종을 않겠다"고 냉랭하게 응대했다. 이에 아이젠하워는 화를 견디지 못하고 자리에서 벌떡 일어나 방문을 열고 옆방으로 나가 버렸다. 이승만은 그의 뒷모습을 바라보면서 "저런 고얀 사람이 있나. 저런…" 하고 같이 흥분했다는 것이다. 한표욱은 이상의 이야기를 그 자리에 있던 양유찬 당시 주미 대사로부터 들었다고 자신의 회고록에 썼다.[28]

7. 합의 의사록 분규

앞에서 설명한 문제의 합의 의사록은 30일 오후 이승만 대통령과 덜레스 국무장관이 만난 한미 수뇌 4차 회담의 주 의제가 되었다. 미국 측은 한국 측의 의견을 상당 부분 수용함으로써 문제된 조항들을 대폭 첨삭해 타결을 보았다. 합의된 중요 내용은 한국 측에 대해서는 ① 한국의 통일 방안 중 "전쟁에 이르지 않는 모든 적절한 수단으로 통일을 위해 미국과 긴밀히 협력한다"는 대목을 이승만의 반대로 삭제하고, "한국의 통일을 이루기 위한 유엔의 노력을 포함하여 미국과 긴밀하게 협력한다"로 수정했다. ② 한국군의 작전통제권에 관해서는 "한미 양국의 기본 정책이 서로 다르고 유엔군 사령부가 철수할 기회가 주어지기로 양국 간에 합의되지 않는 한 한국군을 한국의 방위를 책임지고 있는 유엔군 사령부의 작전통제 아래 존치시킨다. ③ 한국은 경제개발계획을 효율적으로 수행하기 위해 균형 예산과 환율 조정을 비롯한 필요한 조치를 취한다, ④ 한국과 일본의 관계를 정상화하며, 가까운 장래에 중요 현안들의 해결을 위해 협상에 들어가며, 그 같은 목적을 위해 정의로운 해결을 하는 데 도움을 주기 위해 미국에게 (중재국을 지정해 주도록) 도움을 요청한다는 것이다.

반면 미국 측에 대해서는 ① 대한민국을 정치·경제·군사적으로 강화하기 위한 계획을 계속 수립하고, ② 1개 유엔군 군단 규모의 병력을, 필요한 지원 부대와 함께, (당분간) 한국에 주둔시키며, 이 같은 수준까지 병력을 감축하는 것을 점진적으로 실시하며, ③ 휴전협정을 위반해서 도발 받지 않은 공격이 한국에 가해지는 사태가 발생할 경우 미국은 헌법 절차에 따라 침략자에게 보복 조치를 취하고, ④ (전쟁에 이르지 않는 모든 적절한 수단을 통한) 대한민국의 통일을 지지하며, ⑤ 양국 정부의 적절한 군사 대표들이 합의하는 예비군제도의 도입을 비롯한 대한민국 군사 체제의 강화를 지원하며, ⑥ 미국의 1954 회계 연도에 대한민국 군에 대한 약간의 추가 경제 지원을 제공하되 그 정확한 액수는 계속적인 연구와 대한민국의 국방 예산에 대한 한미 양국의 공동 연구 결과에 따라 책정될 것이며, 예산배정에 대해서는 의회의 승인 및 행정부의 전 세계에 대한 미국의 공약에 대한 재검토가 끝나는 즉시 신속하게 양국 간에 협상할 것이며, ⑦ 필요한 의회의 승인을 받아 대한민국의 재건을 위한 경제 계획을 계속 수립하도록 노력한다는 것이다.[29] 그러나 이승만 대통령은 귀국 후에 이를 재검토하겠다면서 서명을 보류한 채 31일 워싱턴을 떠나 뉴욕으로 가고 말았다.

이날의 이승만·덜레스 회담에서는 한미상호방위조약 문제도 제기되어 한국 측이 조약을 미일안보조약과 같은 수준으로 해 줄 것을 요구했다. 덜레스는 이에 대해 "그렇게 하는데 아무 문제가 없다"면서 미국은 일본이 외국의 침략을 당하더라도 방어하러 갈 의무가 없으면서도 미군을 일본에 영구히 주둔시킬 권리는 있다고 설명하면서 그것은 대일강화조약 체결 전에 우리가 패배한 적국과 안보 조약을 맺었기 때문이라고 설명했다. "한국도 그런 조약을 원한다면 그렇게 해주겠지만 그것은 바보짓"이라고 덜레스가 말하자 양유찬 대사는 "그 문제를 더 연구해 보아야겠다"면서 당초 주장을 철회하고 말았다.[30]

이승만 대통령은 30일 워싱턴에서의 공식 회담 일정이 끝나자 아이젠하워 대통령과 공동성명을 발표했다. 두 정상은 이 성명에서 "우리는 많은 상호 관심사들에 관해 유익하고 정중한 의견 교환을 가졌다"고 밝히면서 "이들 대화는 우리 두 나라 사이에 존재하는 우호 관계를 강화했으며, 더 많은 연대의 과시였다"고 주장했다. 이 성명은 그 예로서 만약 한국 휴전협정에서 규정한 정치회담이 실패하는 경우에는 한미 양국이 다시 협의하기로 했다고 밝혔으며, 구체적으로 그해 4월 26일부터 6월 15일까지 열린 제네바 정치 회의에서 공산 측은 유엔 감독 하의 진정한 자유선거에 기초한 한국 통일을 위한 방안을 수락하기를 거부하고 한국 민족의 자유를 직접적으로, 그리고 불가피하게 말살하는 방안을 계속 밀어붙였다고 주장했다. 이 때문에 한미 두 정상은 유엔헌장과 한국 문제에 관한 유엔 총회의 제반 결의에 입각해서 통일·민주·독립 한국을 성취하기 위해 전진하고자 하는 우리의 의지를 재확인했다고 밝혔다. 두 정상은 "결론적으로 한국에 대한 우리들의 공동 목표 달성을 위해 밀접한 상호 협력을 계속하려는 우리들의 결의를 재강조했다"고 끝을 맺었다.[31] 아이젠하워와의 두 차례의 한미 정상 회담에서 많은 갈등이 표출된 것을 그럴듯하게 포장한 지극히 의례적인 외교적 문안이다. 실제로 이승만은 29일 아이젠하워와의 2차 회담이 끝난 후 기자 회견을 갖고 '극히 냉정한 태도'를 보였다고 UP통신이 쓴 것을 《동아일보》가 인용 보도했다. 그는 28일 미국 국회 상하 합동 회의에서 무력에 의한 중국 본토 수복을 주장한 연설에 이어 30일 워싱턴의 해외기자클럽에서 연설하면서 중국을 공산주의자들로부터 해방하기 위해 '장기간에 걸친, 그러나 명확한 정책'을 채택하기를 미국에 대해 촉구했다. 그는 31일에는 단독으로 성명서를 발표하고 한국 휴전협정의 무효화를 선언했다.[32]

성공 절반, 실패 절반으로 끝난 이승만이 한미 정상 회담 등 방미 공식 일정을 끝내고 귀국길에 오른 다음인 8월 10일 워싱턴에서는 한미군사경제공동회담이 열렸다. 한국 측에서는 손원일 국방장관이, 미국 측에서는 헤럴드 스타센 해외개발처장과 로버트슨 국무부 차관보가 각각 협상 대표로 나왔다. 우선 한국 통일 문제에 관해서 한국 측은 군사적 방법을 주장한 데 반해 미국 측은 처음에는 평화적 방법을 내세웠다가 나중에는 '가능한 모든 평화적 방법'으로 후퇴했지만 양측은 끝내 합의에 이르지 못했다. 미국 측은 한국의 예비군 부대를 조직함으로써 한국군 전체 규모를 70만 명으로 증강하고 일부 구식화한 장비를 대체하는 데는 찬성했으나 한국군을 대폭 증강하는 데 필요한 군사 경제 원조의 증액에는 난색을 표했다.[33]

이승만 대통령은 미국 방문에서 귀국한 후 북진 통일을 다시 강조했다. 1954년 8월 13일 귀국한 그는 15일의 광복절 기념사에서 "모든 민중이 합동해서 큰 십자군전쟁을 열어서 승전으로 나아가자"고 강조하면서 미국은 한국군의 군사적 단독 행동을 용인하라고 요구했다.[34] 이에 대해 브릭스대사가 27일 존 헐 신임 유엔군 사령관과 테일러 미8군 사령관과 함께 경무대로 그를 찾아가 항의를 제기하자, 이승만은 평화적 방법으로 한국을 통일하자는 미국의 정책은 실패했다고 지적하고 충분한 대비책 없이 단행하고 있는 미군의 '재배치', 즉 일부 병력의 철수 계획은 무책임하다고 비판했다.[35]

덜레스는 8월 20일 브릭스에게 훈령을 보내고 이승만 대통령과 접촉해서 그가 7월 30일 워싱턴에서의 제4차 한미 수뇌 회담에서 합의해 놓고 서명을 하지 않고 귀국한 문제의 합의 의사록에 서명하도록 교섭하라고 지시했다. 그는 이 문서의 서명은 한국에 대한 군사적 원조 계획에 대한 최종적 약속을 하기 전에 이루어야 한다고 지시하면서 다만 군사적 원조 계획에 따르는 합의 의사록의 관련 조항의 미세한 조정은 바람직하다고 양해했다.[36] 그러나 합의 의사록 서명은 쉽사리 이루어지지 않고 그 후에도 더 시일을 끌었다.

9월로 들어서면서 아이젠하워 행정부는 이승만 대통령의 일방적인 군사작전 가능성에 신경을 곤두세우고 대책 마련에 나섰다. 9월 5일 브릭스주한 미국 대사는 국무부에 보낸 보고서에서 이승만 대통령이 미국 방문에서 귀국한 다음 국민 대중을 상대로 하는 미국의 이익에 반하는 선전 캠페인을 벌이고 있다고 보고했다. 그 대표적인 것이 ① 한반도로 부터의 미군의 재배치(부분적인 철수)를 6·25전쟁 발발 직전인 1949년의 미군 철수에 이은 '제2의 한국의 포기'로 인식하도록 하고, ② 현재 워싱턴에서 한미 간에 교섭이 진행 중임에도 불구하고 미국의 군사 원조가 불충분한 수준으로 축소되었다고 말하고, ③ 미국의 경제 원조가 불충분하다는 새로운 공격 재료를 만들고 있다는 것이다. 브릭스는 이어서 이승만 대통령이 미국의 요구 조건을 모두 수용하리라는 낙관은 정당화되기 어려우며 다만 그의 전투 재개 주장을 한국 국민들이 환영한다는 증거도 없다고 밝혔다.[37]

  9월 7일에는 헐 유엔군 사령관이 본국의 리지웨이 합참의장에게 보고서를 올리고 테일러 8군 사령관이 브릭스대사가 덜레스 국무장관으로부터 한국군의 일방적 전투 재개 행동의 가능성에 관한 질문을 받았다고 알려왔다고 보고했다. 헐은 한국 육군 간부들이 이승만 대통령의 명령을 받고 일방적 군사 행동 계획을 짰다고 말했는데 한국군의 책임 있는 고위지휘관들이 이 같은 계획의 실행 가능성에 속지 않을 것이므로 특별히 곤란한 것은 아니라고 말했다. 테일러는 헐의 명확한 승인에 따라 한국군 장군들에게 한국의 그 같은 일방 행동을 미국은 지지하지 않을 것이라고 강조할 기회가 있었다고 합참에 보고했다. 헐 장군 역시 한국군 합참의장인 이형근 장군을 비롯해 정일권 장군 등 군 수뇌들과 대화를 나누었다고 말했다. 헐 사령관은 그러면서 한국에 주둔한 모든 미국 당국자들은 대한민국의 앞으로의 의도에 대해 철저하게 감시할 생각이라고 보고하고, 이 같은 사실을 국무부의 고위층과 합참의 다른 참모들에게도 전달해 달라고 요청했다.[38]

헐 장군은 9월 10일에는 덜레스 국무장관에게 보고서를 직접 올리고 한국이 미군을 공산군과 뒤엉키게 할 목적으로 일방적인 군사 행동을 계획하고 있다는 보고들이 있다고 밝히고, 만약 그 같은 행동이 실제로 시도된다면 그 시기는 미군의 주력 부대가 한국에서 철수하기 전인 10월이 될 것이라고 전망하고, 미군이 철수하면 한국군은 더욱 공격 작전에 능하게 될 것이라고 평가했다. 그는 또한 이승만 대통령이 얼마 전에 한국군의 공세를 검토했을 때 한국의 고급 장군들은 그 같은 작전은 오로지 실패로 끝날 것이라고 그를 설득해서 이승만이 이를 포기했었다고 설명했다. 당시 계획은 전면 공격 작전인데 그런 계획이 현 시점에서 시도된다면 오직 사고를 일으키거나 미군을 개입시키려는 노력으로 인한 적대 행위의 개시를 초래할 것으로 예측했다. 따라서 헐 사령관 자신과 테일러 장군은 한국군 고위 장군들이 다시 이승만 대통령을 설득할 수 있을 것이라는 희망을 갖고 이들에게 한국의 전투 재개가 미국의 지지를 받지 못할 것이며 공산군에게 책임을 뒤집어씌우는 가짜 사건을 조작해 미국을 속일 수도 없을 것이라는 점을 명백히 했다고 보고했다.[39]

다행히 한미 양측은 덜레스가 서명을 재촉한 지 약 20일이 지난 1954년 9월 14일 마침내 '한미합의의사록'에 최종 합의했다. 이 최종안은 이승만의 방미 기간 동안 워싱턴에서 열린 제4차 한미 수뇌 회담에서 합의되었던 한미 합의 의사록 초안을 수정, 보완한 것이다. 그 중요 내용은 ① 한국군에 대한 유엔군 사령부의 작전통제권은 양국의 상호적 및 개별적 이익이 어떤 변경에 의해 가장 잘 성취될 것인가를 협의한 후 합의되는 경우 이를 변경할 수 있으며, ② 미국은 1955 회계 연도에 총액 7억 달러에 달하는 계획적인 경제 원조 및 직접적 군사 원조를 계속하고, 이 총액 중 경제 원조는 약

2억8천만 달러로 한다고 명시했으며, ③ 대한민국의 도발에 비롯되지 않은 제3국의 침공에는 미국이 자국의 헌법 절차에 따라 군사력을 사용한다는 것이다. 원래 초안에 들어갔던 한일 국교 정상화 촉구 구절과 "미국은 모든 평화적인 수단에 의한 한국의 통일을 지지한다"는 구절은 이승만의 반대로 막판에 삭제되었다.[40]

8. 이승만, 최종안 다시 수정 주장했으나 실패

그러나 이승만은 그로부터 다시 한 달이 지난 10월 22일 브릭스대사에게 합의 의사록의 재수정안을 제시했다. 이 재수정안의 골자는 모두 15개 항에 달하는데 중요한 것만 간추리면 ① 휴전 당시에 비해 지금의 한국의 군사력은 매우 약화되었고 공산 측의 군사력은 매우 증강되었기 때문에 미국은 한국의 방위를 위해 한국군 15개 전투 사단의 신설에 동의해 줄 것, ② 한국은 유엔군 사령부가 한국의 방위와 통일을 위해 한국 정부와 긴밀히 협력하고, 10개 내지 15개의 전투 사단의 증설에 협력하는 한 한국군에 대한 작전 지휘권을 유엔군 사령부가 갖는 것에 동의함, ③ 미국은 한국의 통화 안정을 위한 정책을 존중할 것, ④ 미국은 일본 상품과 자재의 한국에로의 밀수를 사전에 저지하는 데 적극적으로 협조할 것. ⑤ 미국은 한국이 제시한 최소한의 제안들에 기초해서 한일 간의 분규를 해결하기 위한 중재 역할을 하겠다는 데 동의할 것, ⑥ 미국은 일본이 침략할 경우 한국의 독립을 보장할 것. ⑦ 미국은 동등한 조건으로 아시아의 모든 국가와 민족의 독립과 자유를 지지함을 선언할 것, ⑧ 한국은 미국과 함께 '필요한 모든 수단으로' 한국의 통일을 실현하기 위한 공동 합의를 도출하기 위해 노력할 것, ⑨ 한국 전쟁 동안 미국과 한국이 체결한 모든 협정과 협약을 폐기할 것 등이다. 이

'재수정안'은 마지막으로 한국 정부는 지금이 미국과 새로운 시작을 할 때로 믿고, 이들 제안을 그 근거로 삼기 위해 양국에 대해 공평하고 또한 우리들의 공동 이익을 보호해 줄 수 있는 새로운 이해를 협상할 수 있을 것이라고 본다고 밝혔다. 그렇게 함으로써 과거의 모든 오해를 불식하고 양국의 영원한 충성과 우정을 새롭게 할 수 있을 것이므로 한국 정부는 자국이 제시한 모든 제안을 미국 정부가 세심하게 검토하고 평가해줄 것으로 확신한다고 결론지었다.[41]

그런데 미국 측은 이 제안이 미국의 약속을 증가시키고, 한국의 약속을 감소시키기 때문에 받아들일 수 없다고 판단했을 뿐 아니라 특히 제8항과 제9항에 실망한 미국 측은 10월 26일 덜레스 국무장관의 강경한 메시지를 브릭스대사를 통해 이승만에게 수교했다. 그 골자는 미국은 '무력에 의한 한국의 통일'을 결코 지지할 수 없으므로 한국 정부는 '재수정안'을 철회하고 미국이 제시한 '한미 합의 의사록 최종안'에 동의하라는 것이다.[42]

그러나 이승만은 29일 아침 브릭스를 맞아 경무대에서 거의 3시간에 달하는 장시간 동안 회담을 갖고 자신의 지론을 거듭 역설했다. 그는 한국 국민은 언제까지나 무기한으로 '반노예와 반자유인'(half slave and half free)의 처지에서 살아갈 수는 없다고 역설하면서 자신의 통일 방안이 정당함을 역설했다. 그리고 그는 마지막에 "만약 미국이 계속 협조하기를 원하지 않는다면, 나는 하는 수 없이 통일 문제를 공산주의자들과 협력해서 해결할 수밖에 없게 될 것"이라는 비꼬는 투의 말을 남겼다.[43]

덜레스 국무장관은 11월 12일 브릭스대사를 통해 다시 이승만의 강경 자세가 미국 의회의 승인을 받아야 하는 한국에 대한 경제 군사 원조의 원만한 집행을 불가능하게 만들 것이라고 강력한 어조로 경고했다. 덜레스는 이와 아울러 타협책도 함께 제시했다. 즉, 한국 측이 한국의 통일에 관한 미국의 입장을 밝히는 별개의 각서를 한국 측에 수교하는 것이 유용하게 보인다면 평화적인 수단에 의한 한국의 통일 방안을 지지한다는 기왕의 미국 측 초안의 문구를 삭제할 수도 있다는 약간의 양보 용의를 표명했다.[44]

이승만은 1주일 후 마침내 입장을 바꾸어 덜레스의 제안을 받아들이기로 했다. 이 사실은 11월 15일 브릭스대사에 의해 국무부로 보고되었다.[45] 양국 간 합의 의사록을 둘러싼 이견 때문에 10개월이나 시일이 흐른 다음이었다. 11월 17일 오후 4시 중앙청의 국무총리실에서 이승만 대통령이 입회한 가운데 변영태 외무장관과 브릭스대사가 한미 합의 의사록(전문 부록 자료 2-3)에 서명함으로써 4개월간의 의사록을 둘러싼 한미 분쟁은 막을 내렸다.[46]

확정된 한미 합의 의사록의 골자는 다음과 같다. A. 경제 ① 환율-군(軍) 환율 문제는 한국은행을 통한 달러 옥션(달러화 공매, 외국 상사 포함)에 의해 자변(自辨)함으로써 해결하고 한국 정부의 공정 환율 180 대 1은 그대로 유지된다. 환화(圜貨) 대여에 관한 한미 간의 과거 협정은 앞으로도 효력이 소멸되지 않는다. ② 유류 문제- 종래와 같이 19일부터 코스코(대한석유저장회사)를 통해 배급을 재개하고 유류 직매는 실시하지 않는다. ③ 구매지역-비공산지역에 대해서는 조건 없이 문호를 개방해 한국이 필요로 하는 물자를 저렴한 값으로 구입한다. B. 통일 방안. 한국의 정치적 자주성을 존중해 과거 워싱턴 회담에서 미 측이 제안한 "미국은 평화적인 방법으로 한국 통일에 적극 협조한다"라는 문구 중에서 '평화적 방법으로'라는 구절을 삭제하고 가능한 모든 방법으로 한국의 통일 성취에 협조한다. C. 군사면. ① 국군은 유엔군 통솔 하에 둠을 원칙으로 한다(특정의 경우는 이를 보족

함). ② 육군 예비 사단에 대한 원조 문제(무기의 종류, 수량 등)는 앞으로 양국이 교섭해 결정한다.[47]

한미 합의 의사록에는 한국의 구체적인 통일 방안에 관한 조항은 넣지 않았다. 그 대신 미국 측은 모든 평화적인 수단에 의한 한국의 통일 방안을 지지하는 것이 미국의 변함없는 정책이라는 내용의 긴 각서를 한국 정부에 전달하고, 한국 측도 이러한 미국의 입장을 확인한다는 각서를 미국에 수교했다.[48] 전형적인 교환 공문 형식의 합의 각서 조인이다.

이 합의 의사록 타결을 계기로 미국 측은 한국군 10개 예비 사단의 신설과 해군 및 공군력의 증강을 포함한 한국에 대한 군사·경제 원조의 확대를 위한 구체적인 절차에 들어갔다. 이로써 대한민국은 1955 회계 연도에 미국의 재정 지원으로 최대 인원을 육군 66만 1,000명, 해군 1만 5,000명, 해병 2만 7,500명, 공군 1만 6,500명으로 구성된 총 72만 명의 국군을 보유할 수 있게 되었다.[49]

이날 한미 합의 의사록에 서명한 변영태 장관과 브릭스미국 대사는 공동 성명을 발표했다. 《동아일보》는 19일자 신문에 그 전문을 보도했다. 중요 내용을 간추려보면 그 골자는 다음과 같다. ① 이날 서명된 각서(한미 합의 의사록)는 정치, 경제 및 군사 문제에 관한 양국 정부 간의 광범위한 합의점에 관해 설명하고 한국에 대한 공동 목표를 성취하는 데 있어서의 양국 정부의 관심을 재천명하였다. ② 미국 정부는 1955 회계 연도에 한국에 대한 경제 원조 및 직접적인 군사 원조에 관한 광범한 계획을 수립하기로 합의하였다. ③ 미국 정부는 대한민국이 또다시 불법 침공을 받는 경우 한미상호방위조약에 규정된 바와 같이 침략자에 대하여 그 군사력을 사용할 의사를 재확인하는 동시에 국회의 승인 하에서 한국의 부흥을 위한 경제 계획을 추진할 의사를 표명하였다. ④ 대한민국 정부는 국제연합을 통한 가능한 노력을 포함한 국토 통일 노력에 있어서 미국과 협조할 것에 동의하였다. ⑤ 대한민국은 국제연합군사령부가 대한민국 방위의 책임을 계속 지는 동안 별다른 합의가 없는 한 그 군사력을 동 사령부 작전관리하에 두는 데 합의하였다. ⑥ 확충된 미국의 경제 원조 계획에 관하여는 대한민국은 기업을 위한 개인 투자를 장려하여 미국 군대에 대한 달러 교환율에 따른 새로운 절차를 수립하여 한국 경제에 최대한으로 공헌하기 위하여 원조물자 가격도 동일한 환율에 의하여 정할 것을 포함하는 경제 원조 계획을 효과적으로 진행하는 데 필요한 조치를 취할 것에 동의하였다. ⑦ 한국과 미국 사이에 합의된 이 기본적인 협정과 수일 내로 효력을 발생하게 될 공동방위조약은 미국과 대한민국의 공통된 목적을 달성하기 위한 중요한 단계인 것이다. 이 조약은 또한 자유세계를 위한 협력기구를 강화할 것이며 아시아 자유 민족들의 안전과 복리에 기여하게 될 것이다 등이다.[50]

9. 비준서 교환으로 한미동맹 탄생

한미합의의사록을 둘러싼 대립이 해결되자 미국 동부 표준 시간으로 1954년 11월 17일 오후 2시(한국 시간 18일 오전 4시) 워싱턴의 국무부에서 덜레스 국무장관과 양유찬 주미 대사가 참석한 가운데 양국 국회가 비준한 조약 비준서의 교환식이 거행되었다.[51] 이로써 조약은 드디어 이날 자로 효력을 발생했다.

조약 비준서의 교환이 끝난 다음 한미 양국의 우애와 단결을 다짐하는 양국 대표의 인사말이 있었다. 덜레스 장관은 "이 사업이 결실을 보게 되어 대단히 기쁘다"고 말했으며 양유찬 대사는 한미 양국의 단결을 강조했다.

양 대사는 "이 조약은 한미 양국이 한국이든 아시아 기타 지방이든 혹은 미국이든 유럽 혹은 세상 어느 지방에서든 간에 공산 침략에 대항해 자유를 수호하는 데 뭉쳐 있음을 설명하는 것으로 생각한다. 우리는 단결하여 자유를 보호하기로 결심했다. 우리의 우의가 영원히 계속되기를 바란다. 이것이 우리 민주적인 생활 방식을 유지하기 위한 결의의 첫걸음이 되기를 진심으로 기원한다"고 말했다. 이어, 이 조약의 제안부터 비준서 교환과 발효에 이르기까지 실무 작업을 총지휘한 로버트슨 극동담당 차관보가 축사에 나서서 "한미 관계의 신기원을 세웠으며 양국이 자유세계 방위에 있어서 같이 뭉치겠다는 주의를 보였다"고 역설했다. 이로써 한미상호방위조약은 이날 마침내 발효되었다. 가조인된 지 1년 3개월 만이었다. 이날 양유찬 대사는 이 조약의 이른바 말문조항(末文條項)이 양국 정부가 서로 쌍방에 정식 통고를 함으로써 1년 이내에 조약을 폐기할 수 있다고 규정되어 있음에도 불구하고 "미국은 이제 와서는 한미상호방위조약을 무기한으로 준수할 것이라는 보장을 우리에게 주었다"고 밝히고 "그러한 미국의 보장은 한미조약이 단명할지 모른다는 한국 국민의 우려를 해소시켰다"고 말했다.[52]

chapter 8

·

아이젠하워-덜레스
-로버트슨 라인

VIII. 아이젠하워-덜레스-로버트슨 라인

1. 외교 정책 분석과 행위자 특정 이론

국제 관계 이론 학자들, 특히 외교정책분석(Foreign Policy Analysis, FPA) 이론 전공자들은 국가의 외교 정책 연구에 있어서 정책의 수립-집행을 맡은 개인에 대한 분석을 중요시하기 시작했다.

최근까지 대세였던 고전적인 FPA 이론은 외교 정책 결정의 분석 방법으로 행태주의적 연구를 중요시해 왔다. 그것은 외교 정책 관여자인 인간을 중요시하기 시작한 초기 연구 방법이다. 국제 정치가 개별 국가 또는 국제 기구의 대표자들 간에 벌어지는 체스 게임이라는 경험적 사실에서 우리는 국제 관계가 국가라는 추상적 존재가 아닌, 인간들의 상호 작용에 의해 이루어진다는 사실을 목도하고 있다.

아마도 그 대표적인 예가 미국 트럼프 대통령의 외교 행태일 것이다. 우리는 트럼프 뿐 아니라 세계 대부분의 국가 지도자들의 특성, 즉 이념적 성향과 정치 스타일, 그리고 국내의 전반적인 정치 문화가 외교 정책 결정 과정에 결정적 영향을 주고 있는 사실을 목도하고 있다. 바로 이 때문에 외교 정책 분석에 있어서 초기의 단순한 행태주의적 연구의 차원을 넘어, 인간 개인의 분석을 중요시하는 이른바 행위자 특정 이론(Actor-Specific Theory)의 유용성을 인정할 수 있다. 하기야, 만약 국제 관계 이론에서 인간을 중요 연구 요소로 보지 않는다면 그 이론은 변화, 창의성, 설득, 책임 문제 없는 세계를 잘못 묘사할 것이다.[1]

이 때문에 최근 들어 외교 정책 분석 이론에서는 인간의 동기, 감정, 문제의 표현 같은 주체 중심 개념을 탐구하는 새로운 'IR의 인류학'(an anthropology of IR) 또는 이해(verstehen)적 접근법이 필요하다는 주장이 대두하기 시작했다. 따라서 최근의 외교 정책 분석 이론과 IR의 구성주의 이론 사이가 과거의 외교 정책 분석 이론과 신현실주의 이론 사이보다 훨씬 더 이론적 가교가 쉽게 세워질 수 있다는 것이다.[2]

이 책의 결론부에 해당하는 이 장(Ⅷ)에서는 앞의 7개 장에서 살펴본 이승만 대통령과 아이젠하워 행정부의 한미상호방위조약 체결 과정에서 미국 측 주역으로 활동한 아이젠하워 대통령과 덜레스 국무장관, 그리고 로버트슨 차관보의 3인의 역할을 행위자 특정 이론에 따라 분석해보고자 한다. 이미 제3장(Ⅲ)에서 설명한 바와 같이 아이젠하워 행정부가 이승만 대통령의 상호방위조약 체결 요구에 응하기로 한 것은 미국과 같은 민주주의 국가이자 정부의 정책 결정 과정이 민주적이고 개방적인 정치 문화를 가진 나라이기 때문에 정책 결정의 보텀 업(Bottom-up) 방식이 가능했다. 이 사실은 행위자 특정 이론에서도 외교 정책 결정 과정에 국가적 속성과 국내 정치 특성을 포함한 광의의 정치 문화가 중요한 변수로 작용하고 있음을 잘 설명해 주고 있다.

2. 아이젠하워

한미상호방위조약 체결 문제를 협상한 이승만 대통령과 미국의 아이젠
하워-덜레스-로버트슨 라인은 협상 상대로서는 호적수였지만 이념면에서
동서냉전의 절정기에 쌍방 모두가 반공주의자들이었다는 점에서 공통이었
다. 또한 이들 미국 측 책임자들이 트루먼 행정부처럼 유럽 중심주의자들이
아니었다는 점도 특색이었다. 이 점은 이승만 대통령으로서는 아주 다행한
일이었다. 만약 당시까지 트루먼 행정부와 같은 민주당 정권이 1953년 7월
휴전 이후에도 계속 집권했더라면 한미방위조약의 체결은 더욱 어렵지 않
았을까 추측된다.

아이젠하워는 2차 대전 이후의 역대 대통령 가운데 닉슨이나 카터와는
달리, 그리고 레이건과는 비슷하게 정책 결정을 하부에 맡기고 자신은 정책
결정의 부담에서 해방된 대통령으로 알려졌다.[3] 그러나 이 같은 통설에 대
한 반론도 만만치 않다. 그 실례로 아이젠하워가 1953년 대통령 취임 직전
에 이란의 모사데크(Mohammed Mossadegh) 수상으로부터 긴 서한을 받
고 답신을 기초해 달라고 덜레스 국무장관 내정자에게 요청해 놓고는 시간
이 지나자 직접 자신이 쓴 회신을 여비서에게 불러주어 타자토록 해서 생
긴 에피소드가 있다. 여비서가 타자를 친 답신을 덜레스에게 보내면서 논평
을 부탁하자 덜레스는 불과 2개의 단어만 수정해서 되돌려 보내고 자신의
측근에게 "이러려면 아이젠하워 장군은 국무장관이 왜 필요한지 모르겠다"
고 했다는 것이다. 이런 사실에 비추어 보면, 다정하지만 단조롭고 소극적
인 아이젠하워가 중요한 외교 정책 결정을 유능하고 신념에 가득 찬 덜레스
국무장관에게 맡겼다는 통설은 사실이 아니며, 덜레스는 변호사가 의뢰인
을 대하듯 아이젠하워를 보좌했다는 주장이 나오게 된 것이다.[4]

2차 세계 대전의 영웅이자 육군 원수 출신의 대통령 아이젠하워 (1890~1969)는 여러 의미에서 1950년대 미국의 시대 정신(zeitgeist)을 전형적으로 보여준 인물이다. 저명한 미국의 외교 사학자 헤링(George C. Herring)에 의하면, 19세기 풍 미국 농촌의 산물인 그는 미국이라는 국가가 외부의 위협 아래서 고수한 여러 가치들의 화신(化身)이었다. 정치적으로 보수주의자였던 그는 삶을 추구하는 데 있어서는 온건하고, 행동에 있어서는 시골아저씨처럼 수수했다. 그는 일생 동안 국가 안보 문제를 담당했던 경험자로서 이제는 안보를 제1순위로 다루는 대통령의 직책을 맡게 되었다. 2차 대전 연합군 최고사령관의 경험은 그를 '국제화'해 공화당의 고립주의 그룹으로부터 멀리하게 했다. 그는 가끔 '지적 경량급'(intellectual lightweight)이자 정치적으로 갈팡질팡하는 인물로 일축되지만, 외견상으로 그의 차분한 기질과 서투른 수사법(rhetoric) 속에 숨겨진 그는 분명한 사고력과 사안에 대한 확고한 파악력 및 천부적인 정치적 기량과 격렬한 성질을 갖고 있다. 핵무기 사용에 대한 그의 평소 생각은 그의 타고난 주의력으로 균형을 잡고 있으며, 그의 기본적인 인간됨이 미국 국민들과 동맹국들의 신뢰를 얻고 있다는 것이다.[5]

3. 덜레스

덜레스(John Foster Dulles, 1888~1959)는 장로교 목사의 아들로 태어나 프린스턴 대학을 우등생으로 졸업하고 조지워싱턴대 법무대학원을 나와 변호사 시험에 합격한 다음 뉴욕에서 유명 법무법인 소속 국제 변호사로 출발했다. 그의 외할아버지(John W. Foster)는 18대 대통령인 그랜트 (Ulysses S. Grant) 아래서 국무장관(제32대)을 지냈으며, 제28대 대통령인 윌슨(Thomas W. Wilson) 아래서 국무장관(제 42대)을 지낸 랜싱(Rob-ert Lansing)은 그의 이모부이다. 그는 1차 세계 대전 기간 중 랜싱 국무장관의 지시로 남미의 몇몇 나라를 순방하면서 이들 나라가 나치스와 협력하지 않도록 하는 민간 외교 활동을 벌였다. 그는 1차 대전이 끝나고 베르사유 평화회의가 열리자 미국 대표단의 법률고문으로, 그리고 나중에는 전쟁배상위원회 위원으로 활동했다. 그리고 듀이(Thomas E, Dewey) 뉴욕 주지사가 공화당 대통령후보로 1944년과 1948년 두 차례 출마했을 때는 그의 외교 정책 고문으로 일했으며, 1945년 샌프란시스코에서 열린 유엔 창립총회 때는 미국 대표단의 일원으로 유엔 헌장 전문의 초안에 참여하기도 했다. 그는 또한 1950년에는 트루먼 행정부의 봉쇄 정책을 비판하는 《전쟁이냐 평화냐(*War or Peace*)》라는 저서를 출판해 화제를 모았다. 그는 이 책에서 공산권에 대한 소극적인 봉쇄를 넘어 적극적인 롤백 정책으로 '해방'을 주장했다.[6] 같은 해 6·25전쟁이 발발하기 직전인 6월 17일부터 4일간 국무부 고문 자격으로 한국을 방문해 일선을 시찰하고 6월 19일 국회에서 연설도 했다.[7] 그가 아이젠하워를 알게 된 것은 1949년 듀이의 추천으로 보궐 선거에서 뉴욕 주 연방 상원의원으로 당선된 다음 재선을 앞두고 컬럼비아 총장으로 있던 아이젠하워를 만난 것이 계기가 되었다는 것이다.[8] 덜레스는 1949년 11월 총선에서 재선에 실패했다. 아이젠하워는 1952년 11월 대통령 선거에서 당선되자 덜레스를 만나 처음에는 대법원장직을 제의했다가 덜레스가 거절하자 이듬해 1월 국무장관에 영입하기로 덜레스의 동의를 받았다.[9]

외교 사가들에 의하면 근엄하고 잘 웃지 않는 덜레스는 무뚝뚝하고 심지어는 무례하게 보이기도 하는 황소 같은 활동가였다. 격무에도 지칠 줄 모르는 국무장관으로서 50만 마일 이상의 여행 기록을 보유하고 있는 그를 윈스턴 처칠은 '중국제 옷장을 들고 다니는 오직 한 마리의 황소'라고 비꼰 일도 있다. 덜레스가 중국제 도자기에 취미를 붙이고 있는 것을 비유한 것이다. 덜레스는 아이젠하워 대통령과 아주 친밀한 관계로 시간만 나면 스스럼없이 국무부에서 백악관으로 건너와 대통령을 만났다고 한다.[10] 덜레스는 아이젠하워와 함께 정부의 정책 결정 과정을 개혁하고 특히 국가안보회의를 강화해 국방 외교 정책의 소규모 내각처럼 운영했다. 그는 또한 냉전에 대비해 유럽과 아시아 쪽에서 우방들과 동맹 관계를 늘렸다.[11] 덜레스는 확고한 반공주의자로서 그의 단호한 레토릭과 벼랑 끝 전술은 그를 이데올로그이자 십자군 운동가로 낙인찍었으며, 가끔은 보스를 위한 피뢰침 역할을 했다. 그러나 막상 그는 직무 수행에서는 정교한 세계관과 적절한 전술적 기술을 지닌 냉정한 실용주의자였다.

4. 로버트슨

로버트슨(Walter S. Robertson, 1893~1970) 극동담당 국무차관보는 많은 미국의 지식인들이 마오쩌둥(毛澤東)을 농촌 개혁을 위한 진보적 민주 투사라고 찬양할 때 그를 철저한 마르크스주의자라고 단정한 중국 전문가였다. Ⅲ(제3장)에서 설명한 바와 같이 군부에서 마련한 에버레디 계획에 그가 단호하게 반대한 것이나 반공주의자인 이승만 대통령을 존경한 것은 그의 성장 과정과 젊은 시절 중국에서의 외교관경험에서 나온 것이다.

일찍이 현대 국제 정치학이 태동하기 이전인 1939년에 현대 외교 이론의 효시라 할 《외교론》(Diplomacy)이라는 선구적 책을 쓴 니콜슨(Sir Harold Nicholson)은 일반인에게 요구되는 덕목은 지능, 지식, 통찰력, 신중성, 친절, 매력, 근면, 용기, 심지어 요령인데 비해 "내가 생각하는 이상적인 외교관에게 요구되는 자질은 진실, 정확성, 침착, 인내, 온화, 겸손, 그리고 충성"이라고 갈파했다.[12] 우리는 앞의 제4장(Ⅳ)과 제5장(Ⅴ)에서 로버트슨이 이승만 대통령과 인내심을 갖고 협상하는 과정에서 그가 상당히 외교관의 자질을 갖추었음을 보아왔다. 물론 그 역시 신이 아닌, 인간인지라 인간적 약점이 전혀 없는 것은 아니겠지만 말이다.

그의 외교관으로서의 자질은 자신이 은퇴 후 녹음한 오럴 히스토리에서 털어놓은 바와 같이 그가 한국에 오기 전에 미국에서 이승만과 대화하는 '예행연습'까지 한 사실, 그리고 외교상 기밀 유지 때문에 기자들을 피하면서 겪은 어려움에서 이를 잘 말해 주고 있다.

로버트슨은 1893년 12월 7일 버지니아 주 노토웨이 카운티(Nottoway County)에서 연초업 사업가인 아버지 윌리엄 로버트슨의 아들로 태어났다. 그는 호지(Hodge) 군사 아카데미를 졸업하고 데이비슨 대학과 윌리엄 앤드 매리 대학을 다니다가 1912년 자진 퇴교하고 은행업에 종사했다. 1차 대전이 일어나자 그는 육군 항공대에서 전투기 조종사로 근무하다가 제대한 다음 버지니아 주의 리치몬드은행과 스캇앤드스트링 펠로 중개회사에서 일하던 중 1925년에는 이 중개회사의 파트너가 된다.

그는 2차 대전이 일어나자 루스벨트 행정부 아래서 오스트레일리아에 무기를 대여하는 사절단의 책임자로 근무했다. 이 자리는 1943년 스테티니우스(Edward R. Stettinius Jr.) 국무장관이 임명했다. 2년 정도 근무한 후인 1944년 말에 고향으로 돌아왔는데 스테티니우스 장관이 그에게 국무부에 들어올 것을 제의해 1945년에는 한때 국무부 경제 고문을 맡았다. 당시 여러 곳의 미국 대사관에서 광범한 경험을 가진 외교관들이 필요했기 때문에 그는 처음에는 주 인도 대사관에 부임하도록 되어 있었으나 중국 대사관이 인물난으로 어려움을 겪자 장관이 그에게 중국으로 가라고 제의했다고 한다. 그는 자신을 필요로 하면 어디든지 가는 것은 좋지만 전쟁이 끝나면 더 이상 정부에서 일하지 않고 반드시 귀향한다는 한 가지 조건을 달았다고 한다.

그는 1945년 충칭(重慶) 소재 미국 대사관에서 패트릭 헐리(Patrick J. Hurley) 대사 아래 대사관 제2인자인 공사 자리에 임명되고 참사관직도 겸했다. 그의 참사관 업무는 처음에는 경제 분야였으나 나중에는 중국에서 국민당군과 공산당군 사이에 내전이 일어나자 정무 쪽 일이 더 많아졌다.

그는 얼마 후 헐리 대사가 사임한 1945년 9월부터 후임자인 스튜어트(Leighton Stuart) 대사가 취임한 1946년 6월까지 약 9개월간은 대리대사로 임명되어 대사관을 책임 맡기도 했다. 그는 대리대사 재직 마지막 시기인 그해 9월 2일 'V-J데이'(대일본전승일)를 맞아 고향인 버지니아 주 리치몬드 시의 밀번(Milburne)이라 불리는 저택과 부인 소유의 대규모 목장으로 돌아와 그 자신이 설립자인 리치몬드미션병원과 그가 초대 관장을 지낸 미술관, 그리고 버지니아역사협회 일을 보기 위해 사직서를 워싱턴의 국무부에 보냈다. 그러나 '대기하라는 지시'만 내려온 채 귀국의 길은 열리지 않았다.

이런 상황에서 1947년에 조지 C. 마셜(George C. Marshall) 장군이 중국 특사로 파견되어 그에게 중국에 계속 남아 있으라면서 그 대신 고향의 로버트슨 가족을 중국에 오게 했다. 로버트슨은 마셜 장군이 중국에 도착했을 때 그를 상하이에서 영접해 충칭으로 안내했다. 로버트슨은 마셜 아래서 중국의 국공(國共) 휴전을 감독하는 3인위원회의 중립국 출신 위원장을 맡게 되었다. 3인위원회는 로버트슨 위원장 외에 국민당군 대표와 중공당군 대표 1명이 각각 위원을 맡고, 그 아래 미군, 국민당군, 중공군에서 각각 파견된 3명의 대령들이 배치되었다. 그러나 1946년 9월 로버트슨은 그 자리를 질렘(Alvin C. Gillem) 중장에게 물려주고 귀국해 10월 25일 백악관에서 트루먼 대통령을 예방하고 중국 정세를 보고한 다음 사표를 제출하고 고향으로 되돌아오는 데 성공했다.[13]

로버트슨의 회고에 따르면 그는 미국으로 돌아오면서 "우리는 중국에서 잘해보겠다는 열망에도 불구하고 잘못을 했다는 강한 확신이 들었다"는 것이다. 그는 "나는 그동안 마오쩌둥과 얼굴을 맞대고 공식 협상을 이끌어온 오직 한 사람의 생존한 미국인이다"라고 생각했다. 헐리 대사는 중국의 내전을 중단시킬 기초를 마련하기 위한 협상을 위해 마오쩌둥과 저우언라이를 1945년 여름 충칭으로 데려와서 헐리 대사와 그가 미국 정부를 대표해 국공 협상을 이끌었으나 헐리 대사가 병이 드는 바람에 그는 홀로 미국 대표로 이 일을 계속했다. 그는 마셜 장군이 부임해온 다음에는 국공합작을 성사시키기 위해 두 사람이 옌안의 마오쩌둥을 찾아가 밤새도록 이야기를 나누고 그들과 똑같이 동굴에서 잠을 잤다.

로버트슨이 보기에 마오쩌둥은 사소한 문제에는 양보를 하지만 본질적인 것은 절대 양보하지 않는 아주 헌신적인 국제 마르크스주의자였다는 것이다. 그에 의하면 1940년대 말까지 트루먼 행정부 아래서 스틸웰 장군의 고문들, 예컨대 데이비스(John Davis) 같은 사람은 국무부에 말하기를 "마오쩌둥은 혁명가이기는 해도 단순한 농업 개혁을 위한 민주적 혁명가일 뿐"이라고 했다. 이 뜻은 그들이 진정한 공산주의자가 아니라는 말이었다. 그러나 마오쩌둥은 공산주의 지배하의 독재자였기 때문에 국민당 정부와 타협이 될 수 없었다. 중국 국민당을 독재라고 하지만 중국 공산당에 비하면 민주적이라고 로버트슨은 회고했다. 미국의 많은 지도자들이 중국 공산당이 혁명을 일으켜 중국을 장악하고 국민당 정부를 축출했을 때 중국 인민들이 이를 받아들이리라고 생각한 것은 '바보 같은 난센스'였다는 것이다.[14]

　로버트슨은 중국 근무 당시부터 미국이 중공에 대해 유화 정책을 쓰다가 결과적으로 중국대륙의 적화를 초래한 데 대한 신랄한 비판자였다. 그는 마오쩌둥 공산당 정권이 베이징에 들어서서 중화인민공화국 건립을 선포한 1949년 10월 1일 이전의 미국의 무정견한 대중국정책이 중국 공산당의 승리에 결정적으로 기여했다고 믿고 있다. 로버트슨은 "진짜 중국 이야기는 아무도 하지 않는다"면서 "미국이 좀 더 적극적으로 국민당 정부를 지원했더라면 국민당군은 중국 공산군과의 내전에서 이길 수 있었다고 생각하며 중국이 적화된 데는 미국의 책임이 상당히 크다"고 말했다.[15] 그는 또한 "나의 의견으로는 최소한 우리(미국) 자신의 동요하는 정책–아무리 그것을 잘 표현하더라도–이 우리의 동맹인 그(장제스)와 그의 정부의 와해, 그리고 우리의 공공연한 숙적인 공산당의 집권에 직·간접적으로 기여한 사실을 잘 보여주었다"고 주장했다. 예컨대 1945년 장제스 정부가 국내의 인플레를 진정시키기 위해 미국에 5억 달러의 차관을 간청했으나 거부했다. 당시 미국의 트루먼 행정부는 마셜 계획에 따라 유럽에는 140억 달러나 쓰면서도 아시아 쪽에는 무관심했다는 것이다.[16]

　《뉴욕타임스》의 분석에 의하면, 미국의 대 중공 봉쇄 정책은 중국 대륙의 적화 이후에야 미국의 공산권 봉쇄와 그들의 침략 행위에 대한 대량 보복을 핵심으로 하는 공식적인 대중국 정책이 되었다.[17] 트루먼 행정부는 중국 대륙의 적화 직후인 1949년 12월 아시아에서의 더 이상의 공산화를 저지하는 정책 가이드 라인인 NSC-49를 채택했다. 트루먼 행정부가 아이젠하워 행정부로 바뀐 다음에는 중공의 유엔 가입 금지, 1954년 제1차 타이완해협 위기를 계기로 장제스의 국민당 정부와 체결한 상호방위조약과 이에 따른 1955년의 미군 협방(協防) 타이완 사령부(United States Taiwan Defense Command, USTDC) 설치는 모두 로버트슨이 극동담당 차관보에 있으면서 주도한 것이다.

5. 아이젠하워-덜레스-로버트슨 라인

로버트슨이 중국에서 귀국한 이후 투자은행가로 일하던 중 1953년 1월 아이젠하워 행정부가 출범하자 다시 국무부에 들어가게 된 것은 《뉴욕타임스》의 보도에 의하면 우파인 미주리 출신 공화당 하원 의원 월터 저드 (Walter Judd) 의원의 추천에 의해서였다. 중국통인 저드 의원은 덜레스에게 웨드마이어 장군과 로버트슨 두 사람을 극동담당 차관보 후보에 추천했는데 덜레스가 직접 로버트슨을 만나보고 그를 낙점했다고 나중에 말했다. 로버트슨을 임명한 덜레스는 크게 만족한 나머지 저드 의원에게 "당신은 우리 행정부를 위해 엄청난 공헌을 했지만 그중에서도 로버트슨을 극동담당 차관보로 추천한 것이 최선의 것이었다"고 치하했다는 것이다.[18] 1953년 3월 18일 아이젠하워는 로버트슨을 국무부의 극동 및 태평양 담당 국무차관보에 지명, 발표했다.[19] 그해 4월 8일 취임한 그는 1959년 6월 30일까지 6년간 미국의 동아시아 정책 수립에 있어서 아이젠하워-덜레스-로버트슨 라인의 일원으로 핵심적 역할을 했다.[20]

그는 원래 충실한 민주당원이지만 공화당 출신의 아이젠하워를 2차 대전 당시부터 전쟁영웅으로 존경한 나머지 1952년의 대통령 선거 때는 그의 열렬한 지지자가 되었다. 그는 나중에 국무부에 들어와 아이젠하워 팀의 일원이 된 것을 아주 기쁘게 생각했다. 덜레스에 대해서는 그는 "지성의 질에 있어서 그보다 내가 더 존경한 사람과는 일해 본 적이 없다"[21]고 회고할 정도로 그에게 인간적으로 경도되고 있었다. 그는 극동담당 차관보에 임명된 후 "나는 아이젠하워 대통령과 덜레스 장관에 대해 그들의 성격과 능력, 그리고 이기심 없는 애국심과 목표에 최대의 신뢰를 갖고 있다"고 말하고 "그들의 팀원으로 선발된 데 대해 크게 영광스럽게 생각한다"고 소감을 피력했다.[22] 그는 아이젠하워와 덜레스의 지시에 따라 6·25전쟁을 종식시키기 위해 휴전협상을 반대하던 이승만 대통령을 무마하는 데 앞장섰다. 로버트슨이 아이젠하워 대통령의 특사로 한국에 파견되기 전에 세 사람은 전략 회담을 가졌다. 그가 앞에서 설명한 바와 같이 국무부 차관보로 일하기 시작한 지 1개월 조금 지난 시기에 에버레디계획을 정면으로 반대하고 한미상호방위조약 체결에 응할 것을 주장했을 때 그의 나이는 만 60세였다. 젊은 혈기에서 반기를 든 것이 아니라 그의 소신에서 자기주장을 편 것이다. 그의 소신 있는 행동은 군부의 무식하고 무모한 발상에 용감하게 제동을 건 국제 감각을 지닌 국무부 소속 중진 외교관의 승리라 할 것이다.

로버트슨은 서울에 와서 이 대통령과 여러 차례 회담하면서 이 대통령이 클라크 유엔군 사령관에게 그렇게 심하게 화를 내는 모습을 본 적이 별로 없다고 회고했다. 클라크는 1952년 부산정치파동 때 이승만 정권 전복 계획을, 그리고 이듬해 5월에는 에버레디 계획을 입안한 책임자였으므로 이승만이 그에게 심하게 화를 낸 이유가 이런 배경과 관련이 있는지는 알려지지 않았다. 이승만은 클라크와 달리 브릭스 주한 미국 대사에 대해서는 아주 호감을 갖고 좋아했다고 한다.

로버트슨은 서울에 온 다음 특사의 소임을 다하기 위해 매일 아침 단독으로 이승만을 만나 그의 말을 듣기만 했다. 그가 얼마나 조심스럽게 이승만에게 접근했는지를 짐작케 한다. 그는 나중에 당시 상황을 이렇게 회고했다.

그래서 나는 첫날 아침에 결심하기를 그가 이야기하다가 감정적으로 지칠 때까지 아무 말도 안하 기로 했다. 그 후 매일처럼 그는 이야기하고, 나는 잠자코 듣는 것 외는 아무 것도 하지 않았다. 나는 그의 의견에 반대하는 말을 하지 않았다. 어떨 때는 분명히 나를 토론으로 유도하려고 나를 도발하기도 했으나 나는 토론할 생각이 없었다.[23]

로버트슨은 오로지 이승만으로부터 '휴전 찬성'이라는 두 단어만 들으려는 목표 아래 이런 식으로 그와의 협상을 시작한 탓에 그를 만나 취재하려는 수많은 기자들에게 아무 정보도 줄 수가 없어 그들에게는 해외에 파견된 미국 협상 대표 중 '최고의 개자식'(the greatest s.o.b.)이 되고 말았다고 나중에 당시를 회고했다.[24] 그는 계속해서 이렇게 말했다.

그 결과 나는 몇 가지 문제에 대해 상당히 동정적인 이해를 갖게 되었다. 이 노인의 자기 나라의 독립을 지키려는 절대적이고 완전하고 열광적인 헌신에 대한 나의 비자발적인 존경심이 증가했다. 과거 장기간 일본과 투쟁하고, 공산주의자들과 투쟁한 그는 이제는 우리(미국)가 그를 공산주의자들에게 넘기려 한다고 생각하기 때문에 우리와 싸우고 있었다.

그가 끝내 스스로 지쳤을 때 비로소 우리는 워싱턴에서 주의 깊게 예행연습을 한 내용을 이야기했다. 우리는 결코 그를 공산주의자들에게 넘기려는 것이 아

니며, 그 때문에 그와 상호방위조약을 체결하려는 것이라고.[25]

로버트슨은 이어서 "그랬더니 이승만 대통령은 우리가 말하는 것을 이해했으나 우리의 관점에는 찬성하지 않다가 마지막에는 '나는 이 단어를 쓰기 싫고 공적으로 말하기 싫은 것이지만 귀하는 내게 이겼어. 나는 귀하가 하는 행동을 인정하지 않겠지만 저항은 하지 않겠어요. 나는 공산주의자들이 나의 입장을 아는 것을 바라지 않아요. 그들은 계속 추측만 하도록 해야 돼요'라고 말했다"고 밝혔다.[26]

《뉴욕타임스》는 1970년 1월 20일자 장문의 그의 부음 기사에서 "로버트슨은 그의 신념 때문에 열정과 고집으로 워싱턴에서 평판이 났다"고 평가하고 동료들의 말을 빌어 "작은 키와 날씬한 몸매에다 예의범절을 지키는 행동거지와 불같이 격렬한 토론 스타일의 로버트슨은 반공에 있어서는 덜레스보다 더 단호했다. 그가 옹호한 정책들은 대체로 자신의 소신의 연장이었다"고 지적했다. 이 때문에 그의 다른 동료는 "어떤 사람은 그를 엄격했다고 말하지만, 모두가 그를 '굉장한(formidable) 장관 밑의 굉장한 차관보'였다고 평했다"는 것이다.[27]

이 책 III(제3장)에서 설명한 바와 같이 덜레스 국무장관은 1953년 6월 16일 이승만 대통령에게 로버트슨을 대통령 특사로 한국에 파견하겠다는 서한을 보내면서 그가 "아이젠하워 대통령과 자신(덜레스)의 완전한 신뢰를 받고 있고, 중국의 공산당에 확고하게 반대한 오랜 기록을 갖고 있기 때문에 대통령님(이승만)과 충분히, 그리고 솔직하게 현안들을 토의할 수 있을 것"이라고 설명한 것은 그의 특징을 잘 소개한 것이다. 실제로 로버트슨 자신이 서울에서 이승만 대통령과 협상을 벌이고 있던 시기인 1953년 7월 1

일자로 국무부에 보낸 이승만 평가에서 "이승만은 그의 나라를 아마도 우리 미국을 포함한 세계 어느 다른 나라와도 비견되지 않을 정도의 공산주의와 싸울 결의와 의지를 갖도록 각성시켜 놓았다. 그 같은 정신과 용기는 보존되어야지, 파괴되어서는 안 된다"고 강조한 것은 아주 흥미 있는 대목이다.

무엇보다도 이념적 성향이 반공이라는 점에서 그와 이승만 대통령이 공통적이었다는 점은 이 대통령에게 뿐만 아니라 한미 양국의 상호 이해를 위해 크게 다행한 일이었다. 다만 그가 이승만 대통령과 다른 점은 이 대통령이 철저하게 반일적인 데 비해 로버트슨은 일본을 조속히 강화시켜 아시아에서 공산주의 봉쇄 전선을 형성하는 데 역할을 하도록 하자는 것이었다. 그는 1954년 2월 6일 오하이오 주의 클리블랜드에서 클리블랜드 세계문제협회 주최로 일본의 군국주의화는 기우라면서 일본의 경제력을 강화시키자는 주제로 연설해 화제가 되었다.[28] 만약 아이젠하워 대통령의 특사였던 그가 1940년대 말까지 국무부 안에서 크게 세력을 떨치고 있던 좌파 또는 친일파 계열이었더라면 이승만과의 대화가 제대로 원활하지 않았을 가능성이 크다.

부　　록
주　　석
참고문헌
찾아보기

자료 1

1. 이승만 대통령이
트루먼 미국 대통령에게 보낸 친서 (1952. 3. 21)

친애하는 대통령 각하, 각하의 훌륭하신 1952년 3월 4일자 친서를 무초 대사로부터 친히 전달받고 휴전 협상에 관한 본인의 공개적인 성명이 각하께 많은 심려를 끼친 것을 깨닫게 되어 본인은 심히 미안하게 생각하고 있습니다. 본인은 한국을 침략자들로부터 방어하려는 순간적인 결정으로 우리를 구해 준 분이 각하라는 사실과 우리가 각하께 바로 우리의 생명을 빚지고 있다는 사실을 새삼스럽게 환기시킬 필요를 느끼지 않습니다. 우리 한국 국민들은 최소한 싸울 기회를 부여 받았습니다. 비단 한국 국민들만 각하를 가장 깊은 존경심을 갖고 기억하고 있는 것이 아니라 전 자유세계 인민들이 인간의 자유와 안전이라는 대의를 추구하는 점에서 각하를 세계 역사상 가장 위대한 지도자로 칭송할 것입니다.

본인은 각하가 한국뿐 아니라 전 세계의 공산주의 문제를 해결하려는 노력의 과정에서 필요한 것으로 보시는 어떤 변화에 반대하는 목소리를 낼 마지막 사람입니다.

대통령 각하, 본인이 지난 과거에 마음속에 간직하고 있던 바를 솔직히 표명하는 것을 허용해 주시기 바랍니다. 원하건대 이것이 각하의 숭배자 중 한 사람의 진지한 개인적 확신이라고 받아주시기 바랍니다. 각하를 숭배하는 사람들의 오직 하나의 열망은 각하가 공산주의의 팽창을 제어함으로써 모든 인류를 위해 행하는 가장 위대한 봉사를 완성하시는 것을 눈으로 보는 것입니다. 각하는 한국에서의 공산 침략에 대항하고 새로운 세계 대전의 가능성에 대항하는 집단행동을 부른 각하의 호소에 전 자유세계가 어떻게 동시 반응을 했는가를 기억하실 것입니다. 그러나 휴전 회담은 공산주의자들로 하여금 위험한 세력 분포를 증대하도록 허용한 것은 말할 나위도 없고 각하가 전 세계 모든 자유인들에게 그렇게 고무적이고 효과적으로 불러일으킨 도덕심과 고매한 정신을 훼손하고 있습니다. 본인은 항상 동양에서의 강한 미국인의 지도력을 신뢰하고 있으며, 유엔에서의 중간급 집단에 대항하는 미국의 힘을 강화하려고 힘써왔습니다. 본인은 최후의 순간에는 미국으로부터 오는 긍정적인 방향에 의존하고 있습니다. 그러나 현재 본인은 이 같은 변화가 사람들이 따르기에 정당한 노선이라는 것이 각하 고유의 견해이자 확신이라고 본인이 믿도록 자신을 설득할 수가 없습니다. 만약 어떤 종류든지 휴전에 합의해야 한다는 것이 각하의 개인적 확신이라면, 그리고 각하가 휴전에 관련해 본인의 협력을 원하신다면 비록 본인의 독자적 판단에 어긋나는 행동을 하더라도 각하의 기대에 부응하기 위해 본인이 최선을 다하는 데에 아무런 회의도 없습니다. 그러나 본인의 개인적 협력은 본인이 우리 국민들의 확고한 지지를 얻지 못한다면 큰 의미가 없는 것입니다. 따라서 본인의 이 문제에 관한 각하와의 협력은 만약 다음과 같은 시사점들이 각하의 호의적인 고려가 있다면 보다 효과적인 것이 될 것이며, 보다 진정으로 우리나라 국민들의 지지를 받게 될 것입니다.

⑴ 우리 두 나라 간의 상호방위조약은, 본인이 진실로 믿기에, 긴요한 것입니다. 우리 모두가 알고 있는 바와 같이 각하의 지금까지 열망은 적색 침

략으로부터 한국을 방어하는 것이었으므로 그 같은 조약을 반대할 아무 이유가 없습니다. 왜냐하면 그런 조약만으로도 위험한 휴전 기간 동안 절대로 필요한 안전을 한국인에게 제공하기 때문입니다. 각하, 상호방위조약으로 본인을 지원해 주신다면 본인은 우리 국민들이 휴전을 수락하도록 설득하는 데 성공할 것으로 확신합니다. 다른 한편으로 재보장적인 성격의 아무 조약도 없다면 최악 중 최악의 상황이 벌어지는 경우 한국은 버려질 것이라는 공포심이 위험하게 증가할 것입니다. 그런 경우에는 한국인들은 차라리 싸우다가 죽으려 할 것입니다.

현재 떠돌고 있는 여러 가지 풍문 중에는―그 중 어떤 것은 근거 없는 소문으로 판명될 것으로 본인은 기대합니다만― 미국의 일부 고위 당국자들이 이 같은 의견을 가지고 있다는 이야기가 꾸준히 나돌고 있습니다. 즉, 한국인들은 이웃나라의 지원 없이는 제나라를 지키지 못하며 한국을 지원할 이웃나라는 일본이라는 것입니다. 만약 이 루머 같은 생각이 실제 정책으로 채택된다면 공산주의자들의 주장이 애국적인 것으로 둔갑할 것이며, 공산당과 싸우는 국내 세력은 굉장히 사기가 저하될 것입니다. 과거의 쓰라린 경험에 비추어 보면 비공산주의적 한국인들은 공산주의를 일본의 지배에 대신할 사상으로 포용하지 않을 수 없을 것입니다.

(2) 대한민국 육군의 증원 계획을 서둘러야 한다고 본인은 믿습니다. 공산주의자들은 가능하면 어디서든, 그리고 모든 가능한 방법으로 그들의 전투 병력을 증강시키고 있습니다. 우리는 자신의 방위를 증강하는 속도에서 공산주의자들에게 뒤져서는 안 됩니다. 한국 병사들의 신뢰도와 전투 능력은 현재의 한국 전쟁에서 상당히 향상되었습니다. 본인은 한국의 인력을 자유세계에서 믿고 사용할 수 있다고 기꺼이 말할 수 있습니다. 만약 한국인

들의 적당한 수를 훈련시키고 장비를 공급하고 무장시킨다면 그들 중 일부는 세계 어디서든지 근무할 수 있는 유엔 헌병으로 양성할 수 있습니다. 그렇게 되면 한국의 안보와는 별개로 세계의 안전을 위한 현명한 계획이 될 것입니다. 본인은 미국 정부가 대한민국 육군 증원을 위해 잘 짜인 계획을 마련하기를 바랍니다. 본인은 한국 국민들이 자국의 안전을 보장받는다면 미국 정부의 설득을 받아 휴전 문제에 잘 협력할 수 있을 것을 믿어 의심치 않습니다.

그리고 한국은 공산주의와의 투쟁에 관한 한 완전한 통합을 이룬 나라라는 사실을 각하에게 강조하기 위해 몇 말씀 더 드릴까 합니다. 우리나라에 가끔 정치적 논쟁이 있는 것은 사실입니다만 이를 정치적 분열이라고 소개하는 것은 왜곡입니다. 사실의 문제로서 자유 토론이 민주주의와 불가분의 관계인 것처럼 논쟁은 자유 토론과 불가분의 관계가 있습니다. 논쟁을 말살하면 민주주의가 말살됩니다.

최근 대통령 선거 방식을 국회에서 선출하는 대신 국민들의 직접 투표로 뽑도록 하고 국회를 양원제로 바꾸는 헌법 개정안이 제안되었습니다. 이 개정안은 공화제 정부의 근거를 확대하고 영속화하는 것을 목적으로 하고 있습니다. 헌법 개정 문제를 둘러싼 최근의 사태 발전이 국민적 통합을 위협하는 것으로 잘못 소개되고 있습니다. 그러나 본인은 각하에게 공개 토론을 위한 자유로운 분위기에서 논의가 이루어지는 한 국민 통합을 해치지 않는다는 것을 다짐합니다. 국민의 의사는 모든 정치 문제를 궁극적으로 결정하는 중재자입니다.

각하의 건강과 성공을 위해 소원과 기도를 드리면서   이승만 드림

자료 : *FRUS 52–54/15*, pp. 114~116.

2. 아이젠하워 미국 대통령이 이승만 대통령에게 보낸 친서 (1953. 6. 6)

친애하는 대통령 각하, 본인은 6월 2일 각하의 5월 30일자 통신문을 받았습니다. 본인은 그 메시지를-그 내용의 중요성에 비추어 당연한 일이지만-주의를 기울여 동정적인 입장에서 읽었습니다.

대한민국은 역사상 모든 시대의 대표적인 서사시적 투쟁으로 기록될 전쟁에 인적·물적 자원을 총동원해 참전했습니다. 각하는 인간적 자유와 국가적 자유가 공산 침략에 대항해 생존해야 한다는 원칙을 위해 각하의 모든 것을 유보 없이 바쳤습니다. 공산 침략은 인간의 존엄성을 유린하고 국가 주권을 모멸적인 위성국 지위와 대체했습니다. 각하의 나라가 싸우고 또 그 많은 청년들이 죽으면서 지키고자 한 하나의 원칙-즉 세계의 모든 자유인들과 자유 국가들을 지키는 원칙-을 지키고자 한 것입니다.

미국은 각하와 함께 일어섰습니다. 그리고 각하와 함께 우리는 유엔군 사령부의 한 부분으로 싸웠습니다. 귀국의 젊은이들과 우리의 젊은이들의 피는 공동의 희생을 위한 제단에 뿌려졌습니다. 그 제단 옆에서 우리는 인간적 자유와 정치적 자유라는 대의에 대한 헌신뿐 아니라 똑같이 중요한 다른 하나의 원칙에 대한 헌신을 과시했습니다. 다른 하나의 원칙이란 상호 의존 없이는 독립이 있을 수 없고 인간들은 공동 운명이라는 유대로 함께 묶여 있다는 사실을 인정하지 않는 한 인간의 자유는 존재할 수 없다는 것입니다.

한국의 통일을 위한 투쟁을 전쟁을 통해 수행할지, 아니면 이런 목표를 정치적 또는 여타 수단으로 추구할지를 우리가 결정해야 할 순간이 마침내 도래했습니다.

약간 넓어진 영토

적은 침략의 과실을 분명히 포기하는 내용이 담긴 휴전 협정을 제의해 왔습니다. 휴전은 대한민국이 〔공산〕 침략 이전에 관할하던 영토에 대한 분쟁 없는 영유를 한국에 남겨줄 것입니다. 실제로 이 영토는 약간 확장될 것입니다.

제안된 휴전 협정은 정치적 망명처의 원칙에 충실해 우리 손에 있는 북한 및 여타 공산 포로들―그들은 자유를 목격했고 자유를 갖기를 희망함―은 자유를 가질 기회를 갖게 될 것이며 공산 지역에 강제로 송환되지 않을 것입니다. 정치적 망명처의 원칙은 설사 우리가 인간적 물질적 손실에 이른 시기에 종지부를 찍더라도 우리가 명예롭게 포기할 수 없는 것입니다. 우리는 이 원칙을 지지하느라 수천 명의 인명 피해를 함께 입었습니다.

이 같은 환경 아래서 휴전을 수락하는 것이 유엔과 대한민국에 요구되고 있다는 것이 나의 확고한 신념입니다. 한국 통일을 힘으로 성취하겠다는 희망을 품고 이 모든 비참(스러운 상황)이 수반되는 전쟁을 우리가 연장하는 것은 정당화될 수 없습니다.

한국의 통일은 미국이 제2차 세계 대전 선언을 통해, 그리고 유엔에서 결정한 한국에 관련된 원칙들의 수락을 통해, 한 번이 아니고 여러 번에 걸쳐, 미국이 공약해 온 목표입니다. 한국은 불행하게도 제2차 세계 대전 후 분단 상태가 지속되고 있는 유일한 나라는 아닙니다. 우리는 그렇게 분단된 모든 국가들의 정치적 통합을 성취하기 위해 우리의 역할을 계속 다하고 있습니다. 그러나 우리는 우리가 그 동안 헌신해 왔고 또한 정의롭다고 믿은 세계적 규모의 정치적 타결을 성취하기 위한 수단으로 전쟁을 동원할 의도는 없습니다. 북한이 남한을 그들의 지배 아래 두기 위해 통일을 하려고 폭력을 사용한 것은 실로 하나의 범죄입니다. 나는 각하의 공식적인 친구로서 뿐만 아니라 개인적 친구로서 각하의 나라가 비슷한 경로를 밟지 않기를 촉구합니다.

본인이 각하에게 말씀드리고 싶은 세 가지 주요한 사항이 있습니다.

(1) 미국은 한국의 통일을 위해 모든 평화적 수단에 의한 노력들을 포기하지 않을 것입니다. 또한 유엔의 회원국으로서 우리는 유엔 회원국들이 계속해서 이 같은 견지에 입각한 결의를 지키기를 다짐할 의향입니다. 그것은 휴전 후 개최될 정치 회담에서의 우리들의 중심적 목표입니다. 미국은 그 같은 정치 회담의 개최 이전 및 개최 중에 귀국 정부와 협의할 것이며, 또한 귀국이 그 정치 회담에 참석하기를 기대하고 있습니다.

(2) 각하께서는 상호방위조약을 말씀하십니다. 본인은 휴전 협상의 종결과 휴전 협정의 수락 후 신속하게 상호방위조약을 위해 각하와 협상할 준비를 갖추고 있습니다. 한국과의 상호방위조약은 지금까지 미국이 필리핀 공화국과, 그리고 미국이 오스트레일리아 및 뉴질랜드와 맺은 조약들의 수준에서 체결될 것입니다. 각하께서는 아마 이들 두 가지 조약들이 태평양 지역의 지역 안보를 위한 보다 포괄적인 제도의 발전을 표방하고 있다는 사실을 회상하실 수 있을 것입니다. 미국과 대한민국의 안보 조약은 그 같은 방향에서 한 단계 더 진전된 것이 될 것입니다. 그 조약은 현재 및 향후에 대한민국의 행정권 아래 평화적으로 귀속될 영토에 관해 규정할 것입니다. 물론 각하는 우리의 헌법 제도 아래서 어떤 조약도 오직 상원의 조언과 동의가 있어야 성립된다는 점을 알고 계실 줄 압니다. 그러나 확실히 미국이 지금까지 취한 행동과 한국의 독립을 위해 이미 바친 피와 보물의 위대한 투자는 도발 받지 않은 침략의 반복을 용인하지 않는 미국의 기질과 의향의

표현입니다.

(3) 미국 정부는 필수적인 국회의 예산 배정을 받아 대한민국에 경제 지원을 계속할 용의가 있습니다. 그 경제 지원은 평시에는 피폐화된 국토의 회복을 가능하게 할 것입니다. 국민들의 주택들이 재건되고 산업도 재건될 것입니다. 그리고 농업도 활발한 생산성을 갖게 될 것입니다.

헌법의 목표도 언급

미국 헌법의 전문은 우리 인민들의 목표를 밝히고 있습니다. 본인이 알기에는 한국의 용감한 국민들의 목표도 동일할 줄 압니다만, 그것은 즉 "보다 완전한 연방을 구성하고, 정의를 확립하며, 국내 치안을 확보하고, 공동의 방위를 제공하며, 보편적 복지를 증진하고, 자유의 축복을 확보한다"는 것입니다. 분명히 이런 상태 모두가 한국에서 현재 보장된 것은 아니겠지요. 더구나 현재의 상황에서는 그것들은 현재의 전쟁 계속이나 새로운 전쟁이라는 무모한 모험으로 이루어지지는 못할 것입니다. 이들 목표는 오직 평화적 수단에 의해서만 성취될 것입니다.

휴전 협정의 체결과 함께 미국은 대한민국과 함께 이 같은 대한민국의 목표 달성을 위해 노력할 것입니다. 우리는 한국에서도 보다 완전한 통일 국가를 이룩해야 한다고 믿습니다. 본인이 말한 대로 우리는 그러한 통일 국가를 모든 평화적 방법으로 성취해야 합니다. 우리는 국내적 치안도 확보해야 하는데 이를 위해서는 전쟁이 끝나야 합니다. 또한 한국의 방위를 위한 보장 조치들도 있어야 합니다. 그것은 우리가 현재 체결을 준비하고 있는 상호방위조약으로 될 것입니다. 보편적 복지는 발전되지 않으면 안 됩니다. 그것은 각하의 나라에서 평화 시의 노력으로 가능할 것이며, 전쟁으로 황폐화한 나라에 대한 경제 원조로 가능할 것입니다. 마지막으로, 〔전쟁의〕 평화적 수습은 귀국 국민들에게 자유의 축복을 가져올 최선의 기회를 제공할 것입니다.

친애하는 대통령 각하, 본인은 각하에게 미국이 관련된 이상 대한민국과의 우정 관계를 발전시키고자 하는 것이 우리의 열망이라는 사실을 다짐하는 바입니다. 이 엄중한 시기에는 심지어 분열의 사고도 비극입니다. 우리들의 단결을 위해.

드와이트 D. 아이젠하워 드림

자료 : *The New York Times*, 1953. 6. 8.자.

1. 한미상호방위조약 전문 (1953. 10. 1.)

본 조약의 당사국은 모든 국민과 모든 정부와 평화적으로 생활하고자 하는 희망을 재확인하며, 또한 태평양지역에 있어서의 평화기구를 공고히 할 것을 희망하고, 당사국 중 어느 1국이 태평양지역에 있어서 고립하여 있다는 환각을 어떠한 잠재적 침략자도 가지지 않도록 외부로부터의 무력 공격에 대하여 자신을 방위하고자 하는 공동의 결의를 공공연히 또한 정식으로 선언할 것을 희망하고, 또한 태평양지역에 있어서 더욱 포괄적이고 효과적인 지역적 안전보장 조직이 발달될 때까지 평화와 안전을 유지하고자 집단적 방위를 위한 노력을 공고히 할 것을 희망하여 다음과 같이 동의한다.

제1조 당사국은 관련될지 모르는 어떠한 국제적 분쟁이라도 국제적 평화와 안전과 정의를 위태롭게 하지 않는 방법으로 평화적 수단에 의하여 해결하고, 또한 국제 관계에 있어서 국제 연합의 목적이나 당사국이 국제 연합에 대하여 부담한 의무에 배치되는 방법으로 무력으로 위협하거나 무력을 행사함을 삼갈 것을 약속한다.

제2조 당사국 중 어느 1국의 정치적 독립 또는 안전이 외부로부터의 무력 공격에 의하여 위협을 받고 있다고 어느 당사국이든지 인정할 때에는 언제든지 당사국은 서로 협의한다. 당사국은 단독적으로나 공동으로나 자조와

상호 원조에 의하여 무력 공격을 저지하기 위한 적절한 수단을 지속하여 강화시킬 것이며, 본 조약을 실행하고 그 목적을 추진할 적절한 조치를 협의와 합의하에 취할 것이다.

제3조 각 당사국은 他 당사국의 행정 지배하에 있는 영토와 각 당사국이 他 당사국의 행정 지배하에 합법적으로 들어갔다고 인정하는 금후의 영토에 있어서 他 당사국에 대한 태평양지역에 있어서의 무력 공격을 자국의 평화와 안전을 위태롭게 하는 것이라고 인정하고 공통한 위험에 대처하기 위해 각자의 헌법상의 수속에 따라 행동할 것을 선언한다.

제4조 상호 합의에 의하여 미합중국의 육군, 해군, 공군을 대한민국의 영토 內와 그 부근에 배비하는 권리를 대한민국은 이를 허용하고 미합중국은 이를 수락한다.

제5조 본 조약은 대한민국과 미 합중국에 의하여 각자의 헌법상의 수속에 따라 비준되어야 하며, 그 비준서가 양국에 의하여 워싱턴에서 교환되었을 때 효력을 발생한다.

제6조 본 조약은 무기한으로 유효하다. 어느 당사국이든지 他 당사국에 통고한 후 1년 후에 본 조약을 종지시킬 수 있다. 이상의 증거로서 하기 全權위원은 본 조약에 서명한다.

본 조약은 1953년 10월 1일에 워싱턴에서 한국문과 영문으로 두 벌로 작성됨.

대한민국을 위해서 변영태

미 합중국을 위해서 존 포스터 덜레스

자료: http://treatyweb.mofa.go.kr/JobGuide.do

2. Mutual Defense Treaty Between the United States and the Republic of Korea

The Parties to this Treaty,

Reaffirming their desire to live in peace with all peoples and an governments, and desiring to strengthen the fabric of peace in the Pacific area,

Desiring to declare publicly and formally their common determination to defend themselves against external armed attack so that no potential aggressor could be under the illusion that either of them stands alone in the Pacific area, Desiring further to strengthen their efforts for collective defense for the preservation of peace and security pending the development of a more comprehensive and effective system of regional security in the Pacific area,

Have agreed as follows:

ARTICLE I

The Parties undertake to settle any international disputes in which they may be involved by peaceful means in such a manner that international peace and security and justice are not endangered and to refrain in their international relations from the threat or use of force in any manner inconsistent with the Purposes of the United Nations, or obligations assumed by any Party toward the United Nations.

ARTICLE II

The Parties will consult together whenever, in the opinion of either of them, the political independence or security of either of the Parties is threatened by external armed attack. Separately and jointly, by self help and mutual aid, the Parties will maintain and develop appropriate means to deter armed attack and will take suitable measures in consultation and agreement to implement this Treaty and to further its purposes.

ARTICLE III

Each Party recognizes that an armed attack in the Pacific area on either of the Parties in territories now under their respective administrative control, or hereafter recognized by one of the Parties as lawfully brought under the administrative control of the other, would be dangerous to its own peace and safety and declares that it would act to meet the common danger in accordance with its constitutional processes.

ARTICLE IV

The Republic of Korea grants, and the United States of America accepts, the right to dispose United States land, air and sea forces in and about the territory of the Republic of Korea as determined by mutual agreement.

ARTICLE V

This Treaty shall be ratified by the United States of America and the Republic of Korea in accordance with their respective constitutional processes and will come into force when instruments of ratification thereof have been exchanged by them at Washington.

ARTICLE VI

This Treaty shall remain in force indefinitely. Either Party may terminate it one year after notice has been given to the other Party.

IN WITNESS WHEREOF the undersigned Plenipotentiaries have signed this Treaty.

DONE in duplicate at Washington, in the English and Korean languages, this first day of October 1953.

자료: http://treatyweb.mofa.go.kr/JobGuide.do.

3. 한미 합의의사록
(한국에 대한 군사 및 경제 원조에 관한 대한민국과 미 합중국 간의 합의 의사록)

1954년 11월 17일 서울에서 서명

1954년 11월 17일 발효

1955년 8월 12일 워싱턴에서 수정

1955년 8월 12일 수정 발효

대한민국과 미합중국의 공동 이익은 긴밀한 협조를 계속 유지하는 데 있는바 이는 상호 유익함을 입증하였으며 자유세계가 공산 침략에 대하여 투쟁하며 자유로운 생존을 계속하고자 하는 결의를 위하여 중요한 역할을 한 것이다. 따라서 대한민국은 다음 사항을 이행할 의도를 가지고 있으며 또한 이를 그의 정책으로 삼는다.

1. 한국은 국제 연합을 통한 가능한 노력을 포함하는 국토 통일을 위한 노력에 있어서 미국과 협조한다.

2. 국제 연합 사령부가 대한민국의 방위를 위한 책임을 부담하는 동안 대한민국 국군을 국제 연합 사령부의 작전지휘권하에 둔다. 그러나 양국의 상호적 및 개별적 이익이 변경에 의하여 가장 잘 성취될 것이라고 협의 후 합의되는 경우에는 이를 변경할 수 있다.

3. 경제적 안정에 배치하지 않고 이용할 수 있는 자원 내에서 효과적인 군사 계획의 유지를 가능케 하는 부록 B에 규정된 바의 국군 병력 기준과 원칙을 수락한다.

4. 투자 기업의 사유 제도를 계속 장려한다.

5. 미국의 법률과 원조 계획에 일반적으로 적용되는 관행에 부합하는 미국 정부의 원조 자금의 관리를 위한 절차에 협조한다.

6. 부록 A에 제시된 것을 포함하여 경제 계획을 유효히 실시함에 필요한 조치를 취한다. 대한민국이 실현하겠다고 선언한 조건에 기하여 미합중국은 다음 사항을 이행할 의도를 가지고 있으며 또한 이를 그의 정책으로 삼는다.

1) 1955 회계 연도에 총액 7억불에 달하는 계획적인 경제 원조 및 직접적 군사 원조로써 대한민국이 정치적, 경제적 및 군사적으로 강화되도록 원조하는 미국의 계획을 계속한다. 이 금액은 1955 회계 연도의 한국에 대한 원조액으로 기왕에 미국이 상상하였던 액보다 1억불 이상을 초과하는 것이다. 이 총액 중 한국민간구호계획의 이월금과 국제 연합 한국재건단에 대한 미국의 거출금을 포함하는 1955 회계 연도의 계획적인 경제 원조 금액은 약 2억 8천만 불에 달한다(1955 회계 연도의 실제 지출은 약 2억 5천만 불로 예상된다).

2) 양국 정부의 적당한 군사 대표들에 의하여 작성될 절차에 따라 부록 B에 약술한 바와 같이 예비군제도를 포함한 증강된 대한민국의 군비를 지원한다.

3) 대한민국의 군비를 지원하기 위한 계획을 실시함에 있어서 대한민국의 적당한 군사 대표들과 충분히 협의한다.

4) 대한민국에 대한 도발에 의하지 않는 침공이 있을 경우에는 미국의 헌법 절차에 의거하여 침략자에 대하여 그 군사력을 사용한다.

5) 필요한 국회의 승인을 조건으로 하여 한국의 재건을 위한 경제 계획을 계속 추진한다.

1954년 11월 17일 대한민국 서울에서

대한민국 외무부장관 변 영 태

대한민국 주재 미합중국 대사 엘리스. 오. 브릭스

자료: http://treatyweb.mofa.go.kr/JobGuide.do.

한미 합의의사록 부록 A
(효과적인 경제 계획을 위한 조치)

대한민국은 경제 계획을 효과적인 것으로 하기 위하여 다음 사항을 포함하는 필요한 조치를 취한다. 1. 환율에 관하여는, 대한민국 정부의 공정 환율과 대충자금 환율을 180 대 1로 하고, 한국은행을 통하여 불화를 공매함으로써 조달되는 미국군의 환화 차출금에 충당하기 위하여 공정 환율과 상이한 현실적인 환율로 교환되는 불화 교환에 관하여 미국이 제의한 절차에 동의하며, 일반적으로 원조 물자도 유사한 환율에 의한 가격으로 한국 경제에 도입함으로써 그러한 재원의 사용으로부터 한국 경제와 한국 예산에 대한 최대한도의 공헌을 얻도록 한다. 미국에 의한 환화 차출에 관한 현존 협정들의 운영은 전기한 조치가 실제에 있어서 양국 정부에 다 같이 만족하게 실시되는 한 이를 정지한다. 2. 미국이 현물로 공여하지 않은 원조 계획을 위한 물자는 어떠한 비공산주의 국가에서든지 소요의 품질의 물자를 최저 가격으로 구입할 수 있는 곳에서 구매하는 데 동의한다(이는 세계적인 경제 가격에 의한 가능한 최대한의 구매를 한국에서 행함을 목적으로 하는 것임). 3. 한국 자신의 보유 외화의 사용을 위한 계획에 관한 적절한 정보를 관계 미국 대표들에게 제공한다. 4. 한국 예산을 균형화하고 계속하여 "인푸레"를 억제하기 위한 현실적인 노력을 행한다(양국 정부의 목적하는 바는 한국 예산을 "인푸레"를 억제할 수 있는 방식으로 발전시키는 데 있다).

1954년 11월 17일자 합의 의사록에 대한 수정

1954년 11월 17일에 서명된 대한민국 정부와 미합중국 정부 간의 합의 의사록 부록 A의 제1항은 1955년 8월 15일자로 다음과 같이 수정된다. 대한민국 정부 및 그 기관의 모든 외환 거래를 위한 환율로써 1955년 8월 15일자로 대한민국에 의하여 제정될 미화 1불 대 5백 환의 공정 환율은 한국으로 물자 및 역무를 도입하기 위하여 공여되는 미국의 원조에 대하여 다음 것을 제외하고 적용된다.

(가) 미국 원산인 석탄은 1956년 6월 30일에 종료될 회계 연도 기간 중 공정 환율의 40% 이상에 해당하는 환율로 가격을 정할 수 있다.

(나) 비료는 즉시 공정 환율의 50% 이상에 해당하는 환율로 가격을 정할 수 있으나 1956년 1월 1일 이후에는 공정 환율로 인상하여야 한다.

(다) 이윤을 목적으로 하지 않는 사업을 위한 투자형의 물품

(라) 구호물자 이윤을 목적으로 하는 사업을 위한 투자형 물품에 대하여는 합동경제위원회가 차등 환율 또는 보조금의 형식을 통하여 감률을 건의하지 않는 한 공정 환율로 가격을 정한다. 공정 환율은 미국군에 의한 환화 구입에 적용된다. 미합중국 정부는 한국의 안정된 경제 상태를 발전시키기 위한 대한민국 정부의 노력에 대하여 이 목적을 위하여 이용할 수 있는 자원의 범위 내에서 협조한다. 이 점에 관하여 양국 정부는 신속한 행동에 의하여 원조 계획을 조속히 완성으로 이끌어야 한다는 목적에 대하여 특별한 관심을 경주한다. 1954년 11월 17일자의 합의 의사록 부록 A에 대한 이 개정의 효력 발생 일자 이전에 존재하였던 미국에 의한 환화 취득에 관한 협정들은 원 합의 의사록 부록 A의 제1항에서 원래 승인하였던 협정을 포함하여 전기한 조치가 실제에 있어서 양국 정부에 다 같이 만족하게 실시되는 한 이를 정지한다.

1955년 8월 12일 미국 워싱턴에서

대한민국 정부를 위하여 : 양 유 찬

미 합중국 정부를 위하여 : 월터 에스 로버트슨

자료: http://treatyweb.mofa.go.kr/JobGuide.do.

4. Agreed Minutes and Amendment Thereto between the Government of the Republic of Korea and the Government of the United States of America relating to Continued Cooperation in Economic and Military Matters and Amendment to the Agreed Minute of November 17, 1954.

It is in the mutual interest of the United States and the Republic of Korea to continue the close cooperation which has proved mutually beneficial and has played such an important part in the Free World's struggle against Communist aggression and its determination to remain free.

Accordingly,

It is the intention and policy of the Republic of Korea to:

1. Cooperate with the United States in its efforts to unify Korea, including possible efforts through the United Nations to secure this objective;

2. Retain Republic of Korea forces under the operational control of the United Nations Command while that Command has responsibilities for the defense of the Republic of Korea, unless after consultation it is agreed that our mutual and individual interests would best be served by a change;

3. Accept the force levels and principles set forth in Appendix B which will permit the maintenance of an effective military program consistent with economic stability and within available resources;

4. Continue to encourage private ownership of investment projects;

5. Cooperate in procedures for administration of United State said funds consistent with United States legislation and the practices applied generally in such programs;

6. Take the necessary measures to make the economic program effective, including those set forth in Appendix A.

Based upon the conditions which the Republic of Korea declares it will create, it is the intention and policy of the United States to:

1. Continue its program of helping to strengthen the Republic of Korea politically, economically and militarily, with programmed economic aid and direct military assistance furnished during Fiscal Year 1955 to aggregate up to $700 million. This amount would exceed by more than $100 million the amount of assistance previously contemplated by the United States for Korea in Fiscal Year 1955. Of this total, programmed economic aid, including the CRIK carry over and the United States contribution to UNKRA, available for obligation in Fiscal Year 1955 would amount to approximately $280 million (actual expenditures in Fiscal Year 1955 are estimated at approximately $250million);

2. Support a strengthened Republic of Korea military establishment as outlined in Appendix B, including the development of a reserve system, in accordance with arrangements to be worked out by appropriate military representatives of the two Governments;

3. Consult fully with appropriate military representatives of the Repub-

lic of Korea in the implementation of the program for support of the Republic of Korea military establishment;

4. In the event of an unprovoked attack upon the Republic of Korea in violation of the armistice,

to employ, in accordance with its constitutional processes, its military power against the aggressor;

5. Subject to the necessary Congressional authorizations, continue to press forward with the economic program for the rehabituation of Korea.

Appendix A(Measures for an Effective Economic Program)

The Republic of Korea will undertake the necessary measures to make the economic program effective, including:

1. With respect to exchange rates, the official rate of the Republic of Korea Government and the counterpart rate being 180 to 1, agreement to procedures as proposed by the United States for the conversion of dollars at a different and realistic exchange rate to cover drawings of United States forces by sale of dollars through the Bank of Korea, and generally to price aid goods into the Korean economy at a similar rate, thereby providing for the maximum contribution to the Korean economy and to the Korean budget from use of these resources. The operation of existing agreements with respect to hwan drawings by the United States will be suspended so long as the foregoing arrangements work out in practice to the mutual satisfac-

tion of both Governments;

2. Agreement that material for the aid program-not furnished from the United States in kind-will be procured wherever in non-Communist countries goods of the required quality can be obtained at the best price (it being the objective to perform the maximum possible procurement in Korea at competitive world prices);

3. Provision of adequate information to the appropriate United States representatives concerning Korean plans for the use of their own foreign exchange; and

4. A realistic effort to balance its budget and continue to resist inflation (it will be the objective of both Governments to develop the budget of the Republic of Korea in a manner that will resist inflation).

Amendment To Appendix A of The Agreed Minutes of November 17, 1954(related with The Rise of Exchange Rate from 180 hwan to 1 US dollar to 300 hwan to 1 US dollar, Effective August 15, 1955. Details skipped, See the Korean Full Version).

자료: http://treatyweb.mofa.go.kr/JobGuide.do

5. 이승만 대통령 정부 전복 계획 (1952. 7. 5)

1. 이 상세한 계획은 일련의 돌발 사태에 대처하기 위해 준비된 것임. 이 계획들은 제8군과 조정하고 무초 대사와 협의한 것이다. 본관(클라크)은 본관의 대표를 국제 연합 한국통일부흥위원회(UNKURK, 언커크)와 면담하게 하고 본관의 계획을 설명했으나 언커크 측은 어떤 개입 계획의 존재도 알지 못했다.

2. 이 계획은 관련 국가들이 결정적 행동을 요구해도 만약 요구사항이 수용되지 않을 경우 모든 계획 이 후속 조치를 위해 완성될 때까지 언커크, 주한 미국 대사관, 그리고 유엔 사령관이 합동으로 이승만에게 어떤 요구를 제시해야 한다고 생각하지 않는다. 본관은 그 개입이 언커크의 요구에 근거해야 한다고 미국 합참본부에 건의하는 것이 바람직하다고 믿지 않았으므로 본관의 대표가 언커크에 이를 통보하지 않았다. 본관의 의견으로는 언커크가 그들의 건의를 정상적인 보고 경로를 통해 제시하는 것이 자신의 적절한 절차가 될 것이다. 언커크는 의심할 나위 없이 연합군 사령관이 이승만에 대해 강경한 입장에 서야 한다고 느끼는 것 같으나 강력한 입장이 이승만으로부터 묵살당하는 경우 어떤 후속 조치를 기대하는 것을 바라지 않는 것으로 보인다.

3. 대체적으로 합의된 원칙은 유엔군 사령부 정부 수립에 이르지 않는 어떤 행동에 있어서도 대한민국 정부의 상징은 보존되어야 하며 설사 일정 규모의 통제가 필요하다는 가정이 서는 경우에도 유엔군 사령부의 이름으로 하는 행동은 '지원'으로 호칭되어야 한다. 대한민국 육군의 단독 활용은 그것이 내전 형태를 촉발할 수 있고, 혹시 그런 결과가 나오지 않더라도 같은 국민에 대항해 행동한 대한민국 육군의 개인들에게 심각한 후유증을 일으

킬 우려가 있기 때문에 이를 추천할만한 것으로 생각되지 않으므로 고려대상이 아니다. 본관은 유엔군 사령부 휘하의 유엔군 병력으로 증원된 대한민국 육군 부대의 주력 인원을 사용하는 것이 더 나은 것으로 생각한다.

4. 본관은 본관의 임무에 영향을 주는 광범위한 무질서 상태가 발생하는 경우 행동을 취할 준비가 되어 있다. 만약 시간이 있다면 한국에서 공산 침략에 대항하는 전쟁에 적극적으로 참전한 국가들의 요구에 의하여 어떤 행동이 취해지는 것이 더욱 바람직하다.

5. 본건은 유엔 안전보장이사회에 회부하면 이 계획을 미성숙한 것으로 만드는 홍보 효과를 초래할 가능성이 있고 이승만으로 하여금 외국의 간섭에 대항하는 저항 운동을 조직하게 할 우려가 있으므로 안보리 회부는 고려하지 않는다.

6. 개입이 필요한 경우에 대비하기 위해 본관은 다음과 같은 실행 노선을 마련한 상세한 계획을 마련했다.

　　a. 이승만 대통령을 서울 또는 그를 부산으로부터 떠나게 할, 어디든 다른 지역을 방문하도록 초청한다.

　　b. 적절한 시간에 유엔군 특공대가 부산지역으로 진입해 이승만의 독재적 행동을 한 핵심적인 대한민국 관리 5 내지 10명을 체포하여 유엔군 사령부 시설과 추천할만한 대한민국 시설에 보호감금하고 대한민국 육군참모총장으로 하여금 계엄하의 통치권을 계엄이 해제될 때까지 인수받게 한다.

　　c. 그 다음 단계로 이승만이 이 같은 행동을 '기정사실'로 통고받은 다음 계엄을 해제하고 국회에 행동의 자유와 그의 각종 강권 무력기관으로부터의 언론·방송 자유를 보장하는 포고령에 서명하도록 그에게 간청한다.

d. 만약 이승만이 포고령에 서명하기를 거부하는 경우에는 그를 의사 소통 금지 상태로 보호감금하고 비슷한 내용의 포고령이 장면 국무총리에게 교부된다.

e. 장면 국무총리는 동의할 것으로 믿어진다. 그러나 그가 동의하지 않는다면 유엔군 사령부 산하의 임시정부 수립을 위한 다음 단계의 조치를 강구하는 것이 필요할 것이다.

f. 이승만 혹은 장면이 군사적 이유와 (만약 적당하다면) 참전 국가들의 요구에 따라 유엔군 사령부가 개입해 유엔의 임무에 간섭하는 불법 행위를 범한 몇몇 개인들을 해임했다는 취지의 성명서 를 언론에 발표한다. 이 성명서는 대한민국 정부가 이 같은 행동을 취하고 유엔군 사령부가 이를 지원했다는 사실을 강조할 것이다.

7. 국회의원 10명이 어제 밤에 석방되고 국회가 어제 밤에 타협된 개헌안을 통과시켰기 때문에 대한 민국의 정치적 상황은 곧 정상으로 돌아갈 것이다. 어떤 돌발 사태에 대비해서 준비된 일반 계획과 개략적인 구체계획은 미래에 필요한 경우를 위해 완성하고 이를 서류로 철해 둔다.

자료: The Commander in Chief, United Nations Command(Clark) to the Chief of Staff, United States Army(Collins), 1952. 7. 5., *FRUS 52-54/15*, pp. 377~379.

6. 에버레디 계획 요강 (1953. 5. 4)

1. 임무: 정전 협정의 체결 이전 또는 이후에 한국군의 작전 통제가 약화되거나 상실되는 사태가 발생하는 경우 제8군은 유엔군 사령부의 병력과 한국에서의 보급을 보호하고 정전 협정에 관련된 유엔의 입장이 유지되도록 보장하기 위해 신속한 행동을 취한다.

2. 가정들:

   a. 정전 협정이 협상중이거나 방금 체결되어 유엔군은 현재의 전선 또는 확대된 와이오밍선을 끼고 전개 중이다.

   b. 한국 정부와 국민들이 정전 협정의 조항들을 수락하기를 꺼려 할 수 있으며 이런 태도가 격렬도에 따라 다음 조건들 중 하나를 조성할지 모른다.

   (1) 한국 군대가 공개적으로 적대적이지는 않지만 유엔군의 지령에 따르지 않는 경우

   (2) 한국 정부와 군부대들이 독자적 행동 노선을 따라 나아갈 경우

   (3) 한국 정부와 군부대 또는 국민들이 공개적으로 유엔군 부대에 적대적일 경우

   c. 유엔군과 한국 육군의 관계가 점차적으로 또는 급격하게 악화하여 전항에 서술된 조건들이 연속적으로 확대하거나 다음 조건들 중 어느 하나가 촉박한 통보 끝에 발생하는 경우.

   d. 공산군이 어느 때든 공격할 수 있는 상황.

3. 정보: 부록 1의 정보

4. 작전의 개념

   a. 수행할 임무

조건 1. 〔비호응〕

(1) 한국 정부와 한국 육군의 활동에 대한 미군 방첩대의 활동을 강화함.

(2) 서울 지역과 서울—대전 구간 철도를 수비하는 임무를 위해 A사단, 육군 예비부대 및 #1 기동대에 비상을 걸 것.

(3) C사단, 육군 예비대의 임무:

(a) 부산과 대구 지역을 8군 사령관과 KCOMZ(한국통신구역) 지휘아래서 안전하게 하기 위해 한국 남동부지역으로 이동 준비를 함.

(b) 사단의 포병대 지휘권을 제10군단에 인계할 준비를 함.

(4) 미군 제1군단—의정부지역의 확보를 준비함.

(5) 미군 제9군단—춘천지역의 확보를 준비함.

(6) 미군 제10군단—원주지역의 확보를 준비함.

(7) 해군과 공군부대 사령관들에게 적절하게 비상을 검.

(8) 전초지역의 보급 수준을 감소하는 행동에 착수함.

(9) 추가로 다음 항의 4b단락에 명단이 있는 부대로부터 상황에 적절한 다른 행동을 취함.

조건 2. 〔독자적〕

(1) 조건 1의 임무를 필요한 것으로 인정해 수행함.

(2) 필수적인 시설 주변의 한국군 부대를 덜 민감한 지역으로 이동시킴.

(3) 지역 방어 책임을 지고 있는 사령관들은 시설과 부대를 집중하고 중요하지 않은 시설을 폐쇄하고 한국군 보안부대를 축소하고 무장해제를 하며, 그 지역에 주둔중인 유엔군을 최

대한으로 활용해 긴요한 시설에 대한 강력한 보안 체제를 수립함.

(4) 유엔군은 다음과 같이 해당 지역들을 경비함.

(a) 육군 예비대—서울, 서울–대전간 철도

(b) 미군 제1군단–의정부

(c) 미군 제9군단–춘천

(d) 미군 제10군단–원주

(5) C사단–한국 남동지역으로 이동(준비 중)

(6) 필요하다면 충성스러운 한국군 부대에 미군 보급부대와 창고로부터 보급품을 지원함.

(7) 긴요하지 않은 보급품을 외주로 돌림.

(8) 필요한 경우 민간인 이동을 제한함.

(9) 추가적으로 아래의 4b단락에 명단이 있는 부대들로부터 다른 행동도 상황에 적절한 경우에는 취함.

조건 3. 〔적대적〕

(1) 필요하다면 조건 1과 조건 2의 임무를 수행함.

(2) 유엔군과 의존할만한 한국군 병력을 재편성하고 명령에 따라 적절한 방어지점으로 순차적 후퇴를 시행함.

(3) 추가적으로 아래의 4b단락에 명단이 있는 부대들로부터 다른 행동도 상황에 적절한 경우에 취함.

b. 적절한 것으로 인정되는 가능한 조치들

(1) 한국군 육군참모총장을 파견하며 명령 집행을 확보하도록 그에게 지시함.

(2) 불만을 품은 사령관들과 회합함.

(3) 충성심 없거나 반항적인 지휘관들을 해임하고 개인적으로 미8군 사령관에게 충성스러운 사령관들로 대체함.

(4) 충성스러운 한국군 장교 팀을 파견해 유엔군이 취하는 행동의 이유를 구두로 대한민국 군부대들에 설명하도록 함.

(5) 병참 지원의 계속은 유엔의 정책을 완전 준수하는 것을 조건으로 하고 있다는 사실을 반항적인 부대에 고지함.

(6) 불만을 품은 부대에는 유류와 탄약의 공급을 중단하고 한국군의 보급경로를 미군시설로 이동시킴.

(7) 유엔군 총사령관에게 한국 대통령에게 명령 준수를 요청하라고 요구함.

(8) 한국 국민과 군대에 다음의 경로를 통해 유엔의 정책과 당위성을 선언하도록 유엔군 총사령관에게 추천함.

　(a) 미국의 라디오 시설들　(b) 차량 및 항공 이용 확성기

　(c) 대체된 한국 라디오 시설　(d) 현수막 전단 인쇄물

(9) 미 제5공군 사령관의 조치에 따라 한국 공군기의 착륙을 포함한 포대 및 공중 지원을 철회함.

(10) 한국 육군이 사용하고 있는 미군 보급품과 장비의 반환을 요구함.

(11) 불만을 품은 한국 육군부대와 그들의 사령부 및 한국 정부와의 모든 통신을 차단함.

(12) 육군지역에서의 전화, 전신, 라디오, 버스, 철도 및 수상운수를 포함한 한국의 민간 및 군사 통신 및 교통의 통제를 확보함.

(13) 미국의 시설 내의 반체제분자들의 수중에 있는 모든 보급품을 압수 분산 확보함.

(14) 유엔의 이름으로 계엄령을 선포하고 질서를 확립함.

(15) 반체제적인 군부 및 민간 지도자들의 구금을 확보함.

(16) 유엔의 이름으로 군사 정부를 선포함.

　c. 병력의 소재지: 부록 2.

5. 이 계획의 집행에 사용될 수 있는 병력

　　a. 미 육군 제1군단-1개 유엔군 사단과 1개 미군 사단

　　b. 미군 제9군단-2개 미군 사단

　　c. 미군 제10군단-1개 미군 사단

　　d. 육군 예비대-3개 미군 사단

　　(주: 유엔군의 지시에 복종하는 모든 대한민국 병력을 사용함)

6. 병참: 부록 3, 병참(생략)

자료: Paper Submitted by the Commanding General of the United States Eighth

　　Army(Taylor), Outline PLAN EVERREADY, 1953. 5. 4, *ibid*, pp. 965~968.

7. 에버레디 수정 계획 (1953. 6. 8)

미국 정부가 이승만 대통령에게 한미상호방위조약 체결을 약속했음에도 불구하고 이승만 대통령이 중공군의 동시 철수 보장 등 다른 요구 조건을 내세움으로써 정전 협정 체결에 소극적인 태도를 보이자 클라크 유엔군 총사령관은 이미 5월 말에 폐기했던 에버레디 작전을 수정해 이승만 대통령의 정전 협상 반대에 대비하는 비상대책을 수립했다. 6월 8일 클라크는 워싱턴의 합동참모부에 보낸 전문에서 에버레디 작전 수정안을 입안한 사실을 보고했다. 그 내용은 다음과 같다.

제1부

① 현재 진행 중인 정전 협상의 진전에 따라 대한민국 정부가 일방적인 행동을 취할지 모를 희박한 가능성에 대비하기 위해 본관은 현재의 정세에 비추어 기존 명령을 검토한 결과 다음과 같이 제2부에 들어 있는 새로운 지시를 내렸음.

② 모든 부대 사령관들은 정세에 충분히 대비하기 위한 경계를 취한 가운데 해당 계획을 수정했음.

③ 본관 휘하의 모든 사령관들에 대한 본관의 지시는 합참에 전보로 보고될 것임. 이는 이들 지시를 수행함에 있어서 필요해지는 조치들이 파악될 수 있도록 하기 위한 것임.

제2부

미 육군 극동사령관, 미 해군 극동사령관, 미 공군 극동사령관 귀하.

① 유효 시기: 본 문서의 규정들은 지시가 하달되는 즉시 계획 수립의 목

적을 위해 유효하며, 그 집행은 오로지 본관의 개별적 명령이 하달된 경우에 한함.

② 참고사항:

  a. 1952년 12월 29일자 극동군 사령부 명령문

  b. 1953년 5월 4일자 제8군의 '에버레디 작전 개요'

③ (명령 수행에 필요한) 가상조건

  a. 유엔군 사령부가 현재 제안된 정전 협정을 수락하기로 약속하는 경우.

  b. 유엔군 사령부가 이 같은 정전 협정의 규정들을 준수할 책임을 맡는 경우.

  c. 현재의 대한민국 정부가 정전 협정의 조항들을 수락하기를 꺼려 그 꺼리는 행위가 다음과 같은 조건을 조성하는 경우

    (1) 대한민국 국군이 공개적으로 적대적이 아니면서도 유엔군 사령부의 지시에 응하지 않는 경우(조건 A)

    (2) 대한민국 정부와 군부대들이 독립적 행동 노선을 따르는 경우(조건 B)

    (3) 대한민국 정부, 군부대, 또는 국민들이 공개적으로 유엔군부대에 적대적일 경우(조건 C)

  d. 현재와 같은 유엔군 사령부와 대한민국 국군간의 호의적인 관계는 점진적으로, 또는 급격히 악화될 수 있으며, 앞항의 (1), (2), (3)에 설명한 조건들이 차례로 발전하거나 이들 조건들 중 어느 일부가 촉박한 통보에 의해 촉발될 가능성이 있음(주. 현 단계에서는 이와 같은 조건들을 시사하는 신빙성 있는 첩보는 없음.)

  e. 현재의 대한민국 정부로 하여금 정전 협정의 조항들을 수락하도록 강제할 수 없는 경우에는 통제를 가할 합리적 능력을 지닌 새로운 순종적인 대한민국 정부와 대한민국 군과 국립경찰, 그리고 유엔군 사령부의 보급 지원 활동 종사자들의 주동 세력을 수립할 수 있다.

f. 전기한 기상 e에서 제시한 조건들이 사실이 아닌 것으로 판명될 경우 가상 b에 제시된 임무들은 둘째 번 우선순위로 해야 할 것이며 유엔군 사령부는 유엔군 사령부 소속 주력 부대들에 영향을 미치지 않도록 하는 활동을 전개하기 위해 주된 노력을 경주한다.

g. 정전 협정에도 불구하고 공산군이 어느 때든 공격해오는 경우.

④ 실행 계획들

a. 대한민국 정부 측 행동에 의해 조성되는 비상사태의 경우 유엔군 사령부의 안전을 확보하는데 필요한 것으로 간주되는 조치들을 취할 준비를 한다.

b. 유엔군 사령부의 보전을 확보하는 데 필요한 행동을 취한다.

⑤ 임무

a. 극동지역 육군사령부

(1) 현재 부여된 임무를 계속 수행한다.

(2) 본관의 명령이 내리면 주한 8군 사령부가 '에버레디 계획'을 실행하도록 한다.

(3) 대한민국에 유엔군 사령부의 군정을 수립하는 계획은 수행하지 않는다.

(4) 에버레디 작전의 개요를 수행함에 있어서 KOCOMZ는 미8군의 작전 통제 아래 둔다.

b. 극동지역 해군사령부

(1) 현재 부여된 임무를 수행한다.

(2) 에버레디 작전의 수행에 요구되는 CG AFFE를 지원한다.

c. 극동지역 공군사령부

(1) 현재 부여된 임무를 수행한다.

(2) 에버레디 작전의 수행에 요구되는 CG AFFE를 지원한다.

d. 모든 사령관들에게. 다음 항에 적시된 에버레디 작전 계획의 조건들이 조성되었을 경우 사령관들은 다음과 같은 행동을 수행한다.

(1) 조건 A(유엔군 사령부의 지휘권과 지시에 대한 소극적 저항의 경우)

(a) 대한민국 정부와 국군의 활동에 대한 첩보 작전을 강화할 것.

(b) 유엔군 사령부의 모든 기구와 시설의 안전을 유지할 것.

(c) 현재의 계획에 따라 모든 유엔군 부대에 대해 긴급 행동을 위한 경보를 내릴 것.

(d) 한국군에 대한 보급의 수준을 삭감할 것.

(2) 조건 B(정전 협정의 공개적 위반을 감행하면서도 유엔군 부대에 대해서는 직접적인 중요한 적대 행위가 없는 경우)

(a) 주한 유엔군 사령부 병참 시설로부터 모든 한국군 부대와 현지인들을 제거할 것.

(b) 한국에 있는 중요하지 않은 병참 시설을 폐쇄할 것.

(c) 한국군에 대한 공군 및 해군 지원을 중단할 것.

(d) 모든 한국군에 대한 병참 지원을 중단할 준비를 할 것.

(3) 조건 C(유엔군 사령부에 대한 중요한 적대 행위를 하는 경우)
본관의 명령이 내리면 한국으로부터 철수 계획을 집행할 준비를 할 것.

⑥ 명령서의 전달 및 보관 규정(생략)

자료: The Commander in Chief, United Nations Command(Clark) to the Joint Chiefs of Staff, 1953. 6. 8, *ibid*, pp. 1152~1154.

8. 에버레디 2차 수정 계획 (1953. 10. 28.)

　제2차 수정안은 제1차 수정안과 내용이 본질적으로 같으나 유엔군 사령부가 취할 조치와 8군 사령관의 조치를 나눈 것이 특색이다.

　유엔군 사령부의 임무

　　① 대한민국 육군참모총장에게 유엔의 대항 조치를 지시할 것,

　　② 충성스럽지 않은 대한민국 사령관들을 해임할 것,

　　③ 모든 병참 지원을 철회하고 대한민국 육군의 증강을 지연시킬 것,

　　④ 예정된 공중 지원, 대한민국 공군기의 착륙, 그리고 대한민국 탄약 보급 지점을 폭격할 것,

　　⑤ 반항적인 군부 및 민간 지도자들의 구금을 확보할 것,

　　⑥ 한국의 교통과 전기시설에 대한 통제를 확보할 것.

　제8군 사령관의 임무

　유엔군 사령관에게 다음 7개 항의 건의를 올리도록 한다.

　　① 이승만에게 유엔 사령부의 정책 선언을 따르고 이 결정을 대한민국 육군에게 전파하도록 요구할 것,

　　② 군사적 경제적 원조를 감액할 것,

　　③ 이승만 정부의 승인을 취소하고 대한민국 군을 유엔사에서 축출할 것,

　　④ 해군 봉쇄를 실시할 것,

　　⑤ 대한민국의 달러 및 스털링 계좌를 봉쇄할 것,

　　⑥ 반 이승만 홍보 운동을 주도할 것,

⑦ 계엄령을 선포할 것.

자료: Memorandum by the Director of the Executive Secretariat(Scott) to the Secretary of State, Revised Plan Ever Ready, 1953. 10. 28., *ibid*, pp. 1569~1570.

I. 미국이 거부했던 한미방위조약

1) 《조선일보》1951.1.1.

2) Memorandum of Conversation, by the Office in Charge of Korean Affairs(Emmons), 1951.1.17., *FRUS 51/7*, pp. 94~98.

3) Press Release-Statement by Minister Shin Sung Mo, 1951.2.4., PDF우남B-103-004, All Ministries, 《건국이후 재임 기 문서》, 이승만연구원; 그런데 이 성명은 실제로 발표되지 않았는지 이 무렵 신문지상에는 보이지 않는다.

4) 《동아일보》1951.2.5.

5) Instruction Letter(to Han Pyo Wook), 1951.2.8., PDF우남B-204-052, The Korean Embassy in Washington D. C., *ibid*.

6) 《동아일보》1951.5.27; 1951.5.31.

7) 《동아일보》1951.6.6.

8) 국방군사연구소, 《한국전쟁 하》(1997), p. 61.

9) Ambassador in Korea(Muccio) to the Secretary of State, 1951.6.30., *FRUS 51/7*, pp. 604~605.

10) op. cit. pp. 606~607; Memorandum of Conversation, by the Office in Charge of Korean Officer(Emmons), ibid. pp. 601~604.

11) Ambassador in Korea(Muccio) to the Secretary of State, 1951.7.17., *ibid*, pp. 745~747; The Secretary of State to the Embassy of Korea, 1951.8.3., ibid, pp. 774~776.

12) Ambassador in Korea(Muccio) to the Secretary of State, 1951.7.28., *ibid*, pp. 694~696.

13) 외교부 외교사료관, 《대한민국외교사료해제집》, http://diplomaticarchives.mofa.go.kr/dev/appendix.go.

14) 《조선일보》1952.1.3.

15) 《조선일보》1952.1.11.

16) President Truman to the President of the Republic of Korea(Rhee), 1952.3.4., *FRUS 52-54/15*, pp. 74~76.

17) President of the Republic of Korea(Rhee) to President Truman, 1952.3.21., *ibid*, pp. 114~116.

18) Memorandum by the Secretary of State to the President, 1952.4.30., *ibid*, pp. 185~186.

19) 남시욱, 《6·25전쟁과 미국》(2015), 청미디어, pp. 383~385.

20) "한국방위 서약 요구: 침략방지에 3안을 제시/ 이 대통령, 미국 태도에 재질문," 『동아일보』, 1949. 5. 18.

21) "미, 한국보전책 강구─한미군사동맹은 난항: 화부(華府) 관변 측 견해," 『동아일보』, 1949. 5.16.

22) "전쟁설은 신경과민: 남한방위능력 충분하다─무초 미 대사 부산서 언명," 『동아일보』, 1949. 5. 15.

23) "미 남한방위에 유책, 안전보장 후 철병이 당연─외무 국방 양 장관 철퇴승인 의미 천명," 『동아일

보」, 1949. 5. 20; The Ambassador in Korea(Muccio) to the Secretary of State, 1950. 5. 19/20, *FRUS, 1949, VII, The Far East and Australasia, Part 2*, pp. 1030~1031, 1033~1034; Matray, 1985, p. 193.

24) "장 대사, 트 대통령 회담—군원(軍援)보장을 요청: 이 대통령의 대미 謝意도 전달," 「조선일보」, 1949. 6. 30.

25) "남한 점령 수(遂) 종지부: 4년간의 주둔업적 지대/ 500명 군고문단만 잔류코/ 미군 철퇴 작일 완료," 「동아일보」, 1949. 6. 30.

26) "대한군원 계획 이외에 현유(現有) 무기를 양도—로버쓰 사절단장," 「동아일보」, 1949. 6. 6.

II. 협상의 서막

1) Memorandum by the Executive Secretary of the National Security Council(Lay) to the National Security Council(NSC 118/2), 1951. 12. 20., *FRUS 51/7*, pp. 1382~1399.

2) Memorandum Containing the Sections Dealing With Korea From NSC 48/5, 1951. 5. 17., *ibid*, pp. 439~442.

3) Commander—in—Chief, United Nations Command(Clark) to the Joint Chiefs of Staff, 1952. 7. 5., *FRUS 52-54/15*, pp. 377~379.

4) "아 원수(元帥) 미국 대통령 당선에 대하여," 1952. 11. 6, 「대통령이승만박사담화집」, 공보처, 1953, 대통령기록관, http://pa.go.kr/research/contents/speech/index.jsp; 《동아일보》 1952. 11. 7.

5) 《동아일보》 1953. 4. 6.

6) 《동아일보》 1953. 4. 18.

7) Memorandum by the Deputy Assistant Secretary of State for Far Eastern Affairs(Johnson) to the Secretary of State, 1953. 4. 8., *ibid*, pp. 895~900.

8) Memorandum of Conversation, by the Director of the Office of Northeast Asian Affairs(Young), 1953. 4. 8, *ibid*, pp. 897~902.

9) The President of the Republic of Korea(Rhee) to President Eisenhower, 1953. 4. 9., *FRUS 52-54/15*, pp. 902~903.

10) The Ambassador in Korea(Briggs) to the Department of State, 1953. 4. 15., *ibid*, pp. 910~912.

11) Acting Secretary of State(Smith) to the Embassy in Korea, 1953. 4. 15., *FRUS 52-54/15*, p. 912.

12) Commander—in—Chief, United Nations Command(Clark) to the Joint Chiefs of Staff, 1953. 4. 18, *ibid*, pp. 917~919.

13) President Eisenhower to the President of the Republic of Korea(Rhee), 1953. 4. 23., *ibid*, pp. 929~930.

14) Aide—Memoir, p. 935.

15) Memorandum of Conversation, by the Assistant Secretary of State for Far Eastern Affairs(Robertson), 1953. 4. 24, *ibid*, pp. 933~935.

16) The Ambassador in Korea(Briggs) to the Department of State, 1953. 4. 26., *ibid*, pp. 938~940.

17) The Commander in Chief, United Nations Command(Clark) to the Chief of Staff, United States Army(Collins), 1953. 4. 26., *ibid*, pp. 940~943.

18) President of the Republic of Korea(Rhee) to the Commander in Chief, United Nations Command(Clark), 1953. 4. 30., *ibid*, pp. 955~956.

19) The Ambassador in Korea(Briggs) to the Department of State, 1953. 5. 3., *ibid*, pp. 910~912.

20) Acting Secretary of State(Smith) to the Embassy in Korea, 1953. 5. 22., *ibid*, pp. 1086~1090.

21) The Ambassador in Korea(Briggs) to the Department of State, 1953. 5. 25., *ibid*, pp. 1097~1098.

22) Commander-in-Chief, United Nations Command(Clark) to the Joint Chiefs of Staff, 1953. 5. 29., *ibid*, pp. 1112~1114.

Ⅲ. 에버레디 계획

1) Paper Submitted by the Commanding General of the United States Eighth Army(Taylor), Outline PLAN EVERREADY, 1953. 5. 4., *FRUS, 52–54/15*, pp. 965~968.

2) The Commander in Chief, United Nations Command(Clark) to the Chief of Staff, United States Army(Collins), 1952. 7. 5., *ibid*, pp. 377~379.

3) Paper Submitted by the Commanding General of the United States Eighth Army(Taylor), Outline PLAN EVERREADY, 1953. 5. 4., *ibid*, pp. 965~968.

4) Conversation between the President and General Clark, 1953. 5. 26., Pile 380–052, Papers Related with the Korea-US Mutual Treaty, Syngman Rhee Presidential Papers.

5) Mark Clark, *From the Danube to the Yalu*, 1954., Harper and Brothers Publishers, New York, p. 2.

6) Memorandum of the Substance of Discussion at a Department of State-Joint Chiefs of Staff Meeting, 1953. 5. 29., *ibid*, pp. 1114~1115.

7) 백선엽, "내가 겪은 6·25와 대한민국" 제248회(워싱턴서 전우들과의 해후)《중앙일보》, 2011. 1. 10.

8) *Ibid*.

9) 백선엽, *op. cit.* 제249회(버크의 설득), 《중앙일보》, 2011. 1. 12.

10) 백선엽, *op. cit.* 제251회(백악관을 가다), 《중앙일보》, 2011. 1. 14.

11) Memorandum of the Substance of Discussion at a Department of State-Joint Chiefs of Staff Meeting, 1953. 5. 29., *ibid*, pp. 1115~1116.

12) *Ibid*, pp. 1116~1117.

13) *Ibid*, p. 1117.

14) *Ibid* p. 1117.

15) *Ibid*, p. 1117.

16) *Ibid*, pp. 1117~1118.

17) *Ibid*, p. 1118.

18) *Ibid*, pp. 1118~1119.

19) *Ibid*, p. 1119.

20) *Ibid*, p. 1127.

21) *Ibid*, pp. 1127~1128.

22) *Ibid*, p. 1128.

23) Report to the National Security Council by the Executive Secretary(Lay), NSC 48/5, 1951. 5. 17., *FRUS, 1951, VI, East−Asia−Pacific Area, Part I*, pp. 33~63.

24) Memorandum by the Executive Secretary of the National Security Council(Lay) to the National Security Council(NSC 118/2), 1951. 12. 20., *FRUS, 1951, XII, Korea and China, Part 1*, pp. 1382~1389.

25) Memorandum for the Record, Prepared by the Assistant Chief of Staff, G−3, Department of the Army(Eddleman), 1953. 6. 1., *FRUS, 52−54/15*, p. 1128.

26) The Ambassador in Korea(Briggs) to the Department of State, 1953. 5. 30., *ibid*, pp. 1121~1122.

27) President of the Republic of Korea(Rhee) to President Eisenhower, 1953. 5. 30., *FRUS 52−54/15*, pp. 1124~1126.

28) *Ibid*.

29) *The New York Times*, 1953. 6. 2.

30) The Commander in Chief, United Nations Command(Clark) to the Joint Chiefs of Staff, 1953. 6. 2., *ibid*, pp. 1132~1133.

31) Ambassador in Korea(Briggs) to the Secretary of State, 1953. 6. 2., *ibid*, pp. 1134~1135.

32) Ambassador in Korea(Briggs) to the Secretary of State, 1953. 6. 7., Footnote 1. *ibid*, p. 1148; Public Papers of the Presidents of the United States: Dwight D. Eisenhower. 1953., pp. 377~380.

33) *The New York Times*, 1953. 6. 8.

34) 《동아일보》, 1953. 6. 21~22.; Editorial Note, Memorandum by the Deputy Assistant Secretary of State for United Nations Affairs(Sandifer) to the Secretary of State, 1953. 6. 17., *FRUS 52−54/15*, pp. 1192~1193.

35) The Commander in Chief, United Nations Command(Clark) to the Joint Chiefs of Staff, 1953. 6. 8., *ibid*, pp. 1152~1154. 권말 부록의 계획 전문 참조할 것.

36) The Commanding General, United States Eighth Army(Taylor) to the Commander in Chief, Far East(Clark), 1953. 6. 9., *ibid*, pp. 1159~1160.

37) The Ambassador in Korea(Briggs) to the Commander in Chief, United Nations Command(Clark) and to the Political Adviser for the Armistice Negotiations)(Murphy), 1953. 6. 9., *ibid*, p. 1161.

38) The Commander in Chief, Far East(Clark) to the Joint Chiefs of Staff, 1953. 6. 10., *ibid*, pp. 1163~1164.

39) The Secretary of State to the Embassy in Korea, 1953. 6. 10., *ibid*, p. 1164.

40) Ambassador in Korea(Briggs) to the Secretary of State, 1953. 6. 11., *ibid*, pp. 1164~1165.

41) The Secretary of State to the President of Korea(Rhee), 1953. 6. 11., *ibid*, pp. 1165~1166.

42) The Ambassador in Korea(Briggs) to the Department of State, 1953. 6. 12., *ibid*, pp. 1166~1167.

43) The President of the Republic of Korea(Rhee) to the Secretary of State, 1953. 6. 14., *ibid*, p. 1168.

44) Memorandum by the Secretary of State to the President, 1953. 6. 14., *ibid*, pp. 1168~1169.

45) The Secretary of State to the President of Korea(Rhee), 1953. 6. 16., *ibid*, p. 1188.

46) *Op. cit.* footnote 2.

47) 《동아일보》, 1953. 6. 19.

48) 《조선일보》, 1953. 6. 21.

49) The President of the Republic of Korea(Rhee) to the Commander in Chief, United Nations Command(Clark), 1953. 6. 18., *ibid*, pp. 1197~1198.

50) Memorandum of Discussion at the 159th Meeting of the National Security Council, 1953. 6. 18., *ibid*, pp. 1200~1205.

51) Memorandum by the President to the Secretary of State, 1953. 6. 18., *ibid*, p. 1205.

52) Memorandum of Conversation, by the Director of the Office of Northeast Asian Affairs(Young), 1953. 6. 18., *ibid*, pp. 1206~1210.

53) *The New York Times*, 1953. 7. 1.

54) 《동아일보》, 1953. 6. 25.

55) J. Lawton Collins, *War in Peace*, 1969., Houghton Mifflin Company, Boston, 357.

56) Collins, *op. cit.*, p. 389.

57) Memorandum of Discussion of a Meeting Held at Tokyo on the Korean Situation, 1953. 6. 24~25., *ibid*, pp. 1265~1269.

58) The Commander in Chief, United Nations Command(Clark) to the Department of State, 1953. 6. 25., *ibid*, pp. 1270~1271.

59) Report by the National Security Council Planning Board Submitted to the National Security Council, 1953. 6. 25., *ibid*, pp. 1272~1274.

IV. 이승만-로버트슨 담판(상)

1) 《동아일보》 1953. 6. 27; 《조선일보》 1953. 6. 27.

2) 《조선일보》 1953. 6. 28.

3) 《동아일보》 1953. 6. 27; 1953. 6. 26.

4) The Assistant Secretary of State for Far Eastern Affairs(Robertson) to the Department of State, 1953. 6. 26. 11pm. *FRUS*, *52-54/15*, pp. 1276~1277.

5) Note Untitled, 380-038, 1953. 6. 26., Papers Related to Korean-American Mutual Defense Treaty, Syngman Rhee Presidential Papers.

6) The Secretary of State to the Embassy in Korea, 1953. 6. 26., *ibid*, pp. 1277~1278.

7) The Assistant Secretary of State for Far Eastern Affairs(Robertson) to the Secretary of State, 1953. 6. 27. 1pm, *ibid*, pp. 1278~1279.

8) 《동아일보》 1953. 6. 28.

9) 《동아일보》 1953. 6. 28.

10) The Assistant Secretary of State for Far Eastern Affairs(Robertson) to the Secretary of State, 1953. 6. 27. 7pm, *ibid*, pp. 1279~1280.

11) The Commander in Chief, United Nations Command(Clark) to the Joint Chiefs of Staff, 1953. 6. 28., *ibid*, pp. 1280~1282.

12) Note Untitled, 380-037, 1953. 6. 27., Papers Related to Korean–American Mutual Defense Treaty, Syngman Rhee Presidential Papers.

13) 《동아일보》 1953. 6. 29.

14) 《조선일보》 1953. 6. 30.

15) 《동아일보》 1953. 6. 29.

16) Note Untitled, 1953. 6. 28., File 380-036, Papers Related to Korean–American Mutual Defense Treaty, Syngman Rhee Presidential Papers.

17) Aide-Memoire From the President of the Republic of Korea(Rhee) to the Assistant Secretary of State for Far Eastern Affairs(Robertson), 1953. 6. 28., *ibid*, pp. 1282~1284.

18) Memorandum by the Secretary of State to the President, 1953. 6. 28., *ibid*, pp. 1284~1285.

19) 《동아일보》 1953. 6. 30.

20) Memorandum by the Secretary of State to the President, 1953. 6. 28., ibid, pp. 1284~1285.

21) 《동아일보》 1953. 6. 30.

22) Note on Conversation between the President and Mr. Walter S. Robertson, Assistant Secretary of State, 1953. 6. 29., File 380-035, Papers Related to Korean–American Mutual Defense Treaty, Syngman Rhee Presidential Papers.

23) The Commander in Chief, Far East(Clark) to the Department of State, 1953. 6. 29., *ibid*, pp. 1285~1286.

24) The Deputy Secretary of Defense(Kyes) to the Commander in Chief, United Nations Command(Clark), 1953. 6. 29., ibid, pp. 1287~1288.

25) Memorandum by the Joint Chiefs of Staff to the Secretary of Defense, 1953. 6. 30., *ibid*, pp. 1288~1291.

26) 《동아일보》 1953. 7. 1; *The New York Times*, 1953. 6. 30., "U. S. Group Unable to Budge Dr. Rhee," *The New York Times*, 1953. 7. 1.

27) 《조선일보》 1953. 7. 2.

28) 《동아일보》 1953. 7. 1.

29) 《조선일보》 1953. 7. 3.

30) *The New York Times*, 1953. 7. 1; 7. 2.

31) The President of the Republic of Korea(Rhee) to the Assistant Secretary of State for Far Eastern Affairs(Robertson), 1953. 7. 1., *ibid*, pp. 1292~1295.

32) The Assistant Secretary of State for Far Eastern Affairs(Robertson) to the Department of State, 1953. 7. 1., *ibid*, p. 1295.

33) The Secretary of State to the Embassy in Korea, 1953. 7. 1., *ibid*, p. 1296.

34) The Assistant Secretary of State for Far Eastern Affairs(Robertson) to the Department of State, 1953. 7. 1., *ibid*, pp. 1291~1292.

35) *Ibid*, p. 1292.

36) Reminiscences of Walter S. Robertson, Eisenhower Administration Project, Oral History Research Office, Columbia University, 1970., pp. 55~56, p. 60.

37) 《조선일보》 1953. 7. 3.

38) 《동아일보》 1953. 7. 3; 《조선일보》 1953. 7. 3.

39) Memorandum, 1953. 7. 2., File 380-033, Papers Related to Korean-American Mutual Defense Treaty, Syngman Rhee Presidential Papers.

40) 《동아일보》 1953. 7. 3.

41) Memorandum of Discussion at the 152d Meeting of the National Security Council, 1953. 7. 2, *ibid*, pp. 1300~1308.

42) *Ibid*, p. 1305.

43) *Ibid*, pp. 1305~1308.

44) *Ibid*, pp. 1307~1308.

45) The Assistant Secretary of State for the Far Eastern Affairs(Robertson) to the Department of State, 1953. 7. 3., *ibid*, pp. 1312~1314.

46) 국무부의 수정 지시 내용은 The Acting Secretary of State(Smith) to the Embassy in Korea, 1953. 7. 2., *ibid*, pp. 1316~1317.

47) The Assistant Secretary of State for the Far Eastern Affairs(Robertson) to the Department of State, Text of Letter, 1953. 7. 3., *ibid*, p. 1314.

48) Memorandum, 1953. 7. 2., File 380-033, Papers Related to Korean-American Mutual Defense Treaty, Syngman Rhee Presidential Papers.

49) The Commander in Chief, United Nations Command(Clark) to the Secretary of Defense(Wilson), 1953. 7. 2., *ibid*, pp. 1296~1300.

50) *Ibid*.

51) *Ibid*.

52) The Assistant Secretary of State for Far Eastern Affairs(Robertson) to the Department of State, 1953. 7. 3., *ibid*, p. 1325.

53) *Ibid*.

54) 《동아일보》 1953. 7. 4.

55) 《조선일보》 1953. 7. 5.

56) *Op. cit*.

57) 《동아일보》 1953. 7. 4.

58) 《동아일보》 1953. 7. 7.

59) Conversation between the President and Mr. Robertson, 1953. 7. 3., File 380−028, Papers Related to Korean−American Mutual Defense Treaty, Syngman Rhee Presidential Papers.

60) 《동아일보》 1953. 7. 4.

61) The Acting Secretary of State to the Embassy of Korea, 1953. 7. 3., ibid, pp. 1324~1325.

62) Memorandum of the Substance of Discussion at a Department of State−Joint Chiefs of Staff Meeting, 1953. 7. 3., ibid, pp. 1317~1323.

63) 《조선일보》 1953. 7. 6.

64) 《동아일보》 1953. 7. 5.

65) 《동아일보》 1953. 7. 6.

66) Memorandum of Conversation, by the Assistant Secretary of State for Far Eastern Affairs(Robertson), 1953. 7. 4., ibid. pp. 1326~1329.

67) Memorandum of Conversation, by the Assistant Secretary of State for Far Eastern Affairs(Robertson), 1953. 7. 4., ibid.

68) Conversation between the President and Mr. Robertson, 1953. 7. 4., File 380−027, Papers Related to Korean−American Mutual Defense Treaty, Syngman Rhee Presidential Papers.

69) The Acting Secretary of State to the Embassy of Korea, 1953. 7. 4., ibid, pp. 1329~1330.

70) The Acting Secretary of State to the Embassy of Korea, 1953. 7. 5., ibid, pp. 1331~1332.

71) The Commander in Chief, United Nations Command(Clark) to the Secretary of Defense(Wilson), 1953. 7. 5., ibid, pp. 1332~1333.

72) 《동아일보》 1953. 7. 5.

Ⅴ. 이승만−로버트슨 담판(하)

1) 《동아일보》 1953. 7. 7.

2) 《조선일보》 1953. 7. 7.

3) Note Untitled, 1953. 7. 6., File 380−022, Papers Related to Korean−American Mutual Defense Treaty, Syngman Rhee Presidential Papers.

4) The Political Adviser for the Armistice Negotiations(Murphy) to the Department of State, 1952. 7. 6., FRUS, 52−54/15, pp. 1334~1336.

5) The Assistant Secretary of State for Far Eastern Affairs(Robertson) to the Department of State, 1953. 7. 6., ibid, pp. 1336~1337.

6) The Assistant Secretary of State for Far Eastern Affairs(Robertson) to the Department of State, 1953. 7. 7., ibid, pp. 1337~1338.

7) The Secretary of State to the Embassy in Korea, 1953. 7. 6., ibid, pp. 1339~1340.

8) The Secretary of State to the Embassy in Korea, 1953. 7. 6., ibid, p.1340.

9) Statement of Policy by the National Security Council, United States Tactics Immediately Following an Armistice in Korea, 1953. 7. 7, ibid, pp. 1341~1344.

10) Report by the National Security Council—U. S. Objective with Respect to Korea Following an Armistice, 1953. 7. 7., *ibid*, pp. 1344~1346.

11) The Assistant Secretary of State for Far Eastern Affairs(Robertson) to the Department of State, 1953. 7. 8.(9 pm), *ibid*, pp. 1350~1352.

12) The Assistant Secretary of State for Far Eastern Affairs(Robertson) to the Department of State, 1953. 7. 8.(11 pm), *ibid*, pp. 1352~1354.

13) The Secretary of State to the Embassy in Korea, 1953. 7. 8, *ibid*, p. 1354.

14) 《조선일보》 1953. 7. 10.

15) 《동아일보》 1953. 7. 9.

16) *Op. cit.*

17) Note on the Conversation between the President and Mr. Robertson, 1953. 7. 8, File 380–021, Papers Related to Korean—American Mutual Defense Treaty, Syngman Rhee Presidential Papers.

18) 《동아일보》 1953. 7. 10.

19) 《조선일보》 1953. 7. 11.

20) *Op. cit.*

21) 《동아일보》 1953. 7. 11.

22) The Assistant Secretary of State for Far Eastern Affairs(Robertson) to the Department of State, 1953. 7. 9., *ibid*, pp. 1355~1356.

23) The President of the Republic of Korea(Rhee) to the Assistant Secretary of State for Far Eastern Affairs(Robertson), 1953. 7. 9., *ibid*, pp. 1357~1359.

24) *Ibid.*

25) *Ibid.*

26)Republic of Korea Draft of Mutual Defense Treaty Between the United States and the Republic of Korea, 1953. 7. 9., *ibid*, pp. 1359~1361.

27) The Assistant Secretary of State for Far Eastern Affairs(Robertson) to the Department of State, 1953. 7. 10., *ibid*, pp. 1361~1362.

28) The Secretary of State to the Embassy in Korea, 1953. 7. 9, *ibid*, pp. 1362~1363.

29) Memorandum of the Substance of Discussion at a Department of State—Joint Chiefs of Staff Meeting, 1953. 7. 10, *ibid*, pp. 1365~1368.

30) 《조선일보》 1953. 7. 13.

31) 《동아일보》 1953. 7. 12.

32) 《동아일보》 1953. 7. 13.

33) *Op. cit.*

34) 《동아일보》 1953. 7. 12.

35) Memorandum of Conversation, by the Assistant Secretary of State for Far Eastern Affairs(Robertson), 1953.7.11., *ibid*, pp. 1373~1374.

36) The President of the Republic of Korea(Rhee) to President Eisenhower, 1953. 7. 11, *ibid*, pp. 1368~1369.

37) The President of the Republic of Korea(Rhee) to the Secretary of State, 1953. 7. 11, *ibid*, pp. 1370~1373.

38) 《동아일보》 1953. 7. 13.

39) 《동아일보》, 1953. 7. 13.; Department of State *Bulletin*, 1953. 7. 20, pp. 72~73.

40) 《동아일보》 1953. 7. 14.

41) *The New York Times*, 1953. 7. 12.

42) Clark, *From the Danube to the Yalu*, p. 288.

43) *The New York Times*, 1953. 7. 12.

44) 《동아일보》 1953. 7. 15.

45) Note on the Conversation between the President and Mr. Robertson, 1953. 7. 8, File 380-020. Papers Related to Korean-American Mutual Defense Treaty, Syngman Rhee Presidential Papers.

46) Ambassador in Korea(Briggs) to the Department of State, 1953. 7. 22, *ibid*, pp. 1404~1406.

47) The Secretary of State to the Embassy in Korea, 1953. 7. 21, *ibid*, pp. 1407~1408.

48) Ambassador in Korea(Briggs) to the Department of State, 1953. 7. 21, *ibid*, pp. 1416~1418.

49) Memorandum of Conversation, by the Deputy Director, Office of Northeast Asian Affairs(McClurkin), 1953. 7. 21., *ibid*, pp. 1408~1411.

50) The President of the Republic of Korea(Rhee) to the Secretary of State, 1953. 7. 24, *ibid*, pp. 1428~1429.

51) Memorandum of Telephone Conversation Between the President and the Secretary of State, 1953. 7. 24., *ibid*, p. 1429.

52) The Secretary of State to President of the Republic of Korea(Rhee), 1953. 7. 24., *ibid*, pp. 1430~1432.

53) The President of the Republic of Korea(Rhee) to the Secretary of State, 1953. 7. 25., *ibid*, pp. 1436~1438.

54) The President of the Republic of Korea(Rhee) to the Secretary of State, 1953. 7. 26., *ibid*, pp. 1439~1441.

55) The Commander in Chief, United Nations Command(Clark) to the Joint Chiefs of Staff, 1953. 7. 27., *ibid*, pp. 1442~1444.

56) The President of the Republic of Korea(Rhee) to President Eisenhower, 1953. 7. 27., *ibid*, pp. 1444~1445.

57) President Eisenhower to the President of the Republic of Korea(Rhee), 1953. 7. 27., *ibid*, p. 1445.

58) Memorandum by the President to the Secretary of State, 1953. 7. 27, *ibid*, pp. 1446~1447.

59) Memorandum by the Assistant Secretary of State for Far Eastern Affairs(Robertson), 1953. 7. 29., *ibid*, pp. 1448~1449.

Ⅵ. 이승만-덜레스 협상과 조약 가조인

1) Confidential Memorandum, 1953. 8. 3., File 380-089, Papers Related to Korean-American Mutual Defense Treaty, Syngman Rhee Presidential Papers.

2) Memorandum of the Substance of Discussion at a Department of State-Joint Chiefs of Staff Meeting, 1953. 7. 31., FRUS 52-54/15, pp. 1454~1457.

3) Memorandum of Conversation, by Elizabeth A. Brown of the Office of United Nations and Security Affairs, 1953. 8. 1., ibid, pp. 1460~1466.

4) Editorial Note, op. cit. pp. 1465~1457.

5) 《동아일보》 1953. 8. 6.

6) 《조선일보》 1953. 8. 7.

7) 《동아일보》 1953. 8. 7; 《조선일보》 1953. 8. 7.

8) Memorandum of Conversation, by the Director of the Office of Northeast Asian Affairs, (Young), 1953. 8. 5., ibid, pp. 1466~1467.

9) Ibid, p. 1467.

10) Summary Record of the Conference held between President Rhee and Secretary Dulles, 1953. 8. 5., File 380-085, Papers Related to Korean-American Mutual Defense Treaty, the Syngman Rhee Presidential Papers.

11) Memorandum of Conversation, by the Director of the Office of Northeast Asian Affairs, (Young), 1953. 8. 5., ibid, pp. 1468~1471.

12) Ibid, p. 1471.

13) Ibid, pp. 1471~1472.

14) Ibid, pp. 1472~1473.

15) Ibid, p. 1473.

16) Draft Memorandum of Conversation, by the Secretary of State, 1953. 8. 5., ibid, pp. 1474~1475.

17) 《조선일보》 1953. 8. 8.

18) 《조선일보》 1953. 8. 8.

19) 《조선일보》 1953. 8. 8; 《동아일보》 1953. 8. 8.

20) Summary Record of the Conference held between President Rhee and Secretary Dulles, 1953. 8. 6., File 380-069, Papers Related to Korean-American Mutual Defense Treaty, Syngman Rhee Presidential Papers.

21) 《동아일보》 1953. 8. 8.

22) 《조선일보》 1953. 8. 8.

23) 《동아일보》 1953. 8. 8.

24) Memorandum of Conversation, by the Director of the Office of Northeast Asian Affairs, (Young), 1953. 8. 6., ibid, pp. 1475~1478.

25) Memorandum of Conversation, by the Director of the Office of Northeast Asian Affairs,

(Young), 1953. 8. 6., *ibid*, pp. 1475~1478.

26) 《조선일보》 1953. 8. 9.

27) Summary Record of the Conference held between President Rhee and Secretary Dulles, 1953. 8. 7., File 834, Armistice Negotiation, the Syngman Rhee Presidential Papers.

28) Summary Record of the Conference held between President Rhee and Secretary Dulles, 1953. 8. 7., File 380-070, Papers Related to Korean-American Mutual Defense Treaty, Syngman Rhee Presidential Papers.

29) *Ibid*.

30) Memorandum of Conversation, by the Director of the Office of Northeast Asian Affairs, (Young), 1953. 8. 7., *ibid*, pp. 1481~1488.

31) *Ibid*. pp. 1481~1482.

32) *Ibid*. pp. 1482~1483.

33) *Ibid*. pp. 1483~1484.

34) *Ibid*. pp. 1484~1485.

35) Memorandum of Conversation, by the Director of the Office of Northeast Asian Affairs, (Young), 1953. 8. 7., *ibid*, pp. 1486~1488.

36) *Ibid*.

37) 《조선일보》 1953. 8. 9.

38) 《동아일보》 1953. 8. 9.

39) Summary Record of the Conference held between President Rhee and Secretary Dulles, 1953. 8. 7., File 380-070, Papers Related to Korean-American Mutual Defense Treaty, Syngman Rhee Presidential Papers

40) Memorandum of Conversation, by the Assistant Secretary of State for Far Eastern Affairs(Robertson), 1953. 8. 7., *ibid*, pp. 1488~1489.

41) Memorandum of Conversation, by the Director of the Office of Northeast Asian Affairs, (Young), 1953. 8. 8., *ibid*, p. 1489.

42) Memorandum of Conversation, by the Director of the Office of Northeast Asian Affairs, (Young), 1953. 8. 8., *ibid*, pp. 1489~1490.

43) 《동아일보》 1953. 8. 9.

44) Memorandum of Conversation, by the Director of the Office of Northeast Asian Affairs, (Young), 1953. 8. 8., *ibid*, pp. 1489~1490.

45) Memorandum of Conversation, by the Assistant Secretary of State for Far Eastern Affairs(Robertson), 1954. 2. 9., *ibid*, pp. 1488~1489.

46) Memorandum of Conversation, by the Secretary of State, 1953. 8. 10., *ibid*, pp. 1491~1492.

47) Memorandum of Conversation, by the Secretary of State, 1953. 8. 10., *ibid*, p. 1492.

48) 김용구, 《세계외교사(상)》(1989, 서울대학교출판부), p. 279.

VII. 조약 발효까지의 험난한 여정

1) 《동아일보》 1953. 8. 16.

2) 《동아일보》 1953. 8. 16.

3) Memorandum of Conversation, by the Secretary of State, 1953. 10. 5., *ibid*, pp. 1521~1522.

4) Report by the Planning Board to the National Security Council, 1953. 10. 22., *ibid*, pp. 1546~1547.

5) Report by the Planning Board to the National Security Council, 1953. 10. 22., *ibid*, pp. 1547~1548.

6) Report by the Planning Board to the National Security Council, 1953. 10. 22., *ibid*, pp. 1548~1557.

7) Memorandum by the President to the Secretary of State, 1953. 10. 23., *ibid*, p. 1558.

8) Memorandum by the Director of the Executive Secretariat(Scott) to the Secretary of State, Revised Plan Ever Ready, 1953. 10. 28., *ibid*, pp. 1569~1570.

9) *Ibid.*, p. 1570.

10) Memorandum by the Director of the Executive Secretariat(Scott) to the Secretary of State, Revised Plan Ever Ready, 1953. 10. 28., *ibid*, pp. 1569~1570.

11) 《동아일보》 1953.11.3.

12) President Eisenhower to the President of the Republic of Korea(Rhee), 1953. 11. 4., *ibid*, pp. 1591~1593.

13) 《조선일보》 1953. 11. 15.

14) 《동아일보》 1953. 11. 15.

15) 《동아일보》 1953. 11. 17.

16) Vice President to the Secretary of State, 1953. 11. 19., *ibid*, pp. 1615~1616.

17) President Eisenhower to the President of the Republic of Korea(Rhee), 1954.. 1. 2., *ibid*, pp. 1685~1686.

18) 《동아일보》 1954. 1. 16; 1954. 1. 29; 《조선일보》 1954. 1. 18; 1954. 1. 29.

19) 《조선일보》 1954. 2. 1.

20) The President of the Republic of Korea(Rhee) to President Eisenhower, 1954. 2. 4., *ibid*, pp. 1745~1747.

21) Memorandum of Conversation, by the Assistant Secretary of State for Far Eastern Affairs(Robertson), 1954. 2. 9., *ibid*, p. 1747.

22) Memorandum of Conversation, by the Assistant Secretary of State for Far Eastern Affairs(Robertson), 1954. 2. 15., *ibid*, pp. 1749~1750.

23) Appendix B, Further Exchange of Letters between Eisenhower and Rhee, 1954. 3. 23., *ibid*, pp. 1774~1775.

24) Progress Report by the Operations Coordinating Board to the National Security Council, 1954. 3. 26., *ibid*, pp. 1767~1775.

25) The Secretary of State to the Embassy of Korea, 1954. 5. 27., *ibid*, pp. 1799~1800.

26) Memorandum of Conversation, by the Assistant Secretary of State for Far Eastern Affairs(Robertson), 1954. 2. 15., Editorial Note, *ibid*, p. 1750.

27) *Reminiscences of Walter S. Robertson*, Eisenhower Administration Project, Oral History Research Office, Columbia University, 1970,

28) 한표욱, 《이승만과 한미외교》, 1996, 중앙일보사, pp. 235~236.

29) United States Summary Minutes of the Fourth Meeting of United States—Republic of Korea Talks, 1954. 7. 30., *op. cit.* pp. 1858~1859; Draft Agreed Minute of Conferences Between President Rhee and President Eisenhower and Their Advisers, 1954. 7. 31., *op. cit.* pp. 1859~1860.

30) *Op. cit.* pp. 1856~1859.

31) 《동아일보》 1954. 8. 1; Statement by Presidents Rhee and Eisenhower, 1954. 7. 30., *op. cit.* pp. 1861~1862.

32) 《동아일보》 1954. 7. 30.~8. 2.

33) 《조선일보》 1954. 8. 13.

34) 《동아일보》 1954. 8. 15.

35) Draft Agreed Minute of Conferences Between President Rhee and President Eisenhower and Their Advisers, 1954. 7. 31., *ibid.* pp. 1859~1860.

36) The Secretary of State to the Embassy in Korea, 1954. 8. 20., *ibid.* p. 1866.

37) The Ambassador in Korea(Briggs) to the Department of State, 1954. 9. 5., *ibid.* pp. 1870~1871.

38) The Commander in Chief, Far East(Hull) to the Chief of Staff, United States Army(Ridgway), 1954. 9. 7., *ibid.* pp. 1872~1873.

39) Memorandum by the Commander in Chief, Far East(Hull) to the Secretary of State, 1954. 9. 10., *ibid*, pp. 1873~1874.

40) The Department of the Army to the Commander in Chief, United Nations Command(Hull), 1954. 9. 15., *ibid*, pp. 1875~1882.

41) The Ambassador in Korea(Briggs) to the Department of State, 1954. 10. 22.(9 pm & 11 pm), *ibid.* pp. 1900~1901; pp. 1901~1905.

42) The Secretary of State to the Embassy in Korea, 1954. 10. 26., *ibid.*, pp. 1905~1906.

43) The Ambassador in Korea(Briggs) to the Department of State, 1954. 11. 15. *ibid.* p. 1919.

44) The Secretary of State to the Embassy in Korea, 1954. 11. 12., *ibid.* pp. 1915~1916.

45) The Ambassador in Korea(Briggs) to the Department of State, 1954. 11. 15., *ibid.*

pp. 1907~1910.

46) The Ambassador in Korea(Briggs) to the Department of State, 1954. 11. 17., *ibid.* pp. 1921~1923.

47) 《동아일보》 1954. 11. 19.

48) Department of the Army ot the Commander in Chief, United Nations Command(Hull), 1954. 9. 15., *ibid.* note 5, p. 1877.

49) *Op. cit.* Appendix B, Republic of Korea Force Level for Fiscal Year 1955 and United States Support Thereof, p. 1878.

50) 《동아일보》 1954. 11. 19.

51) 《동아일보》 1954. 11. 19.

52) 《동아일보》 1954. 11. 19.

Ⅷ. 아이젠하워-덜레스-로버트슨 라인

1) Valerie M. Hudson, *Foreign Policy Analysis: Classic and Contemporary Theory, Second Edition*(Lanham, Maryland: Rowman & Littlefield, 2014), p. 8.

2) *Op. cit.* p. 10.

3) James E. Dougherty and Robert L. Pfaltzgraff, Jr., *American Foreign Policy, FDR to Reagan*, 1986, Harper & Row, Publishers, New York, p. 389.

4) Richard H. Immerman, "Eisenhower and Dulles: Who Made the Decisions?," *Political Psychology*, Vol. 1, No. 2(Autumn, 1979), p. 21, pp. 35~36.

5) George C. Herring, *From Colony to Super Power: U. S. Foreign Relations since 1776*, 2008, Oxford University Press, p. 656.

6) Herring, *ibid.*

7) 《조선일보》1950. 6. 20.

8) Dulles Oral History Collection, Eisenhower Interview p.

9) *Op. cit.*

10) *Op. cit.*

11) *ibid.*

12) Harold Nicholson, *Diplomacy*, 3rd ed. Oxford University Press, London, 1977., p. 67; 헤럴드 니콜슨 경 저, 신복룡 역, 《외교론》, 서울 평민사, p. 164.

13) *The New York Times*, 1946. 9. 28; 1946. 10. 26.

14) *Reminiscences of Walter S. Robertson*, Eisenhower Administration Project, Oral History Research Office, Columbia University, 1970, pp. 1~12; *The New York Times*, 1970. 1. 20. "Walter S. Robertson Sr. Dead; Former U. S. Aide on Far East."

15) *The New York Times*, 1958. 10. 1., "Man in the News—U. S. Expert on China,

Walter Spencer Robertson."

16) *The New York Times*, 1970. 1. 20.

17) *The New York Times*, 1970. 1. 20.

18) Princeton University John Foster Dulles Oral History Collection 1964~1967, Interview with Walter H. Judd, pp. 72~80.

19) *Op. cit.*

20) *The New York Times*, 1959. 4. 2., "Robertson Quits as Aide to Dulles."

21) *Reminiscences of Walter S. Robertson*, p. 46.

22) *The New York Times*, 1953. 3. 22., "Virginian Proud to Serve on Team."

23) *Reminiscences of Walter S. Robertson*, pp. 61~62.

24) *Ibid*, pp. 61, 62, 67.

25) *Ibid*, pp. 59~60.

26) *Ibid*, pp. 60~61.

27) *The New York Times*, 1970. 1. 20.

28) *United States Policy Toward Japan*, Text of Speech by Walter S. Robertson, Department of State, 1954. https://books.google.co.kr/books?id=Wv1 IAQAAMAAJ&printsec=frontcover&hl=ko&source=gbs_ge_summary_ r&cad=0#v=onepage&q&f=false.

참고문헌

1차 자료

대통령기록관, *http://pa.go.kr*.
외교부, 조약정보: 양자조약, *http://www.mofa.go.kr/www/wpge/m_3834/contents.do*.
연세대학교 이승만연구원, Syngman Rhee Presidential Papers, 건국이후 재임기 문서.
U.S. National Archives and Record Administration
        Record Group 59, Records of the Department of State.
        Record Group 218, Reords of the Joint Chiefs of Staff.
        Record Group 273, Records of National Security Council.
Harry S. Truman Presidential Library and Museum, Independence, Missouri.
        Truman's Presidential Papers.
        Dean Acheson Papers.
Dwight D. Eisenhower Library, Abilene, Kansas
        Dwight D. Eisenhower Papers.
        Papers of John Foster Dulles.
Columbia University Library
        Reminiscences of Walter S. Robertson, Eisenhower Administration Project, 1970.
        Oral History Research Office, Columbia University.
Princeton University Library
        Oral History of Robertson.

2. 공간자료

공보실, 《대통령 이승만 박사 담화집 1~2》, 1953, 1956.
외교통상부, 《한국외교 50년: 1948~1998》, 1998.
외교부 외교사료관, 《대한민국외교사료해제집》, *http://diplomaticarchives.mofa.go.kr/dev/ap-pendix.go*.
Lew, Young Ick and Cha, Sangchul, with Hong, Francesca Minah, eds, *The Syngman Rhee Presidential Papers, A Catalogue*, 2005, Seoul, Yonsei University Press.
Ministry of Foreign Affairs, ROK, *Documents on Korea–United States Relations, 1943–1965*, 1965.
Department of State, *Foreign Relations of the United States*(Washington DC, USGPO), 1952–1954, Vols. 12, 13, 14, 15, 16.

3. 2차 자료

국방군사연구소, 《한국전쟁 하》(1997)
김계동, 《정전협정 전후 한미상호방위조약 체결협상》, 2019, 국립외교원 외교안보연구소 외교사연구센터.
김용구, 《세계외교사(상)》, 1989, 서울대학교출판부.
남시욱, 《6·25전쟁과 미국–트루먼·애치슨·맥아더의 역할》, 2015, 청미디어.
신욱희, 《순응과 저항을 넘어서–이승만과 박정희의 대미정책》, 2010, 서울대학교출판문화원.
해롤드 니콜슨 경 지음, 2016, 신복룡 옮김, 《외교론》, 평민사.

한표욱, 《이승만과 한미외교》, 1996, 서울: 중앙일보사.

Bandow, Doug, Ted Galen Carpenter, *The U.S.-South Korean Alliance: Time for a Change*, 1992, Transaction Publishers, New Jersey.

Cha, Victor, *Powerplay The Origins of the American Alliance System in Asia 2018*, Princeton University Press, New Jersey.

Clark, Mark, *From the Danube to the Yalu*, 1954, Harper and Brothers Publishers, New York.

Collins J. Lawton, *War in Peace*, 1969, Houghton Mifflin Company, Boston.

Dougherty, James E. and Robert L. Pfaltzgraff, Jr., *American Foreign Policy, FDR to Regan*, 1986, Harper & Row, Publishers, New York.

Eisenhower, Dwight D., *Mandate for Change, 1953-1956, the White House Years,* 1963, Doubleday, Garden City, NY.

Heo, Uk, Terence Roehrig, *The Evolution of the South Korea-United States Alliance*, 2018, Cambridge University Press, Cambridge, UK.

Herring, George C., *From Colony to Super Power: U.S. Foreign Relarions since 1776*, 2008, Oxford University Press, Oxford.

Hudson, Valerie M. *Foreign Policy Analysis: Classic and Contemporary Theory, Second Edition*, 2014, Rowman & Littlefield, Maryland.

Kim, Stephen Jin-Woo, *Master of Manipulation: Syngman Rhee and the Seoul-Washington Alliance, 1953-1960*, 2001, Seoul; Yonsei University Press. Seoul.

Nicholson, Sir Harold, *Diplomacy*, 1977, Oxford University Press, London.

Oliver, Robert, *Syngman Rhee and American Involvement in Korea(1942-1960): A Personal Narrative.* 1978, Panmun Book Co., Seoul.

Smith, Jean Edward, *Dwight D. Eisenhower in War and Peace*, 2013, Random House Trade Paperbacks, New York.

Snyder, Scott, *The US-South Korea Alliance: Meeting New Security Challenges*, 2012, Lynne Rienner Publishers, Colorado.

로버트 올리버 저, 박일영 옮김, 《이승만 없었다면 대한민국 없다》, 2011, 동서문화사.

김남수, "한미상호방위조약 체결 과정 연구 : 동맹의 제도화를 통한 동맹 딜레마의 관리," 2009, 서울대학교 대학원 학위논문(석사).

백선엽, "내가 겪은 6·25와 대한민국," 248회~251회, 2011.1.11.~14. 《중앙일보》.

이혜정, "한미동맹 기원의 재조명: 한미상호방위조약의 발효는 왜 연기되었는가?", 《한국정치외교사논총》, Vol. 25, No. 1. pp. 207~233.

유영익, "한미동맹 성립의 역사적 의의-1953년 이승만 대통령의 한미상호방위조약 체결을 중심으로", 일조각, 《한국사 시민강좌》 제36집(2005), pp. 140~180.

차상철, "이승만과 한미합의의사록의 체결", 《군사연구》, 2013, 제135호 육군군사연구소, pp. 39~71.

Her, Rebecca Eunjung, "The Rhee-Robertson Negotiations for the U.S.-Korean Mutual Defense Treaty, June~July 1953," 2002, 연세대학교 국제대학원 학위논문(석사).

Immerman, Richard H., "Eisenhower and Dulles Who Made the Decisions?," *Political Psychology*, Vol. 1, No. 2(Autumn, 1979).

4. 언론매체

《동아일보》, 《조선일보》, *The New York Times* : 1953.6.1.~1954.11.30.

찾아보기 (인명)

사 항

지은이

남시욱 南時旭
· 경북 의성 출생
· 서울대 문리대 정치학과 졸업
· 서울대 대학원 정치외교학부 졸업, 석사 박사
· 독일 베를린 소재 국제신문연구소(IIJ) 수료
· 동아일보 수습 1기생 입사
· 동경특파원 정치부장 편집국장 논설실장 상무이사
· 한국신문방송편집인협회 회장
· 문화일보사 사장
· 고려대학교 석좌교수
· 세종대학교 석좌교수
· 동아일보사 부설 화정평화재단·21세기평화연구소 이사장(현)
· 수　　　상 : 동아대상(논설), 서울언론인클럽 칼럼상, 위암 장지연상 (신문부문),
　　　　　　 중앙언론문화상(신문부문), 서울시문화상(언론부문),
　　　　　　 홍성현 언론상 특별상, 임승준 자유언론상, 인촌상(언론부문),
　　　　　　 서울대언론인대상 김상철자유정의평화상, 우남이승만애국상 수상
· 주요저서 : 《항변의 계절》, 《체험적 기자론》, 《인터넷시대의 취재와 보도》,
　　　　　　 《한국보수세력연구》, 《한국진보세력연구》, 《6·25전쟁과 미국》

한미동맹의 탄생비화

2020년 10월 10일 초판 인쇄
2020년 10월 15일 초판 발행
2023년 6월 27일 2쇄 발행

지은이 : 남시욱
발행인 : 신동설

발행처 : 도서출판 청미디어
신고번호 : 제2020-000017호
신고연월일 : 2001년 8월 1일

주소 : 경기 하남시 조정대로 150, 508호 (덕풍동, 아이테코)
Tel : (031)792-6404, 6605
Fax : (031)790-0775
E-mail : sds1557@hanmail.net

에디터 : 고명석
디자인 : 정인숙

정가 : 18,000원
979-11-87861-37-9 (93340)